KB156281

자연과 역사가 빚은 땅

강릉

자연과 역사가 빚은 땅

강릉

글·차장섭   사진·사진나무

머리말

강릉은 아름다운 도시이다. 자연이 아름답고 역사가 유구하며 그곳에 살고 있는 사람들이 정겹다. 우리나라의 척추 역할을 하는 백두대간과 푸른 동해바다 사이에 자리한 강릉은 자연과 역사가 빚은 솔향松鄉, 문향文鄉, 예향藝鄉, 예향禮鄉, 수향壽鄉, 선향禪鄉의 도시다.

솔향松鄉으로 불리는 강릉은 사시사철 푸른 소나무로 인해 언제나 푸른빛이다. 동해바다는 깊어서 짙고 푸르며 경포호는 얕아서 맑고 푸르다. 푸른 소나무 맑은 물을 접하며 살아가는 강릉 사람은 소나무처럼 푸르고 물처럼 맑다.

문향文鄉 강릉은 율곡 이이와 교산 허균을 배출하였다. 이이는 우리나라 성리학의 양대 산맥을 이룬 성현聖賢이며, 허균은 사회적 모순을 해결하고 새로운 이상을 추구했던 개혁가이다. 백성이 주인되는 민본국가를 실현하고자 했던 두 분의 선구적인 사상은 시대를 초월하는 영원한 진리가 되었다.

강릉을 예향藝鄉으로 만든 인물은 신사임당과 허난설헌이다. 신사임당은 시·서·화 모두에 능한 예술인으로 한국 미술사에 등장하는 유일한 여성이다. 허난설헌은 신선세계를 노래한 우리나라 최고의 유선시 작가로 중국에서 먼저 소개되었을 정도로 국제적으로 통하는 시세계를 구축한 문학인이다.

예향禮鄉은 아름다운 풍광이 주는 호연지기와 교육에서 비롯되었다. 경포대는 관동팔경의 으뜸이며, 선교장은 우리나라 양반 상류주택 가운데 가장 규모가 크고 멋과 운치를 자랑한다. 700년의 역사를 가진 강릉 향교는 규모나 역사, 역할 면에서 전국 최고이다. 강릉 관아의 객사문 역시 우리나라 최고最古의 목조 건축물 가운데 하나이다. 그리고 수향壽鄉의 모체가 되는 민속은 세계문화유산으로 지정된 강릉 단오제와 전국 유일의 무언극인 관노가면극이다.

선종 불교의 중심인 강릉은 선향禪鄉이다. 선종불교를 주도하고 있는 조계종의 뿌리는 굴산사를 중심으로 하는 사굴산문이다. 굴산사를 창건한 범일국사에 의해 시작된 사굴산문은 보현사의 낭원대사 개청으로 계승되었다가 보조국사지눌, 나옹화상 혜근을 거쳐 조선시대 무학대사로 이어져 오늘에 이르게 되었다.

아름다운 강릉을 담은 책을 만들 수 있었던 것은 많은 사람들의 도움이 있었기 때문이다. 최명희 강릉시장님의 격려와 강릉문화재단 이종덕님의 지원은 책을 집필하는 계기가 되었다. 그리고 강릉의 문화와 역사를 집필하는데 밑거름이 된 것은 심도 있게 연구한 각 분야의 업적들이다. 그러나 각주를 통해 인용한 부분을 일일이 밝히지 못하고 참고문헌에 논저 목록을 기록하는 것으로 대신하였다. 저자에게 깊은 감사와 함께 양해를 구한다.

이종만 교수님을 비롯한 사진나무 구성원들은 최선을 다해 강릉을 아름다운 사진으로 담아 주었다. 그리고 강릉시립박물관 정호희님, 강릉시 문화예술과 이용관님, 강릉문화원 심오섭님, 해람기획 김종달님은 구하기 힘든 자료를 보내 주었다. 참 아름다운 책으로 엮어 낼 수 있었던 것은 외손녀를 돌보는 바쁜 중에도 틈을 내어 글을 다듬어 주신 시인 손은주님과 역사공간의 주혜숙 사장님을 중심으로 하는 출판사 식구들의 정성 덕분이다.

내 책의 열렬한 애독자는 가족이다. 팔순의 어머니와 장모님은 밤새워 책을 읽으시고 아들이 참 좋은 곳에 살고 있다고 느끼실 것이다. 아내 김해숙과 아들 민재, 딸 윤지도 자신의 고향 강릉이 참으로 아름다운 곳이라는 사실을 알고 긍지와 자부심을 가질 것으로 생각된다.

이 책을 읽는 모든 분들도 우리 가족처럼 가장 아름다운 도시 강릉에서 아름답고 행복한 꿈을 이루길 기원한다.

2013년 12월
빨간 양철지붕집 학산재鶴山齋에서 차장섭

차 례

솔향松鄕의 **자연**

문향文鄕의 **인물**

예향藝鄕의 **예술**

솔향의 자연
松鄉

대관령

대관령

고개를 만들어 산을 넘다

사람들은 일찍이 산줄기를 울타리 삼고 물줄기를 마당으로 삼아 삶의 터전을 마련하였다. 산은 물을 건너지 못하고 물은 산을 넘지 못하지만 사람들은 또 다른 세상과의 만남을 위해 길을 만들었고, 길은 산을 넘었다. 나루를 만들어 물을 건너듯이 고갯길을 만들어 산을 넘었다. 고개는 삶의 울타리인 동시에 세상과 통하는 관문이다. 닫힘과 열림의 이원성을 가진 고개는 만남과 이별, 과거와 미래, 추억과 희망이 교차하는 곳이다.

백두대간은 한반도를 동서로 구분해 주는 산줄기이다. 북쪽 백두산에서 시작하여 남쪽으로 뻗어 내리다가 남서쪽의 지리산에 이르는 한반도의 뼈대이다. 남북으로 달리는 백두대간은 동서지방의 지형, 기후, 물길 등 지리적인 요소뿐만 아니라 언어, 풍속 등 문화적인 요소를 나누는 기준이 되었다. 크게는 한반도의 동서를 구분해 주며, 작게는 영동지방과 영서지방의 구분 기준이 된다. 문화적으로는 중앙과 지방의 경계선이 되었다.

특히 백두대간은 영동과 영서의 대조적인 기후를 만들었다. 푄foehn 현상으로 인한 높새바람 때문이다. 강원도에는 '영서지방 날씨가 추워 옷을 껴 입고 영동에 갔다가 쪄죽고, 영동지방에서 덥다고 헐렁한 차림으로 영서에 갔다가는 얼어죽기 십상이다'라는 우스갯소리가 있다. 강릉을 비롯한 영동지방은 높새바람의 영향으로 겨울은 따뜻하고 여름은 시원하다. 그러나 이 바람이 방향을 바꾸는 봄날은 참으로 춥다. 겨울에 입지 않던 내복을 오히려 봄이 오면 꺼내 입을 정도이다. 그리고 대관령 동쪽 영동지방은 해양성 기후의 영향으로 바람, 눈과 비가 많다.

대관령은 백두대간으로 갈라진 한반도의 양쪽을 연결시켜 주는 고갯길이다. 한반도의 남북축과 동서축이 만나는 곳에 자리한 대관령을 통해 오랜 세월 숱한 사람들이 오고가면서 문화의 교류와 물품교역이 왕성하게 이루어졌다. 대관령은 지리적으로 크게는 한반도의 동쪽과 서쪽을 연결시켜주며, 작게는 강원도의 영동과 영서를 연결시켜 준다. 문화적으로는 지방의 특수성과 중앙의 보편성이 만나는 곳이며, 지형적으로는 동해바다와 한반도 내륙을 하나로 묶어주는 제1의 관문이다. 대관령이 닫힘의 역사를 열림의 역사로 바꾸어 놓은 것이다.

대관령 국사성황당
대관령 정상에 있는 대관령 국사성황당에서는 범일국사를 모시고 제사를 지낸다.

아흔아홉 굽이 대굴령

대관령은 시대에 따라 대령大嶺, 대현大峴, 대관령大關嶺, 대굴령 등으로 불렸다. 문헌 가운데 대관령을 가장 먼저 언급한 것은 오대산 상원사 창건과 관련된 『삼국유사三國遺事』의 기록이다. 「명주오대산보질도태자전기溟洲五臺山寶叱徒太子傳記」에 '신라 정신왕의 태자 보질도는 아우 효명태자와 함께 하서부河西府의 세헌각간世獻角干의 집에 이르러 하룻밤을 지내고 이튿날 대령大嶺을 넘어 각기 1천 명씩 거느리고 성오평에서 며칠을 놀다가 오대산에 들어가 숨었다. ……' 고 기록하였다. 즉 신문왕의 아들 보천태자와 효명태자가 현재의 강릉인 하서부에서 하루를 머물렀다가 대령, 즉 대관령을 넘어 오대산에 들어가 수행하였다. 후일 보천태자는 50여 년간 오대산에서 수행하여 성승聖僧이 되었으며, 효명태자는 서울로 돌아가 성덕왕聖德王이 되었다. 성덕왕은 자신이 수행하였던 곳에 지금의 상원사인 진여원眞如院을 창건하였다. 대관령이 신라시대에는 대령大嶺이라는 이름으로 불리웠으며, 경주에서 중부 내륙으로 들어가는 중요한 교통로였음을 확인할 수 있다.

고려시대에는 대관령을 대현大峴이라고 하였다. 『고려사高麗史』「열전列傳」 왕순식조王順式條에 명주溟州 사람 왕순식이 고려 태조 왕건을 도와 후백제를 공격할 때 명주를 출발하여 대현, 즉 대관령을 넘었다고 기록하였다. 명주를 출발한 왕순식은 대현에 이르러 범일국사를 모신 '대관령 국사성황당'에 제사를 지내고, 후백제와의 마지막 격전지인 일리一利(지금의 경북 성주)에 이르러 대승을 하였다. 이로써 고려시대에는 대관령을 대현이라고 불렀으며, 왕순식 당시에도 대관령 정상에는 범일국사를 모신 '대관령 국사성황당'이 있었음을 알 수 있다.

대관령大關嶺이라는 이름은 조선시대에 처음으로 사용되었다. 조선시대 대표적인 관찬지리서인 『신증동국여지승람新增東國輿地勝覽』 강릉대도호부조에 처음으로 대관령大關嶺을 언급하였다. '대관령은 부府의 서쪽 45리에 있으며, 주州의 진

산嶺山이다. 여진 지역인 장백산에서 산맥이 구불구불 비틀려 남쪽으로 뻗어 내
리면서 동해가를 차지한 것이 몇 곳인지 모르나 이 고개가 가장 높다. 산허리
에 옆으로 뻗은 길이 아흔아홉 굽이인데, 서쪽으로 서울과 통하는 큰 길이 있
다. 대령大嶺이라 부르기도 한다'고 기록되어 있다.

이중환은 『택리지擇里志』 「팔도총론」 강원도편에서는 자신의 아버지가 강릉
부사로 부임할 때 함께 대관령을 넘었던 경험을 바탕으로 대관령에 대해 기록
하고 있다. '강릉 서쪽이 대관령大關嶺이고 영嶺의 북쪽이 오대산인데 우통수물
이 여기서 나와서 한강의 근원이 된다. 대관령의 맥이 남쪽으로 쌍계雙溪, 백봉
白鳳의 두 고개를 지나 두타산이 되었다'고 기록하였다. 그리고 이긍익은 『연려
실기술燃藜室記述』에서 대관령에 대해 '강원도는 바닷가에 있는 9군郡이 단대령單
大嶺 동쪽에 있기 때문에 영동이라 한다. 단대령은 대관령이라고도 하기 때문에
강원도를 또 관동이라고도 한다'고 기록하였다.
대관령을 대관산大關山이라고 부르기도 하고 옛날
관방關防을 두고 목책을 설치했기 때문에 '대관령
大關嶺'이라고 불렀다.

그리고 강릉의 향토지인 『증수임영지增修臨瀛誌』
에서도 대관령에 대해 기록을 남기고 있다. '대관
령은 강릉부 서쪽 40리에 있으며 부府를 아늑하게
감싸고 있는 산이다. 장백산으로부터 남쪽으로
내려오다 꺾여서 회양의 금강산이 되었고, 또 꺾
여 양양의 천후가 되었고, 또 동쪽으로 꺾여 오대
산이 되었으며 오대산 남쪽 산록이 비스듬히 누
워 대관령이 되었다. 돌아들며 꼬부라진 길이 무
려 아흔아홉 굽이가 되며 서쪽으로는 서울로 통
하는 큰 길이 있다'고 하였다.

그러나 대관령에 사는 사람들은 대관령을 대굴

령이라고 불렀다. 대관령은 높고 험해서 꼭대기에서 강릉으로 대굴대굴 굴러 넘는다고 하여 대굴령이라고 불렀다. 해발 제로의 해안지대에서 평야지대를 지나 865m의 산간지대를 가장 짧은 거리로 이동하기 때문에 대관령은 급경사를 이루고 있다. 옛날 강릉 사람들은 흔히 '강릉에서 태어나서 평생 대관령을 한 번도 넘지 않고 죽으면 그보다 더 복된 삶은 없다'고 하였다. 이 말은 강릉이 살기 좋은 곳이라는 자랑을 나타내는 말이지만 달리 해석하면 대관령이 얼마나 험준한지를 나타내는 말이다. 그래서 이곳 사람들에게는 대관령보다는 대굴령이 더 친숙하다.

대관령 국사행차
2제를 위하여 음력 4월
롬날 국사성황이 강림한
욱을 모시는 국사행차가
칸령 옛길에서 이루어
.

대관령은 아흔아홉 굽이이다. 구절양장九折羊腸이라는 말처럼 대관령은 아홉 번 꺾인 양의 창자처럼 매우 험하고 꼬불꼬불한 산길이다. 대관령을 넘나들면서 모든 길을 수치화하려는 현대인 가운데는 대관령의 굽이를 일일이 세는 사람도 있을 것이다. 그러나 그것은 인내를 필요로 하는 일이기에 대부분 중도에 포기하고 만다. 그 굽이를 세기보다는 옛날부터 전해 내려오는 작은 전설을 기억하는 것이 훨씬 인간적이다. 과거길에 오른 어느 선비가 대관령 고갯길을 넘을 때 곶감 한 접을 지고 갔다. 산굽이를 돌 때마다 한 개씩 빼어 먹었는데 산꼭대기에 도착하니 곶감이 한 개만 남아 대관령이 아흔아홉 굽이였음을 알게 되었다고 한다.

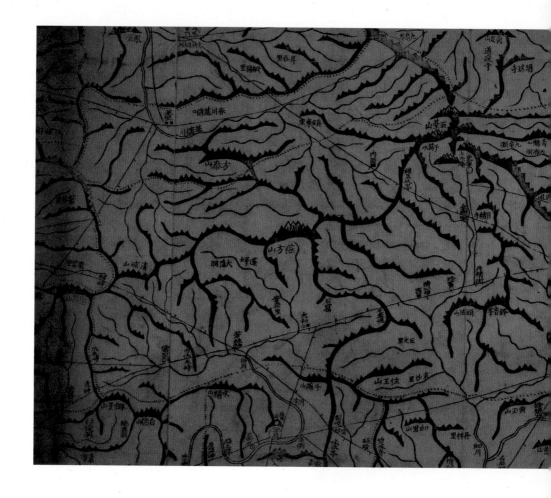

관동대로

사람이 사는 곳에는 길이 있다. 많은 사람이 왕래하다 보면 그 흔적은 길이 되고, 왕래가 잦아지면 길은 넓어지고 길어진다. 관동대로關東大路는 조선시대 서울을 중심으로 전국 각 지역으로 이어지는 주요 간선도로 9개 가운데 제3로이다. 『동국여지비고東國輿地備攷』에 기록된 9개의 전국 주요 간선도로 가운데 제1로는 서울에서 평안도 의주, 제2로는 서울에서 함경도 경흥, 제3로는 서울에서 경상도 평해, 제4로는 서울에서 경상도 동래와 부산진, 제5로는 서울에서

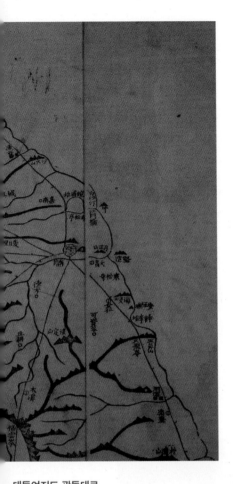

대동여지도 관동대로
울로 통하는 관동대로는
릉에서 서울까지 600리
이다.

경상도 통영, 제6로는 서울에서 경상도 남해, 제7로는 서울에서 제주, 제8로는 서울에서 충청도 보령, 제9로는 서울에서 경기도 강화로 연결된 길이다.

관동대로는 서울로 통하는 길이다. 서울의 동대문인 흥인문興仁門을 출발하여 중랑포를 지나 평구역, 양근, 지평, 원주, 방림, 진부, 횡계, 그리고 대관령을 넘어 강릉으로 이어졌다. 그리고 관동대로는 강릉에서 다시 삼척, 울진을 거쳐 평해에 이르렀다. 관동대로의 종점은 평해이지만 '동대문 밖은 강릉이다'는 옛말에서 알 수 있듯이 실질적으로 관동대로는 강릉과 서울을 연결하는 도로였다.

서울에서 강릉까지의 관동대로는 600리 길이다. '한양에서 말을 타고 이레 걸리던 대관령'이라는 옛말이 있다. 일반적으로 말을 타고 여행을 할 경우 '하루 3식息'을 원칙으로 하였다. 식息은 거리를 나타내는 단위로 1식은 30리이다. 따라서 관원의 공무 여행이라 하더라도 하루 최대 90리를 여행하는 것이 원칙이었다. 관동대로에는 대관령이라는 험준한 고개가 있다는 것을 고려하면 대략 강릉에서 말을 타고 서울로 갈 경우 7일 정도가 소요되었다.

대관령을 넘을 때 일반인들은 험한 길을 짚신을 신고 걸어서 넘었다. 길손들의 봇짐을 보면 짚신을 대롱대롱 매달고 다니는 것을 볼 수 있다. 대관령을 넘어갈 때 신고 있던 짚신은 고갯마루에 오르기 전에 다 떨어졌다. 그래서 항상 예비용 짚신을 준비하고 다녔던 것이다. 반면 사대부들은 대관령을 넘을 때 말을 타거나 교자轎子를 이용하였는데 이 경우 길은 어느 정도 넓이를 유지해야만 했다. 조선시대 도로는 폭을 기준으로 대로, 중로, 소로로 구분하였다. 대관령은 백두대간 고개 가운데 교통량이 가장 많고 중요한 고갯길이었으며 관동대로에 있었기 때문에 대로에 걸맞는 도로의 폭을 유지해야 했다.

강원도 관찰사 고형산高荊山은 대관령을 확장하였다. 고형산은 조선 중종대 인물로 횡성에 살고 있던 노모가 병환으로 시달리자 사직을 청하였다. 이에 임금은 그를 강원도 관찰사로 임명해 어머니를 보살피면서 백성을 다스리도록 배려하였다. 그는 관찰사로서 각 지역을 순방하다가 대관령이 두 사람이 메는 2인교 가마 하나가 간신히 지나갈 정도로 좁은 것을 보게되었다. 몇달 만에 백성을 동원하지 않고 관의 힘만으로 4인교 가마가 통과할 정도로 길을 넓혔다. 지금의 2차선 도로를 4차선으로 확장한 셈이다.

고형산은 후일 대관령을 확장함으로써 병자호란 때 청나라 군대가 쉽게 대관령을 넘어 한양에 도달할 수 있었다는 이유로 부관참시 되었다고 기록되어 있다. 1940년에 편찬된 『강원도지』에 '병자호란이 발발한 초기, 주문진으로 상륙한 청나라 군대가 대관령을 쉽게 넘었기 때문에 한양을 조기에 장악할 수 있었다며, 결국 이 길을 편리하게 닦아 놓은 고형산에게 책임이 돌아갔다'고

대관령 옛길
강원도 관찰사 고형산·
대관령 길을 4인교 가마·
통과할 정도로 확장하였다

기록하고 있다. 임금의 명에 의해 그의 묘가 파헤쳐지는 부관참시를 당했다는 것이다.

그러나 이같은 기록은 사실과 다르다. 병자호란 당시 청나라의 군대가 대관령을 넘었던 사실이 없다. 그리고 고형산 이후에도 대관령을 넘는 관동대로는 지속적으로 확장 보수되었을 것이다. 고형산은 강원도 관찰사로 재직하면서 왜적의 침입에 대비하기 위해 영동지역의 성을 축조하고 군수와 병기, 군량미의 보충을 간청하기도 하였다. 그렇다면 고형산이 이같은 평가를 받게 된 배경은 무엇일까?

고형산은 1453년(단종 1)에 태어나 1528년(중종 23)까지 살았던 인물로 벼슬이 우찬성까지 올랐던 역사적인 인물이다. 그의 정치 성향은 보수적인 훈구세력으로서 중종 당시 신진사림을 대표하는 조광조 일파의 정치개혁을 반대하였다. 그리고 1519년(중종 14)에 남곤 등과 함께 기묘사화를 일으켜 신진 사림세력을 축출하였다. 이 당시 축출된 사림들을 '기묘명현己卯名賢'이라고 한다. 강릉의 향현사에 최초로 배향된 6인 가운데 박공달朴公達, 박수량朴遂良, 최수성崔壽峸이 기묘명현으로 강원도 사림의 중추적인 역할을 하였다. 그러므로 강원도에서 기묘사화의 주역이었던 고형산에 대해 부정적인 평가를 하는 것은 당연한 것이라 하겠다. 기묘사화의 피해자는 대관령을 확장 보수한 기묘사화의 주역 고형산의 업적을 왜곡하기에 이르렀다.

자동차로 대관령을 넘다

대관령에 근대적인 도로가 개설된 것은 1917년이다. 일본은 조선을 식민통치하기 위해 소위 신작로新作路를 개설하였다. 조선총독부는 제1기 조선치도공사 계획(1911~1917년)에 의거하여 경기도 이천에서 강릉까지 도로를 1913년 9월에 착공하여 1916년 3월에 완공하였다. 그런데 1916년 5월에 대홍수로 인해 대관령 구간이 재해를 입었다. 공사담당자였던 일본인 청수진평淸水辰平은 이 일로 병을 얻어 죽고 동생 청수풍송淸水豊松에 의해 1917년 8월에 준공되었다. 이 같은 내용은 대관령 반정부근 암벽에 새겨진 '대관령도로준공기념비大關嶺道路竣工記念碑'에 기록되어 있다.

1920년대부터 자동차가 보급되기 시작하자 기존의 도로를 확장 보수할 필요성이 제기되었다. 그러나 일제는 식민통치에 있어서 강원도의 중요성이 다른 지역에 비해 떨어졌기 때문에 강원도의 도로 건설은 부진하였다. 비포장의 대관령을 자동차를 타고 넘는 것은 쉬운 일이 아니었다. 당시 자동차로 서울을 가려면 정상까지 차가 올라갈 수 없어 중턱까지 타고 간 자동차를 승객들이 뒤에서 밀어 올려주었다. 1935년경에는 강릉에서 아침 6시에 출발하면 밤 9시에 서울에 도착할 수 있었다. 1937년 중일전쟁 이후에는 부족한 기름 대신 목탄에 불을 지펴 움직이는 목탄차가 운행되었다. 이 목탄차로 서울에 갈 경우 원주에서 하룻밤을 묵은 다음 이튿날 밤에야 서울에 도착할 수 있었다. 자동차를 타고 대관령을 온전히 넘는 것은 해방 이후에 실현되었다.

대관령도로 준공기념비
일제는 대관령에 신작로를 개설하고 1917년에 반정부근 암벽에 대관령도로 준공비를 새겼다.

구 영동고속도로

1975년 영동고속도로의 개통은 영동지방 발전의 획기적인 전환점이 되었다.

1975년 영동고속도로 개통은 영동지방 발전의 획기적인 전환점을 가져왔다. 대관령을 통과해야 하는 영동고속도로는 워낙 험준한 산맥을 가로지르는 길이었기 때문에 공사구간이 긴 경부고속도로보다 훨씬 난공사였다. 특히 대관령은 산 주름마다 길이 굽이굽이 돌아야 했기 때문에 그 어려움은 더한 것이었다. 그러나 영동고속도로의 개통으로 강릉에서 서울까지 여덟 시간 반이 걸리던 것이 세 시간 반으로 줄어들었다. 그 변화는 개통 이전 5년간 강릉 인구 증가율이 10.5%에 불과하던 것이 개통 이후 5년 동안 37.5%로 늘어났다.

현재의 대관령 길은 2001년 개통되었다. 한국도로공사는 2차선의 영동고속도로를 2단계로 나누어 4차선으로 확장하였다. 1단계는 서울에서 새말까지이며, 2단계는 새말에서 강릉까지이다. 새말에서 강릉까지 2단계 확장공사는 1993년 실시 설계에 들어가 횡계까지 우선 확장하였다. 마지막으로 최대의 난공사인 횡계에서 강릉 간 대관령 4차선 확장공사를 1996년에 착공하여 2001년에 개통하였다. 강릉에서 서울까지 두 시간 반으로 단축되면서 대관령은 더 이상 험난한 고행길이 아니다.

시간 속을 달리는 세 개의 길

대관령 옛길
근대적인 도로가 개설되어서 과거의 대관령 고갯길은 '대관령 옛길'이 되었다

대관령에는 세 개의 길이 있다. 조상들이 걸어 다니던 과거의 길, 자동차가 질주하는 현재의 길, 고속철도가 달리는 미래의 길이 그것이다. 과거의 길은 짚신을 신고 다니던 길이다. 대관령 고갯길은 조선 초기까지만 하여도 사람이 겨우 통행하던 토끼길이었다. 조선 중종 때 고형산이 도로를 확장했다고는 하지만 1박 2일이나 발품을 팔아야 넘을 수 있는 험준한 고개였다. 일제시대 소위 신작로新作路가 새롭게 건설되면서 선조들이 좀 더 편하게 넘었던 대관령 길은 '대관령 옛길'이 되었다. 대관령 옛길은 느리지만 아흔아홉 굽이마다 아름다움과 여유, 그리고 사연을 간직하고 있는 길이다.

　현재의 길은 자동차가 다니는 길이다. 일제시대 자동차가 다닐 수 있는 신작로가 건설되고 이후 대관령은 점차 확장되어 1975년 2차선 고속도로가 되었다. 2차선의 영동고속도로는 비록 고속도로라고 불리우지만 대관령의 굽이 때문에 고속으로 달릴 수 없는 도로였다. 이같은 한계는 2001년 4차선 고속도로가 새롭게 개통되면서 해결되었다. 산이 막히면 터널을 뚫고 계곡이 있으면 다리를 놓아 고속으로 달릴 수 있는 길을 건설하였다. 이 길이 개통되면서 빠른 시간에 대관령을 오르고 내릴 수 있기에 아흔아홉 굽이를 돌아들던 대관령의 참맛을 느낄 수 있는 여유는 없어졌다.

　미래의 길은 고속열차가 지하 터널로 달리는 철도이다. 2018년 동계 올림픽에 맞추어 개통될 고속철도는 대관령을 오르내릴 필요없이 지하 터널을 통해 운행한다. 열차는 땅속으로 달리기 때문에 대관령의 높이를 전혀 의식할 수 없다. 미래의 길 고속철도는 대관령을 단순한 통행의 장애물로 인식하는 데서 출발한다. 따라서 고속철도는 직선 길이며 가장 빠른 길이다. 미래의 길에는 더 이상 대관령의 애환과 낭만은 존재하지 않고 빠르기만 한 길이다.

　대관령의 통과 높이는 세월에 따라 점차 낮아졌다. 대관령 옛길의 높이는 865m이고 1975년에 개통된 영동고속도로의 대관령 높이는 832m이다. 현재의 고속도로는 정상 부근에 터널이 뚫리면서 산 정상이 아닌 백두대간의 속을 통과한다. 미래의 고속철도는 대관령의 높이와는 무관하여 고개를 넘는다는 의미마저 없어질 것이다. 과거의 길은 불편하였지만 많은 멋과 사연을 남겼다. 미래의 길은 빠르고 편리한 길이 되겠지만 아흔아홉 굽이가 주는 대관령의 참맛도 함께 사라지게 될 것이다. 달에 인간이 발을 내디디면서 과학의 발달은 증명되었고 달에 대한 궁금증도 풀렸지만 달나라에는 계수나무와 토끼가 없다는 것을 알게 하여 달을 바라보는 인간의 마음을 훨씬 삭막하게 한 것과 마찬가지다.

대관령 영동고속도로
재의 길은 2001년 개통
4차선 고속도로이다. 시
을 단축한 대신 주변을
러보는 여유를 가져갔다.

대관령 옛길을 따라서

대관령의 참맛은 느림의 미학이 있는 옛길에서 느낄 수 있다. 앞만 보고 달려
가야 하는 고속도로에는 목적지만 있다. 반면 옛길은 천천히 걷다보면 많은 것
을 만나고 느낄 수 있는 여유가 있다. 오르막길과 내리막길을 걸으면서 인생을
느끼고, 아흔아홉 굽이를 돌아갈 때마다 이야기를 만난다. 그리고 곳곳에서 옛
시인 묵객들의 시와 그림을 감상할 수 있다. '햇볕에 바래면 역사가 되고 달빛
에 물들면 신화가 된다'는 소설가 이병주의 말처럼 대관령 옛길에는 역사와 신
화가 살아 숨쉬고 있다.

　강릉에서 대관령을 오를 때 시작 지점은 금산마을이다. 왕의 기품이 서린 듯
이 보인다는 왕제산王帝山 아래에 자리한 이 마을은 1908년에 나온 이인직의 신
소설「은세계」의 무대가 되었던 곳이다. '겨울이면 눈이 많이 와서 지붕처마가

파묻힌다'고 그렸던 이 마을은 전형적인 배산임수형의 마을이다. 마을 뒤에는 정봉㎡峰에서 내려온 줄기가 마을을 감싸고 앞에는 금산들판과 남대천이 흐르고 있는 명당으로, 신라하대 명주군왕 김주원이 머물렀던 명주성지溟洲城址가 남아 있다. 영동고속도로의 시작인 동시에 끝인 금산마을은 고속도로가 개통되면서 1977년 '외국인 홍보마을'로 지정되었다. 마을에는 골기와집들이 들어서고 들판은 바둑판 모양으로 경지정리가 되었다.

성산은 옛날 구산역丘山驛이 있었던 곳이다. 조선시대에는 역원제驛院制가 운영되었다. 역원제는 교통과 통신을 담당하는 역驛과 숙박을 담당하는 원院으로 구분된다. 역의 기능은 공문서의 전달, 관물官物이나 공물貢物의 수송, 관원들의 공무여행에 대한 역마보급과 숙식제공이다. 출장관원이 각 역에서 말을 지급받을 수 있는 증표가 마패馬牌이다. 역은 30리마다 설치되었으며, 대관령 지역에는 구산역이 있었다. 구산역은 강릉부에서 서쪽으로 20리 떨어진 곳에 있었으며, 서울로 떠나는 사람들을 전송하는 곳이었다. 조선 건국 이후 최초로 강릉대도호부 부사를 역임한 조운흘趙云仡은 돌아가면서 이곳에 눈물의 시를 남겼다.

구슬 같은 두 줄기 눈물이 옥잔에 떨어진다.	珠淚雙雙落玉卮
양관陽關 세 가락에 전송할 때여라	陽關三疊送人時
태산이 평지되고 바닷물이 말라야	太山作地滄溟渴
이별하는 눈물이 구산에서 없어지리	始斷丘山泣別離

굴면이 마을屈免洞은 대관령과 보광리로 들어가는 길이 갈라지는 곳에 있는 마을이다. 굴면이는 '구르는 것을 면한 곳'이라는 뜻이다. 예전에 대관령 산길이 가파르고 험해서 산 정상에서 말을 타고 내려올 때 여러 차례 뒹굴면서 내려왔는데 이곳에 오면 땅이 평평하여 대굴대굴 구르는 것을 면했다고 한다. 혹은 말을 타고 내려오던 원님이 떨어지지 않기 위해 말굴레를 꽉 쥐고 있다가 평지인 이곳에 오면 말굴레를 놓았다는 데서 유래했다고 전해지기도 한다. 굴

면이 마을은 윗굴면이와 아랫굴면이로 구분된다.

아랫굴면이에는 초계정씨 재실인 성산재가 있고, 윗굴면이에는 대관령박물관이 있다. 대관령 옛길 어귀에 있는 대관령박물관은 평생을 고미술품 수집과 연구에 힘썼던 홍귀숙 관장이 1993년 5월에 문을 열었다. 고인돌 형상으로 지은 대관령박물관은 천혜의 자연과 어울려 그 아름다움을 더한다. 그 아름다움은 박물관과 유물 일체를 2003년 강릉시에 기증함으로써 더욱 빛을 발한다. 전시실은 네 방위를 수호하는 사신의 이름을 따서 청룡방, 백호방, 주작방, 현무방으로 구분하고 청룡방과 주작방 사이에 우리방, 청룡방과 현무방 사이에 토기방을 두었다. 여섯 개의 전시실은 이름이 상징하는 바대로 전시공간을 독특하게 꾸며 선사, 역사, 민속유물 1,000여 점을 전시하였다. 그리고 야외전시장에는 흐르는 물을 이용하여 움직이는 물레방아를 비롯하여 각종 석조미술품을 전시하였다. '대관령이 박물관이고 박물관이 대관령이다'라는 홍귀숙 관장의 말처럼 대관령박물관의 최고의 전시물은 아흔아홉 굽이 대관령이다.

제민원濟民院은 원院이 있던 마을이다. 원은 공적인 임무를 띠고 지방에 파견되는 관리나 상인 및 기타 여행자들에게 숙식을 제공하기 위해 설치한 것이다. 원은 대체로 30리 간격으로 역驛 부근이나 나루터, 온천, 산이나 고개의 입구 등에 국가가 설치하여 운영하였다. 그러나 임진왜란 이후 국가에서 운영하던 원은 재정적인 이유로 점차 줄어들고 대신 민간이 운영하는 주막酒幕이 여행자들의 숙식 장소가 되었다. 원은 숙박을 전문으로 하는 객사客舍를 중심으로 하나의 마을을 형성하고 있었기 때문에 조치원, 사리원처럼 하나의 지명으로 발전하였다. 대관령에는 조선 말기까지 제민원이 남아 있었고 그것이 마을 지명이 되었다.

제민원을 대관령 주민들은 제맹이라고 부른다. 제민원은 상제민원과 하제민원으로 구분된다. 하제민원은 대관령박물관에서 오솔길을 따라 조금 들어가면 나오는 작은 고개를 넘어 나타나는 첫 마을이다. 마을에는 서낭이 있는데, 예전에는 음력 4월 15일 대관령산신제 때 대관령국사서낭을 모시고 제사를 지냈다고 한다. 하제민원에서 길 모서리에 논이 있어 모텡이라 하는 곳을 지나면 상제민원이다. 상제민원은 제왕산과 대관령으로 갈라지는 삼거리를 중심으로 마을이 형성되어 있었다. 그러나 마을은 없어지고 주막이 있던 자리에는 2008년 복원한 주막이 오가는 사람들의 쉼터가 되고 있다.

반정半程은 대관령 초입에 있는 구산역丘山驛과 대관령 위에 있는 횡계역橫溪驛의 중간 지점이라는 뜻이다. 반젱이라고 부르는 반정은 구영동고속도로와 대관령 옛길이 만나는 곳이다. 옛날에는 이곳을 오가는 사람들이 쉴 수 있는 주막이 있었다. 이 주막을 지은 사람은 강릉부의 향리 기관記官 이병화李秉華였다. 이병화는 인정 많고 너그러운 마음씨를 가진 사람으로 대관령 길이 험준하여 사람이 살지 않으나 왕래가 빈번하고 겨울이면 얼어죽는 사람이 많음을 항상 걱정하였다. 마침내 벼 500석 정도에 해당하는 100꿰미의 돈을 내어 대관령

대관령박물관
관령 옛길 어귀에 있는
관령 박물관의 최고의
시물은 아흔아홉 굽이
관령이다.

제민원 주막

여행자에게 숙식을 제공
였던 제민원터에 최근
막을 복원하였다.

중턱 반정에다 주막을 설치하였다. 이로부터 오가는 여행객들은 쉬거나 묵으
며 그의 덕을 잊지 않았다. 이병화의 공덕은 비석으로 남아 있다. '기관記官 이
병화유혜불망비李秉華遺惠不忘碑'는 반정 아래 300m 지점에 있다. 이름 없는 무덤
앞에 작은 돌담으로 둘러싸인 비석은 1824년(순조 24)에 대관령을 오가던 행상
들에 의해 건립되었다.

원울이재員泣嶺는 옛날 강릉으로 부임하던 고을원이나 임기를 마치고 떠나는
고을원이 오르내리면서 울었다는 고개이다. 강릉으로 처음 부임할 때는 대관
령 길이 하도 험해서 울고, 떠나갈 때는 이곳의 경치가 아름답고 사람들의 인
정에 정이 들어 떠나기 싫어서 울었다고 한다. 허균도 『성소부부고惺所覆瓿藁』에
서 '강릉의 풍속이 돈후하고 노인을 공경하고 검소하며, 백성들은 소박하고 성
실하여 기교가 없다. 어업과 쌀의 생산이 풍요로워 비단 산천의 아름다움이 동
방에서 으뜸이다. 따라서 이 지방의 관리가 된 사람들은 대개 여기를 못잊어
하여 떠날 때 눈물을 흘리는 사람이 있었으므로 원읍현員泣峴이 생겨 지금도 있
으니 대개 그 증거가 될 만하다'라고 적고 있다.

원울이재는 반정을 지나 대관령 정상에 오르기 전에 있는 고개이다. 『신증동국여지승람新增東國輿地勝覽』에 '대관령은 부의 서쪽 45리에 있고, 원읍현은 대관령 중턱으로 부 서쪽 41리에 있다. 세간世間에 전해지기로 어떤 원이 강릉부사로 있다가 임기를 마치고 돌아가는데, 여기에 와서 되돌아보면서 슬프게 눈물을 흘렸다. 이로 인하여 원읍현이라 이름하였다'라고 적고 있다. 그리고 1913년 강릉김씨 부인이 서울 구경을 하고 쓴 『서유록西遊錄』에도 반정이 주막을 지나 원울이 고개에 다다랐다고 기록하고 있다. 원울이재는 대관령 박물관 지나서 나오는 작은 고개가 아니라 올라서면 강릉과 걸어온 길을 되돌아볼 수 있는 반정과 대관령 정상 사이에 있는 고개를 말한다.

대관령은 강릉의 진산鎭山이다. 백두대간이 남쪽을 내려오면서 여러 고개를 만들었다. 그 가운데 동해 바다와 만나는 대관령은 865m로 한계령 다음으로 높은 고개이다. 대관령 정상은 대령산大嶺山 혹은 대관산大關山이라 부르며 강릉을 진호鎭護하는 주산主山으로 조상 대대로 제사를 모셨던 곳이다.

대관령 정상에서 바라보는 경치는 선경仙景이다. 그 곳에 서 있다 보면 자신이 신선이 되는 느낌을 준다. 올려보면 푸른 하늘이 있고, 내려보면 푸른 바다가 있다. 그 사이에 푸른 강릉이 있다. 하늘과 바다를 이어주는 굽이굽이 고갯길이 대관령의 아흔아홉 굽이 길이다. 그 길은 길이 아니다. 하늘과 땅과 바다를 이어주는 하늘에서 내려온 동아줄이다. 밤이면 하늘에서 별이 내린다. 강릉 시내에는 하늘에서 내린 별들이 모인 듯 또 다른 하나의 밤하늘을 이룬 듯 영롱하다. 오징어 철이면 바다에는 오징어배가 밝혀둔 불빛으로 천지는 온통 별들의 잔칫집이 된다.

관 이병화 유혜불망비

관령을 오가는 사람들 위해 대관령 중턱 반정 다 주막을 설치한 기관 병화의 공덕은 비석으로 있다.

申師任堂思親詩碑

建碑文

신사임당사친시비

대관령을 넘어 오고 가고

대관령에는 많은 사람들이 오고 갔다. 한양에 과거를 보러가던 선비를 비롯해서 장날을 찾아 다리 없는 지게를 지고 영동과 영서를 넘나들던 행상인 선질군과 등짐장수, 주인 앞에 쌓인 눈을 밟아주기 위해 따라 나섰던 답설군, 고달픈 삶을 피해 도망치는 노비, 마음 설레며 시집가는 새색시, 그리고 관원과 관동팔경과 금강산을 유람하는 풍류객 등이 있었다.

강릉에서 대관령을 오르는 사람에게 대관령 너머의 땅은 파랑새가 있는 이상향의 세계였다. 반면 서울에서 대관령을 내려오는 사람에게 대관령 아래는 여유와 안식이 있는 편안한 땅이었다. 강릉에서 큰 뜻을 품고 대관령을 넘어간 율곡 이이와 교산 허균은 역사를 남겼고, 서울에서 풍류를 찾아 대관령을 넘어온 단원 김홍도와 추사 김정희는 예술을 남겼다. 그리고 대관령을 넘어 시집을 갔던 신사임당과 허난설헌은 그리움을 남겼다.

신사임당은 19세에 대관령을 넘어 한양에 살고 있던 이원수에게 시집갔다. 신사임당은 홀로 되신 어머니를 위해 자주 친정 강릉에 머물렀다. 38세 되던 해 62세의 어머니 용인이씨를 강릉에 남겨두고 한양으로 떨어지지 않는 발걸음을 옮겨야 했다. 대관령 중턱에는 학처럼 긴 목으로 서 있는 신사임당사친시비申師任堂思親詩碑가 있다. 홀로 계신 어머님을 두고 서울로 가려니 강릉 친정을 몇 번이고 돌아보는 고개가 학처럼 길어졌으리라.

대관령을 넘으며 친정을 바라보다.	踰大關嶺望親庭
늙으신 어머님을 임영에 두고	慈親鶴髮在臨瀛
외로이 서울 길로 가는 이 마음	身向長安獨去情
돌아보니 북촌은 아득도 한데	回首北村時一望
흰 구름만 저문 산을 날아 내리네	白雲飛下暮山靑

단원 김홍도는 대관령을 넘으며 그림을 남겼다. 조선시대 사대부들은 유명한 명승지를 찾아 유람하고 시詩, 서書, 화畵를 남겼다. 산수를 유람하는 것은 단순히 자연만을 즐기는 것이 아니라 정신수양과 함께 역사와 문화의 집합체로 인식하였기 때문이다. 유람 장소 가운데 최고는 관동팔경과 금강산이었다. 산수를 유람하는데 국왕도 예외는 아니었다. 정조는 현실적으로 관동팔경의 유람이 불가능하자 가장 아끼던 화원 김홍도로 하여금 관동팔경과 금강산 산수화를 그려 오도록 하였다.

김홍도는 1778년(정조 12)에 정조의 어명을 받들어 관동팔경과 금강신을 그려 「금강사군첩金剛四郡帖」을 바쳤다. 정조는 그림을 보고 직접 가지 못하는 안타까움과 아름다운 경치에 대한 감흥을 시로 남겼다. 그리고 김홍도는 임금 어람용 「금강산도」 두루마리 외에 「해산첩海山帖」이라는 화첩을 따로 그렸다. 이 「해산첩」은 정조의 대를 이은 순조가 정조의 유일한 부마인 동시에 순조의 매제인 홍석주에게 하사하였다. 홍석주는 각 장마다 시를 지었다. 특히 대관령 그림을 보면서 자신이 살아왔던 길을 돌아보며 회심에 잠겼다.

대관령	大關嶺
고갯길 천 번 굽이져 깊고 또 깊은데	嶺路千廻深復深
길 다한 곳 홀연히 큰 바다가 임하였네	路窮驀見大荒臨
임금 은혜 못다 갚고 몸 헛되이 물러나니	君恩未報身空退
그 해 꾸짖어 이끄신 마음에 실심하고 탄식하네	惆悵當年叱馭心

소나무의 고향

대관령 굽이굽이에는 대관령을 오고간 숱한 사람만큼이나 많은 나무들이 있다. 나무를 바라보는 사람의 마음 또한 나무의 수만큼 다르다. 대부분의 사람

김홍도의 대관령 그림

조의 명을 받아 관동팔
과 금강산을 그렸던 단
김홍도는 대관령을 넘
며 그림을 남겼다.

들은 앞차의 꽁무니만 바라보며 따라가게 될 뿐 대관령의 나무를 보지도 느끼
지도 못한 채 스쳐가기 쉽다. 그러나 신목神木을 베는 신장부에게 대관령의 나
무는 하늘이며 땅이며 인간이다. 단오제의 가장 상징적인 의례는 신목神木을 베
는 대목이다. 신목은 서낭신의 신체일 뿐만 아니라 하늘과 땅을 연결하는 통로
이다. 신의 뜻이 인간에 내려지고 인간의 뜻이 신에게 전해지는 우주수cosmo-
tree로서 단군신화에 나타나 있는 신단수神檀樹에서 그 연원을 찾을 수 있다.

　강릉출신 소설가 이순원에게 나무는 글이다. 이순원은 글을 쓸 때마다 나무
를 생각한다. 과연 자신이 쓰는 글이 저 푸른 나무들을 베어내 책으로 만들어
도 부끄럽지 않은가를 생각하며 자신의 글을 위하여 베어질 나무들에게 부끄
럽지 않아야겠다는 것이 이순원의 마음이었다.

이 시대 마지막 목수 신응수에게 나무는 집이다. 신응수는 대관령을 오르내리면서 인간이 사는 집을 생각한다. 조선총독부를 헐어낸 자리에 경복궁 복원 작업을 하고 있는 신응수는 나무에게 새로운 역할을 부여하고자 한다. 대관령을 넘나들면서 그렇게 쓰러져 가는 나무들의 자리를 새로 마련해 주기 위해서 강릉에 목재소를 두고 중요하게 쓰일 목재를 모으고 있다. 신응수는 대관령의 나무를 나무답게 해줄 수 있는 방법을 생각한다.

대관령 소나무
소나무의 고장 강릉에 대관령은 우리나라 최대 금강송 자생지이다.

대관령 나무 가운데 대표적인 나무는 소나무다. 소나무는 단순한 나무를 넘어 우리 민족문화와 밀접한 관계가 있다. '소나무와 함께 태어나고, 소나무와 더불어 살다가, 뒷산 솔밭에 묻힌다'는 말처럼 우리의 삶과 문화, 한국적인 것의 원형이다. 소나무 가운데 최고의 소나무는 적송赤松, 황장목黃腸木, 미인송美人松 등 다양한 이름을 가진 금강송金剛松이다. 금강송은 '살아서 천 년, 죽어서 천 년을 간다'고 한다. 대관령은 우리나라 최대의 금강송 자생지이다.

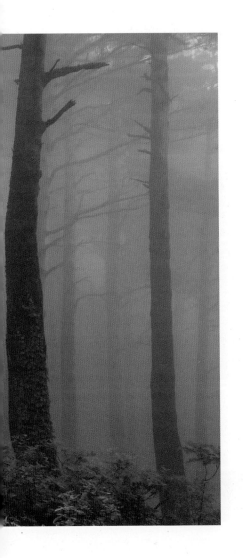

강릉은 소나무의 고향이다. 우리나라 소나무 인공조림의 시원지인 한송정을 비롯해서 강릉최씨 시조 최문한이 소나무를 심었다는 팔송정八松亭 등 다양한 소나무 관련 유적들이 남아 있다. 특히 강릉의 향토지 『임영지臨瀛誌』에 임진왜란 때 대관령 산신인 김유신 장군이 팔송정 소나무를 노적가리와 군사들의 무리로 보이게 하여 왜적을 퇴치하였다는 기록이 있다. 강릉 전승 설화 가운데 명나라 이여송이 군사를 이끌고 대관령을 넘어와 강릉을 치려고 하던 차, 대관령 산신각에서 강릉을 내려다 보니 팔송정 일대가 모두 군대로 가득 찬 듯이 보였다. 이여송은 결국 대관령을 넘어 오지 못하고 주변 동료들에게 "조선에 들어가더라도 '송松'자 들어간 곳에는 절대로 가지말라"고 했다는 이야기가 전해 내려온다.

강릉 사람들의 소나무 사랑은 유별나다. 소나무에 대한 애착은 거의 종교에 가까울 정도다. 율곡 이이의 호송설護松說은 소나무에 대한 강릉 사람의 상징이다. 율곡 선생과 친했던 김열金說의 집 주위에는 진사였던 아버지 김광헌金光軒이 손수 심은 소나무 수백 그루가 있었다. 김열金說은 아우와 함께 아버지의 뜻을 받들어 이 소나무를 보호하고 기르는 데 온갖 정성을 다하였다. 이에 도의지우道義之友로 사귀던 율곡栗谷 이이李珥에게 소나무를 가리키면서 "나의 선친께서 손수 심으신 것인데 우리 형제 모두가 이 집에서 저 소나무를 울타리로 삼고 지내고 있네. 그래서 이 소나무들을 볼 때마다 선친을 생각하곤 한다네. 이러한 소나무를 내 스스로의 능력으로는 지키기 어려울 것 같아 도끼나 낫으로 베고 잘라 후손들에게까지 온전하게 전하지 못하고 없어질까 늘 두려운 마음뿐이라네. 그대가 이를 보호할 수 있는 교훈될 만한 말을 몇 마디 써 주면 집안 사당 벽에 걸어 놓고 자손들로 하여금 늘 이를 보게 하여 가슴 깊이 새기게끔 하겠네"라고 말하니, 율곡栗谷 이이李珥가 「호송설護松說」을 지어 주었다. 소나무를 잘 가꾸라는 뜻의 호송설護松說 현액은 상임경당에 걸려 있다.

율곡 선생의 「호송설護松說」 속에는 소나무 보호의 의미도 있지만 사실은 부모공경 사상이 짙게 깔려 있다. 소나무 보호는 곧 부모님을 공경하는 효심孝心과 통한다. 바로 이 소나무를 보호하는 자연사랑과 부모를 공경하는 효심이 어우러져 오늘날의 '솔향강릉'을 잉태했고 '녹색시범도시'로 발돋움하게 했다고 볼 수 있다.

세월이 오가는 대관령

대관령에는 사람들이 오고 가듯이 계절도 오고 간다. 대관령의 봄과 여름은 고개 아래에서 올라오고, 가을과 겨울은 고개 위에서 내려온다. 봄과 여름은 바다에서 올라오고, 가을과 겨울은 하늘

에서 내려온다. 봄은 가까운 바다의 연한 초록빛으로 올라오고, 여름은 먼 바다의 짙푸른 빛깔로 올라온다. 가을은 붉은 태양의 색깔로 내려오고 겨울은 햇살의 하얀 색깔로 내려온다.

　대관령은 어느 계절이라도 좋다. 봄엔 진달래의 아름다움이 있다. 흰 눈과 얼음 속에서 길고 깊은 겨울을 견디어 내고 봄의 시작과 함께 자신이 품고 있는 색깔을 풀어내며 꽃을 피운다. 자신을 기억해 주지 않아도 좋다. 높은 나무에 가려 자신의 모습을 내세울 수 없어도 좋다. 주변을 의식하지 않고 오직 제철에 제자리에서 자신의 의무인 양 조용히 피어 있다. 자신을 과시하기보다는 묵묵히 자리를 지키는 바위처럼, 흐르는 계곡물처럼 우리나라의 역사를 만들어 가는 민중의 모습이다. 세월의 흐름 속에 자연의 순리에 따라 화려하지 않은 자신만의 모습으로 피어난 진달래는 연초록으로 돋아나는 나무들의 새순과 함께 대관령의 삭막한 풍경에 화기와 의욕을 불러일으키는 봄의 전령사이다.

　여름엔 숲과 안개의 계절이다. 봄부터 계곡마다 퍼져 있던 연초록빛 새순이 짙푸른 바다의 색깔을 닮아가는 여름의 대관령은 생명력이 왕성하여 활기가

대관령 설경

울의 대관령은 눈으로
힌 은세계이다.

넘친다. 대관령 숲의 대부분을 이루는 활엽수들이 본 모습을 드러내면서 나무의 바다를 이룬다. 도심의 더위를 피해 동쪽으로 동쪽으로 이동하는 피서행렬들은 대관령 굽이길 끝에 펼쳐진 바다로 달려간다. 그러나 여름날엔 대관령을 보기가 쉽지 않다. 안개 때문이다. 대관령의 여름 안개는 하늘에서 내려오는 산안개와 바다에서 올라오는 바다안개, 곧 해무海霧로 구분된다. 하늘에서 내려오는 산안개는 영서지방의 산을 넘어온 바람이 아래로 뚝 떨어지는 대관령을 넘으면서 하얀 안개로 피어 오른다. 대관령이 영동과 영서의 경계임을 이야기하듯 대관령을 기준으로 영동 영서의 날씨는 현저한 차이가 난다. 바다 안개는 남쪽 바다에서 올라오는 난류가 차가운 한류를 북쪽으로 밀어올리면서 일어난다. 땅 모양의 변화에서 피어나는 산안개와 바닷물의 변화에서 피어나는 바다 안개 사이로 가끔씩 대관령과 강릉시내가 보인다. 대관령에서 강릉시내를 내려다 보는 맛은 불볕 더위 속에 시원한 물을 한 잔을 마시는 바로 그 맛이다. 세상 전부를 가진 것보다도 일상에서 찾아지는 작은 즐거움이 더 소중해지기도 한다.

가을의 대관령은 단풍이 아름답다. 가을 대관령의 아름다움을 율곡 선생은 시詩로써 묘사하였다. 8살의 어린 나이에 지은 화석정花石亭에서 율곡 선생은 '하늘과 잇닿아 물빛 파랗고 / 서리를 맞은 단풍은 해를 받아 붉다'고 노래하였다. 400년 전 율곡 선생이 바라 본 대관령의 경관은 지금도 변함없이 그대로이다. 가을 햇살이 내려와 앉은 대관령의 단풍은 화려한 만큼 따시롭다. 가을이 깊어지면 대관령 정상에는 말라가는 붉은 단풍 위에 첫눈이 내려앉아 계절의 변화를 예고한다. 가을 단풍이 아래로 내려오며 짙어지면 강릉 사람들의 마음까지 깊어진다. 대관령의 가을은 이때가 참 맛이다.

겨울의 대관령은 은세계이다. 대관령이 이인직의 소설 '은세계'의 무대가 되었듯이 순수의 흰 눈으로 덮인 겨울의 대관령은 눈의 세상이다. 한 해 동안 오고간 숱한 속인俗人들의 흔적을 지우며 청정하고 순수함이 생생하게 살아 숨 쉰다. 대관령 겨울의 참맛은 앙상한 활엽수 사이에 자신의 모습을 꿋꿋하게 지키고 서 있는 소나무이다. 한여름 푸른 숲의 바다를 이루었을 때 우리는 소나무에 대해 무관심하였듯이 가을이 되어 온 산이 울긋불긋 화려한 색으로 치장하고 있을 때도 우리는 소나무의 참모습을 알지 못했다. 소나무의 참모습은 겨울이 되어야 비로소 알 수 있다. 공자가 『논어』에서 이야기 했고 그것을 추사 김정희가 세한도의 발문에서 이야기 했듯이 인간의 참모습은 어려움에 부딪혔을 때 나타난다. 겨울이 되어야 송백松柏이 얼마나 푸른가를 알 수 있다. 앙상한 가지만을 드러낸 활엽수들 속에서 소나무는 푸르름의 색채가 얼마나 깊고 고요한지 겨울철 눈 속에서 그 참 모습을 보여 준다. 오늘도 대관령에는 세월이 넘나든다.

참고문헌

강릉문화재단, 『강릉문화이야기』, 강릉시, 2013
김하돈, 『마음도 쉬어가는 고개를 찾아서』, 실천문학사, 1999
박도식, 「대관령」, 『솔향강릉』 10호, 2012
박영주, 「소나무의 고향 강릉」, 『솔향강릉』 7호, 2011
방동인, 「관동대로 이야기」, 『영동지방 역사기행』, 신구문화사, 1995
오주석, 『단원 김홍도』, 열화당, 1998
윤후명 등, 『한국의 발견, 강원도』, 뿌리깊은 나무, 1987
이상균, 「조선시대 관동유람의 유행 배경」, 『인문학연구』 13집, 2011
장정룡, 『대관령문화사』, 동해안발전연구회, 1996
최돈택, 「강릉의 문화와 교통」, 『임영문화』 4집, 강릉문화원, 1980

정동진

정동진

서울의 정동正東에 자리한 정동진

정동진은 조선시대 임금이 살고 있는 경복궁에서 정正동쪽에 있다고 해서 붙여진 이름이다. 정동진에 기차역이 생긴 것은 1962년 11월 6일이다. 강릉 광산에서 생산된 석탄을 운반하기 위해서였다. 정동진 북쪽에 있는 장터에는 석탄을 저장하는 저탄장이 있었으며, 정동진역은 언제나 검은 석탄가루가 날렸다. 당시 정동진은 사람들로 북적대던 전형적인 탄광촌이었다. 그러나 '개도 돈을 물고 다닌다'고 할 만큼 호황을 누리던 석탄산업이 1980년대 석탄산업 합리화 정책으로 사양길로 접어들었다. 사람들이 떠나고 정동진도 예외 없이 바닷가의 한적한 간이역으로 전락하였다.

정동진에 사람들이 다시 몰려든 것은 1994년 TV드라마 '모래시계' 방영 후부터이다. 모래시계는 대한민국의 격동기였던 80년대를 배경으로 태수, 우석, 혜린이라는 3명의 젊은이를 통해 그 시대의 삶을 들여다 본 드라마이다. 방영당시 '귀가 시계'로 불릴 만큼 높은 시청률을 기록했고, 이 드라마에 등장했던 '정동진역'은 드라마 방영 이후 방문자들이 급증해 관광지가 되었다. 49년 동안 하루에 고작 세 차례 완행열차가 섰던 시골 간이역, 정동진역은 전국에서 출발하는 모든 열차가 와서 머무는 전국 최고의 역으로 바뀌었다.

정동진역에는 모래시계 소나무가 있다. 기찻길 옆 작은 소나무는 바닷바람에 밀려서일까 떠오르는 햇살에 수줍어서일까 역 쪽으로 고개를 돌리고 서 있다. 바로 모래시계 여주인공 혜린이 몸을 숨겼던 바로 그 소나무이다. 드라마에서 학생운동을 하던 여주인공 혜린이 이곳 정동진으로 몸을 피해 오고 또 이곳에서 자신을 체포하러 온 경찰을 피해 소나무 뒤에 몸을 숨겼지만 안타깝게도 끝내 체포되고 말았다. 어느날부터 그 소나무는 '모래시계 소나무'라는 이름을 갖게 되었다.

정동진역은 세계에서 바다와 가장 가까운 간이역이다. 기네스북에 올라 있을 만큼 기차가 다니는 철길과 모래 해변이 맞닿아 있어 파도가 높은 날에는 바닷물이 플랫폼까지 밀려오는 듯한 느낌을 준다. 정동진역에서 드라마를 촬영한 것은 우연한 일이 아니다. 드라마 작가가 시나리오를 쓰듯이 시인 김영남은 연인과 같은 정겨운 모습의 정동진역을 가슴에서 우러나오는 언어로 시를 썼다.

정동진 간이역 원경
정동진역은 파도가 밀려는 바다와 가장 가까운이다.

겨울이 다른 곳보다 일찍 도착하는 바닷가

그 마을에 가면

정동진이라는 억새꽃 같은 간이역이 있다.

계절마다 쓸쓸한 꽃들과 벤치를 내려놓고

가끔 두 칸 열차 가득

조개껍질이 되어버린 몸들을 싣고 떠나는 역

여기에는 혼자 뒹굴기에 좋은 모래사장이 있고

해안선을 잡아넣고 끓이는 라면집과

파도를 의자에 앉혀 놓고

잔을 주고받기 좋은 소주집이 있다.

그리고 밤이 되면 외로운 방들 위에 영롱한 불빛을 다는

아름다운 천정도 볼 수 있다.

강릉에서 20분, 7번 국도를 따라가면

바닷바람에 철로쪽으로 휘어진 소나무 한 그루와

푸른 깃발로 열차를 세우는 역사驛舍,

같은 그녀를 만날 수 있다.

세월은 모래시계 속에 떨어지고

정동진에는 세계에서 가장 큰 모래시계가 있다. 1999년 강릉시와 삼성전자가 새로운 천 년을 기념하기 위해 모래시계를 만들었다. 지름 8.06m, 폭 3.2m, 무게 40톤, 모래 무게 8톤으로 세계 최대의 모래시계이며, 시계 속에 있는 모래가 모두 아래로 떨어지는 데 걸리는 시간은 정확하게 1년이다. 매년 1월 1일 0시가 되면 반 바퀴를 돌려 모래시계의 위아래를 바꿔 놓는다. 새로운 한 해가 시작되는 것이다.

일반적인 모래시계는 허리가 잘록한 호리병 모양이지만 정동진 모래시계는 둥근 모양이다. 이는 시간의 무한대를 상징하고 바닥의 기찻길은 영원한 시간의 흐름을 의미한다. 흘러내리는 모래와 쌓이는 모래는 미래와 과거의 단절이 아니라 영속성을 갖는 시간이다. 그리고 정동진에서 시간은 회귀선처럼 다시 돌아오는 윤회의 시간이다.

정동진에는 매일 해가 떠오른다. 동해 바닷물에 얼굴을 씻고 항상 같은 해가 매일매일 새로운 모습으로 수평선 위로 떠오른다. 정동진 바닷가에서 보는 해도 아름답지만 정동진역 앞에 있는 작은 산, 고성산高城山에서 바라보는 해돋이는 다른 감동을 자아낸다. 옛날에 이 산이 강원도 고성에 있었는데 큰 홍수로 여기까지 떠내려 왔다. 그 후 고성 사람들이 이 산을 자기네 산이라 하여 매년 땅세를 받아갔다. 어느 한 해는 가뭄이 들어 땅세를 낼 수 없었다. 주민들은 지

모래시계 소나무
드라마 모래시계의 여주
공이 몸을 숨겼던 소나
는 '모래시계 소나무'라
이름을 얻었다.

혜를 짜서 땅세를 받으러 온 사람들에게 '이젠 돈이 없어 땅세를 못주니 산을
가져가라'고 배짱을 부렸다. 고성 사람들은 도저히 산을 가져갈 수 없어 그냥
돌아갔다. 그 후 사람들은 땅세를 물지 않았다고 한다. 고성산 정상에는 정동正
東 표시판과 함께 영인정迎仁亭이 있다. 고성산에서 맞이하는 해는 정자의 이름
처럼 어질고 사랑하는 마음이다.

바닷속 땅이 솟아오르다

정동진역에서 남쪽을 바라보면 해안 언덕 위에 배 모양의 호텔이 있다. 배가
산으로 간 것이다. 배가 왜 산으로 갔을까? 배가 있는 언덕 위까지 옛날에는

정동진 시계박물관과 해시계

정동진에는 최근 열차를 이용한 시계박물관이 건립되었다. 외부 전시장에는 해시계가 전시되어 있다.

바닷속이었다. 그곳은 바다 밑의 땅이 솟아올라 만들어진 해안단구이다. 해안단구 위는 원래 바다였으니 바다에 배가 떠 있는 것은 당연한 일이다.

정동진 남쪽 해안 언덕은 우리나라 최고의 해안단구이다. 정동진 바다의 모래가 모두 모래시계로 흘러 내릴 만큼의 시간, 2~3백만 년 전에 바닷속의 땅덩어리는 하늘로 솟아 올랐다. 그것이 바로 정동진의 해안단구이다. 강릉 정동진 해안단구는 정동진리~심곡리~옥계면 금진리 구간의 해안 절벽이며, 길이 약 4km, 너비 약 1km, 높이 75~85m이다. 이 해안단구는 신생대 제3기 말에서 제4기 초에 지반의 융기작용에 따라 해수면이 80m 정도 후퇴하면서 바다 밑에 퇴적되어 있던 해저지형이 지금과 같은 위치로 육지화된 것이다.

삼면이 바다로 둘러싸인 우리나라는 국토의 면적에 비해 해안선의 길이가 길다. 서해안과 남해안은 해안선이 복잡하고 섬이 많은 반면 동해안은 단조롭고 섬이 적다. 또 서해안은 경사가 완만하고 갯벌이 발달한 반면 동해안은 급경사를 이루면서 모래해안이 발달하였다. 따라서 주문진에서 강릉 사이는 거의 해수욕장으로 이어져 있다.

그러나 안인해수욕장에서 옥계해수욕장 사이 15km 남짓한 해변에는 모래층이 끊어지면서 깎아지른 바위절벽의 절경이 해수욕장을 대신한다. 특히 정동진에서 금진 사이 바다 쪽으로 불쑥 튀어 나온 육지는 거의 수평에 가까울 정도로 평탄하다. 이곳이 빙하시대가 도래하기 전에 형성된 우리나라에서 가장 오래된 해안단구이다.

해안단구는 물이 만드는 조화다. 파도에 깎여 만들어진 파식대지나 퇴적물이 쌓인 바닷속 대지가 해수면이 낮아지거나 땅이 융기해 바다 위로 드러난 것이 바로 해안단구다. 그러므로 단구면의 높이는 과거 바닷물의 높이가 그곳까지 와 있었던 때가 있었다는 것이다. 해안단구는 한반도의 면적이 지금보다 훨씬 적었던 때가 상당기간 계속되었다는 것을 말해주는 증거다.

정동진 2리 마을을 휘감으며 심곡 쪽으로 난 지방도를 따라 비탈길을 오르면 오른쪽에는 해발 300m 이내의 낮은 산들이 이어지고 왼쪽으로는 평탄면, 즉

단구의 표면이 시작된다. 적갈색의 흙과 모래, 자갈로 이루어진 평탄면은 해안까지의 폭이 1km 전후이며 중간 중간에 대지를 가로지르는 작은 계곡이 발달해 있다. 반면 해안은 들쭉날쭉하지만 수직에 가까운 바위절벽으로 이루어져 맑고 푸른 바다와 부서지는 파도가 어우러진다.

해안단구 위에 서있는 배 모양의 호텔 선크루즈Sun Cruise는 정동진을 바라볼 수 있는 최고의 전망대이다. 선크루즈 호텔은 길이 165m, 높이 45m의 3만 톤급 호화 유람선이다. 실제 임시 조선소를 차려놓고 세계 최초로 육상에 만든 크루즈선이다. 해안단구가 먼 옛날에는 바다였던 사실에 착안히어 배 모양으로 호텔을 지은 것이다. 호텔에 들어서면 하늘로 날아가는 배를 타고 먼 동해 바다로 여행하는 기분에 젖어들게 된다.

호텔 주변은 정동진 조각공원이다. 조각공원은 조각공원과 장승공원, 그리고 해돋이 광장으로 구성되어 있다. 잘 가꾸어진 오솔길을 걸으면서 전시중인 조각 작품을 감상할 수 있다. 그러나 조각공원의 최고의 전시 작품은 자연이 만들어낸 탁트인 동해바다와 정동진의 풍경이다. 360도 회전하는 호텔 전망대에서 바라보는 동해의 전망은 남해나 서해에서는 느낄 수 없는 것이다. 끝없는 동해바다와 백두대간이 해안선을 경계로 함께 북에서 남쪽으로 달려가고 있는 모습은 자연의 위대함을 느끼기에 충분하다.

수로부인의 헌화로

헌화로는 심곡항에서 금진항에 이르는 2.4km의 길이다. 정동진에서 밤재 고개를 넘어 바다로 난 골짜기를 따라 내려가면 심곡항이 나타난다. 심곡항深谷港은 이름 그대로 아주 깊은 골짜기에 있는 마을이다. 여기에서 중간 중간 반쯤 접어놓은 듯한 절벽 밑을 따라 가면 금진항이 나온다. 그리 길지 않은 이 길은 누구나 한 번쯤, 특히 연모하는 여인과 함께 와보고 싶어 하는 그 헌화로이다.

헌화로라는 이름은 『삼국유사』 수로부인水路夫人조에 기록된 헌화가獻花歌에서 유래한다. 신라 33대 성덕왕 때의 일이다. 수로부인의 남편 순정공純貞公이 강릉태수가 되어 부임해 가던 중 바닷가에서 점심을 먹게 되었다. 깎아지른 벼랑이 병풍처럼 바다를 에워싸고 있었는데 높이가 1,000장丈이나 되는 벼랑 위에 철쭉꽃이 활짝 피어 있었다.

수로부인은 "저 꽃을 꺾어 바칠 사람이 없느냐"고 하며 꽃을 꺾어 주기를 원했다. 그러나 종자從者들은 모두 사람이 닿을 수 있는 곳이 아니라며 나서지 않았다. 이때 소를 끌고 가던 한 노인老翁이 부인의 말을 듣고 꽃을 꺾어 와서 노래와 함께 바쳤다. 이 노래가 바로 헌화가이다.

자줏빛 바위가에
잡고 있는 암소 놓게 하시고
나를 아니 부끄러워 하시면
꽃을 꺾어 바치오리다.

또 이틀이 지난 후에 임해정臨海亭에 도착하였다. 그곳에서 점심을 먹고 있는데 갑자기 바다에서 용龍이 나타나 수로부인을 바다로 끌고 들어갔다. 공이 어찌할 바를 모르고 있던 중 한 노인이 말하되 "옛말에 뭇사람의 말은 쇠도 녹인다 했으니, 바다의 용龍이라고 한들 어찌 이를 두려워하지 않겠습니까? 모름지기 경내境內의 백성을 모아 노래를 부르며 막대기로 땅을 치면 나타날 것입니다"라고 하였다. 그렇게 했더니 과연 용이 부인을 받들고 바다에서 나타났다. 그 노래가 해가海歌이다.

거북아 거북아 수로 부인을 내 놓아라
남의 아내 빼앗아 간 죄 얼마나 큰가.
네가 만일 거역하여 내놓지 않으면

그물로 잡아 구워서 먹으리라.

순정공이 부인에게 바닷속 일을 물으니 부인이 대답하였다. "일곱 가지 보물로 장식된 궁전에 음식은 달고 향기로우며 인간의 음식은 아니었습니다" 수로부인의 옷에서는 이상한 향기가 풍겼는데 세상에서는 맡아보지 못한 것이었다. 수로부인은 용모가 세상에 견줄 이가 없었으므로 매양 깊은 산이나 못을 지날 때면 번번이 신물(神物)들에게 붙들림을 입었던 것이다.

헌화로는 사랑의 길이다. 꽃을 갖고 싶어 하는 미인에게 꽃을 꺾어 바치며 부른 노래 헌화가는 사랑의 노래이다. 아름답고 젊은 상류층의 미인이 꽃을 갖고 싶어 한다는 것과 초라하고 늙은 상민(常民)에 불과한 노인(老翁)이 암소를 끌고 간다는 것은 서로 대조를 이룬다. 특히 수로부인은 깊은 산과 큰 물을 지날 때마다 매번 신물(神物)에게 납치될 만큼 절세의 미인이었다. 노인이 '잡고 있는 암소를 놓게 하시고, 나를 아니 부끄러워 하신다면'이라며 꽃을 바치는 것은 신분과 연령을 초월한 사랑이다.

헌화로는 해안단구 절벽 아래 개설된 길이기 때문에 한쪽은 무너져 내릴 듯한 아슬아슬한 기암절벽이고, 다른 한쪽은 금방이라도 파도가 길 위로 올라올 듯 푸른 물이 넘실거린다. 바위 병풍을 두르고 바다를 감싸 안았다는 말처럼 운치가 있다. 작은 고깃배가 드나드는 한적한 바닷가 마을 사이로 꼬불꼬불하게 나 있는 헌화로는 한반도 땅에서 바다와 가장 가까운 도로라는 평을 받아 '한국의 아름다운 도로 100선'에 올랐다. 길 양쪽으로 조성되어 있는 산책로는 연인들의 환상적인 데이트 코스이다. 사랑의 꽃을 바치기에 안

헌화로

헌화가에서 유래한 헌화로는 사랑의 길이며, 우리나라에서 가장 아름다운 이다.

성맞춤이다.

헌화로의 중간쯤 되는 곳에 '합궁^{合宮}골'이라는 에로틱한 이름의 골짜기가 있다. 절벽 사이로 작은 폭포가 흐르는 여근^{女根} 형상의 골짜기이다. 그 폭포 사이에 알바위가 끼어 있어 완전한 여근의 모습을 하고 있다. 이 여근 골짜기 앞에는 거북이 머리 형상의 남근^{男根} 바위가 잔뜩 힘을 주고 서 있다. 그리고 후대 누군가 하얀 불알바위를 양쪽에 가져다 놓았다. 아침에 해가 뜨면 남근석의 그림자가 여근과 합궁을 한다. 헌화로는 사랑의 길이며 새로운 생명과 풍요의 길이다.

합궁골
근을 닮은 골짜기와 남 모양의 바위로 이루어 합궁골은 풍요와 다산 상징이다.

역사의 현장에서 느끼는 분단의 아픔

정동진역의 북쪽 해안은 민족 분단의 아픔을 간직하고 있다. 정동진의 남쪽 해안이 해안단구라는 가장 긴 자연의 역사를 간직하고 있는 것과 대조적으로 정동진의 북쪽 해안은 분단 조국이라는 가장 짧은 인간의 역사를 담고 있다. 1950년 6월 25일 새벽 3시경 북한군은 정동진 해변에 상륙하였다. 38선 전역에 남침을 시작하기 1시간 전 북한군이 선제공격을 시작한 것이다. 북한군은 이곳에서 민간인 3명과 경찰 등을 사살하였다. 6·25 최초의 인명 피해가 이곳에서 발생하면서 수백만이 희생되는 민족의 아픔은 시작되었다.

1996년 9월 18일 북한은 잠수함을 통해 정동진 북쪽 안인진 해변에 침투하였다. 잠수함은 무장간첩을 침투시킨 후에 북한으로 돌아갈 예정이

함정 전시관
함정 전시관에는 좌초
북한 잠수함과 한국전쟁
서 활약하였던 퇴역함정
전시되어 있다.

었다. 그러나 잠수함이 암초에 좌초되면서 영원히 민족 분단과 대립의 상징으로 남게 되었다. 이 사건을 계기로 대국민 안보의식을 고취시키고 통일의 염원을 담아 강릉통일공원이 조성되었다.

　강릉 통일공원은 함정전시관과 통일안보전시관으로 구성되어 있다. 함정전시관은 침투 중 좌초되었던 북한 잠수함을 중심으로 한국 퇴역함정인 '전북함'을 함께 전시하고 있다. 그리고 이곳에는 북한주민탈출 배가 주목된다. 북한주민탈출 배는 2009년 9월 27일 밤 함경북도 김책시를 출발한 북한주민 11명이 동해상 공해를 경유하여 나흘 동안 항해 끝에 10월 1일 강릉시 주문진 인근해상으로 귀순하였다. 이들은 남한에 대한 동경과 자유를 찾기 위해 1년간 준비 후 북한의 삼엄한 통제망을 뚫고 북한을 탈출하는 데 성공하였다. 함정전시관에는 자유를 지켰던 배와 자유를 약탈하러 왔던 배, 그리고 자유를 찾아온 배가 함께 전시되어 있다.

　통일안보전시관은 바다가 한눈에 내려다보이는 4만 2천 평의 터에 자리잡고 있다. 통일안보전시관은 300여 평의 넓은 실내 전시관과 야외 전시관으로 구분된다. 실내 전시관에는 광개토왕릉비 탁본을 시작으로 살펴 본 우리 민족의 국난 극복사, 6.25 전쟁과 분단의 아픔이 다양한 방법으로 전시되어 있다. 그리고 세계에서 유일하게 분단국으로 남아 있는 우리 민족에게 던져진 과제, 통일로 가는 길을 제시하고 있다.

야외 전시관에는 위령탑과 여러 가지 육군무기와 공군기의 위용을 볼 수 있다. 국가와 민족을 구하기 위해 자신의 목숨을 던진 많은 희생자를 위로하는 각종 위령탑이 자리하고 있다. 강릉의병항쟁기념비를 비롯해서 강릉지역전적비 등이 그것이다. 한편 공군기 전시 공간에는 실내에 직접 들어가 볼 수 있는 대통령 전용기가 함께 전시되어 있어서 흥미를 끈다. 1957년에 제작된 C-54 기종으로, 1969년부터 1973년까지 박정희 대통령이 대통령 전용기로 활용한 비행기이다. 내부는 대통령의 침실과 집무실, 수행원실과 비서실, 승무원실로

항공기 전시관
일안보전시관 야외전시
에서 육군무기와 공군기
위용을 볼 수 있다.

구분된다. 이승만 대통령과 박정희 대통령의 휘호가 묘한 대조를 이루고 있다. 이승만 대통령은 「부국강병富國强兵 영세자유永世自由」와 「화락和樂」이라는 글을 통해 해방된 조국의 부국강병과 자유 그리고 민족의 화합을 강조하였다. 반면 박정희 대통령은 「조국근대화祖國近代化」, 「근검협동勤儉協同 총화유신總和維新」이라는 글을 통해 가난으로부터 벗어나 잘 살기 위해 근대화를 추진하고, 새마을 운동과 유신체제를 출범시키고 있음을 보여 준다.

한편 북한이 정동진 해안으로 침투한 것은 우연이 아니다. 정동진 뒷산에는 옛날부터 바다를 통해 침투하는 외적을 막기 위한 고려시대 산성山城이 남아 있다. 고려성은 동해가 내려다 보이는 괘방산(해발 384m)의 구릉 정상부 주변을 한겹 둘러싼 돌로 쌓은 산성이다. 지리적인 위치로는 바닷가에 위치한 해안성으로, 강릉지역의 주민들이 바다를 통해 침략하는 적이나 약탈자들로부터 방어하기 위한 목적으로 쌓은 성이다. 성의 총 길이는 451m로 현재 남아 있는 성벽의 높이는 2~3.5m 정도이며, 가장 잘 남은 내벽의 높이는 2m 정도이다. 현재 남아 있는 성벽은 서벽 25m, 남벽 55m 정도이다. 성벽은 일대에서 쉽게 구할 수 있는 산의 돌을 장방형의 불규칙한 석재로 만들어 사용하였다.

정동진 해변으로 외적이 침투하고 이를 방어하기 위한 시설이 마련된 것은 지형적인 특색 때문이다. 동해안에는 해안을 따라 좁지만 긴 해안평야가 발달되어 있다. 따라서 외적이 침입하여 산으로 잠입하기 위해서는 들판을 통과해야 하기 때문에 바로 노출될 수 밖에 없다. 그런데 정동진 주변해역은 해안단구로 바다와 산이 바로 만나는 지역이다. 외적이 침입하여 산에 숨어들 수 있는 가장 좋은 지형 형태를 가지고 있는 것이다. 절벽으로 이루어진 아름다운 정동진 주변 해역은 우리나라와 민족을 노린 외적이 끊임없이 침입한 곳이다. 정동진 북쪽 해변은 가장 아름다운 곳에 자리한 슬픔의 현장이기에 그 슬픔이 더욱 크게 느껴진다.

하슬라 아트월드

하슬라 아트월드Haslla Art World는 인간과 미술이 하나되는 공간이다. 하슬라는 '해와 맑음'이라는 뜻으로 신라시대부터 강릉을 지칭하던 옛 이름이다. 이곳은 최옥영, 박신정 두 부부 조각가의 작업장이자 대중을 위한 문화예술공간이다. 산과 바다가 있는 공간에 작품들을 가장 잘 바라볼 수 있도록 길을 내고 산과 바다와 가장 잘 어울리게 작품을 전시하고 있다. 원래부터 그곳에 있었던 것처럼…….

하슬라 아트월드는 미술관과 조각공원, 그리고 하슬라 뮤지움호텔로 구성되어 있다. 미술관Museum에는 아시아를 비롯한 세계의 예술가들이 끊임없이 모여든다. 그들은 이곳에서 하는 예술행위가 공원을 자연스럽게 완성시켜 나가

하슬라 아트월드
슬라 아트월드는 자연과
간, 예술이 소통하는 공
이다.

도록 하는 목적을 가지고 있다. 그리고 예술 속에 들어와 예술과 대화하면서 예술 속에 푹 잠겼다 갈 수 있도록 만들어진 공간이다. 한국 현대미술 200여 점이 전시되어 있는 미술관에는 감각적인 회화 작품을 비롯하여 디테일한 조각 작품에 이르기까지 장르를 초월한 작품들을 다양하게 전시하고 있다.

특히 피노키오 미술관은 움직이는 인체 조각인 마리오네뜨와 피노키오를 전시하고 있다. 마리오네뜨는 꼭두각시 가운데 움직임을 가장 인간에 가깝게 표현하기 위해 인형 관절을 나눈 것이다. 고대 이집트의 무덤과 그리스의 문헌에서 발견될 정도로 오랜 역사를 가지고 있다. 미리오네뜨는 행위예술의 고전적 형태인 인형극을 비롯해서 비보잉과 발레 같은 현대무용에서도 재해석하여 활용되고 있다. 마리오네뜨 가운데 대표적인 것이 피노키오이다. 피노키오 미술관에는 유럽 등지에서 수집된 각양각색의 마리오네뜨와 피노키오를 전시하고 있다. 어린이에게 꿈을 주고 성인에게는 추억을 주는 예술 작품이다.

조각공원은 자연의 훼손을 최소화하면서 조각 작품의 아름다움을 극대화할 수 있도록 전시한 공간이다. 넓은 구릉지에 자리잡고 있는 조각공원은 숲길을 걸으면서 감상할 수 있는 성성활엽길, 소나무와 바다 풍경을 하나로 만든 소나무 정원, 대지미술의 결정체 등을 전시하고 있는 시간의 공간, 하늘과 땅이 맞닿아 해돋이의 명소로 자리잡고 있는 하늘정원, 많은 조각작품이 전시되어 있는 풍성한 바다정원 등 여러 가지 테마별로 구분된다.

하슬라 뮤지움호텔은 '예술에 눕다'라는 주제로 건립되었다. 예술과 자연을 하나로 조화시키고 그 속에서 인간이 쉴 수 있도록 하였다. 단순한 호텔의 개념을 벗어나 침대를 비롯한 객실의 모든 소품들을 하나의 조각 작품으로 마련하였다. 잠자기 위한 방이라기 보다는 하나의 독립된 갤러리라고 볼 수 있다. 그 갤러리 속에서 나 자신도 하나의 조각 작품이 된다. 침대에 누우면 예술과 자연, 그리고 인간이 하나가 된다. 하슬라 아트월드를 돌아 나올 때면 예술과 자연에 흠뻑 젖어 있는 자신을 발견하게 된다.

참고문헌

이순원, 『강릉에 가고 싶다』, 포럼, 2009
이홍섭, 「지극한 생명의 길, 헌화로」, 『솔향강릉』 9호, 2012. 3
최순철, 『정동진에서 사랑하고 이별하고』, 유토피아, 1998

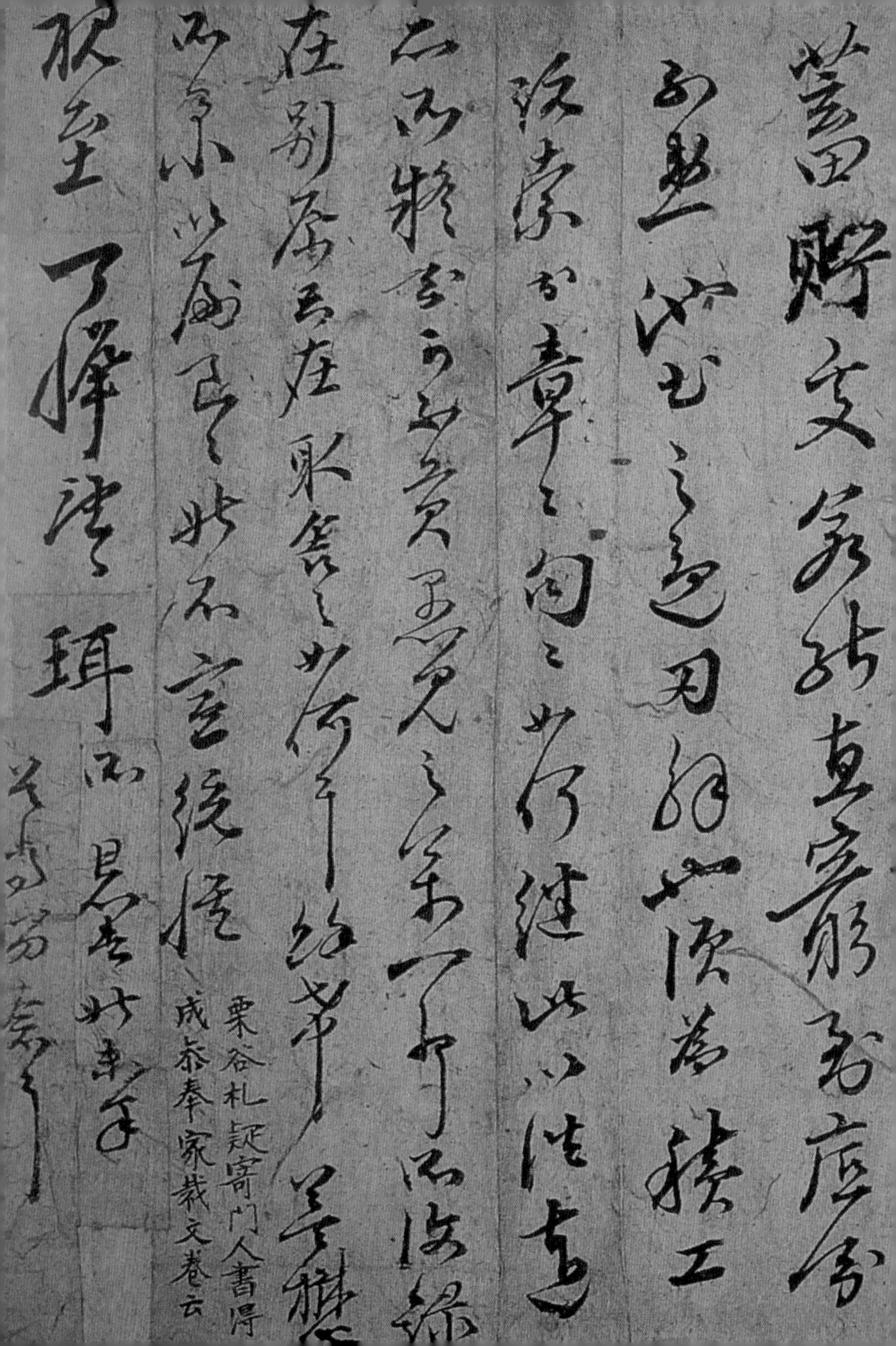

當野文家舒真意舸吝居

而鱼一沁也之逸习卯此項為捼工

汲蒙命章之句之此符進此以他意

二而粉客为之克五子夏之兰下而临錄

在别唐五在取舍之此杨一站书

而吝小沁海色此而言終係

欣至了释津 琲而吴表此來手

栗谷札疑寄門人書得
成泰奉家裁文卷云

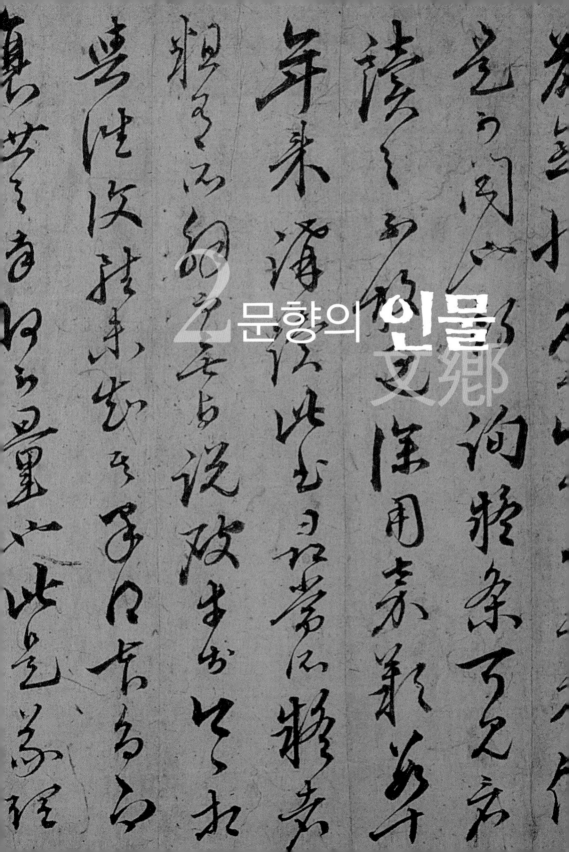

2 문향의 인물
文鄕

율곡영정

이이와 오죽헌

강릉인 율곡 이이

우리나라에 3대 양반도시로 안동과 진주, 그리고 강릉을 꼽는다. 그것은 안동에 퇴계 이황 선생이 있고, 진주에 남명 조식 선생이 있듯이 강릉에 율곡 이이 선생이 있기 때문이다. 율곡 이이의 시호諡號는 문성文成이다. 문文은 도덕박문道德博聞이라는 뜻이고, 성成은 안민입정安民立政이라는 뜻이다. 즉 문은 학문이 높다는 뜻이며, 성은 백성을 편안하게 하는 정치를 행했다는 뜻이다.

율곡 선생의 연고지는 세 곳이다. 외가外家인 강원도 강릉과 친가親家인 경기도 파주, 그리고 처가妻家인 황해도 해주이다. 율곡 선생은 외가인 강릉 오죽헌에서 태어나 성장하였으며, 서울에서 벼슬살이를 하였다. 그리고 친가인 파주와 처가인 해주에는 벼슬을 쉬는 동안 잠시 낙향생활을 하였으며, 마지막으로 죽어서는 파주에 묻혔다.

율곡 선생은 외가인 강릉 북평촌에서 태어났으며, 6세에 어머니 신사임당을 따라 외할머니가 마련해 준 서울 수진방으로 올라왔다. 16세에 어머니가 돌아가시자 3년상을 치르고 19세에 금강산에 들어가 1년간 승려생활을 하였다. 그리고 20세가 되는 1555년 봄에 강릉으로 돌아왔다. 1년간 강릉에 머문 다음 21세에 서울로 올라와 과거에 급제하였다. 33세 겨울에는 이조정랑을 사직하고 외할머니 병간호를 위해 강릉에 와서 6개월 정도를 머물렀다. 그리고 이듬해 다시 강릉으로 와서 외할머니 병을 간호하다가 상을 당하였다.

율곡 선생은 1557년 성주목사 노경린의 딸과 혼인하였다. 장인 노경린은 황해도 해주 석담에 상당한 농토를 가지고 있었다. 장인이 세상을 떠난 후 율곡은 처가가 있던 해주 야두촌野頭村에 자주 들러 야인생활을 하다가 서울로 돌아왔다. 경치가 좋은 해주 석담에 복거할 계획을 세우고 이곳에 청계당과 은병정사 등을 짓고 많은 후학을 길러냈으며 자신이 만든 향약을 실시하기도 하였다. 이후 1570년 해주에 가서 고산高山의 석담구곡 石潭九曲의 경관을 보고 해주에 살 계획을 세워, 41세 되는 해 10월에 해주에 내려가 살면서 형제를 불러 함께 기거하였다.

파주는 율곡 선생의 친가로 어린시절 서울에 살면서 파주에 드나들었다. 8세에는 파주 율곡에 있는 화석정에 올라 시를 짓기도 하였다. 어머니 신사임당과 아버지 이원수가 돌아가시자 파주 자운산에 안장하였다. 율곡 선생은 아버지 이원수가 세상을 떠난지 5년이 되는 1566년에 여러 형제자매들과 균등하게 재산을 상속받았다. 그러나 그것은 3분의 1결 정도에 지나지 않는 미미한 것이었다. 율곡의 형제들은 매우 가난하여 율곡이 직접 먹여 살려야 하는 처지였다. 큰형은 일찍 세상을 떠났고, 둘째는 벼슬을 하지 못하였으며, 막내는 늦게 벼슬길에 올랐다. 친가에는 별다른 재산이 없어서 주로 서울에 살면서 가난한 친척들을 부양하였다. 율곡 선생은 이후 여러 차례 벼슬을 버리고 해주와 파주로 낙향

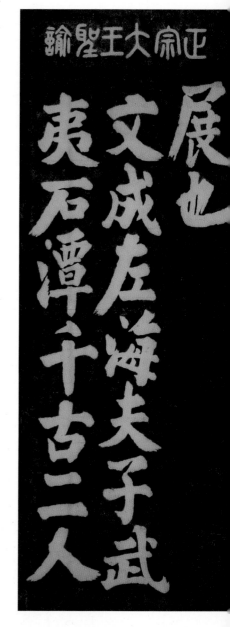

해주 정조대왕 성유

정조가 이이의 유덕을 기리기 위해 비문을 지어 추사 정희에게 필적케 한 것이다. 내용은 '진실로 문성공 이은 해동의 공자이며, 중국 무이산 주자와 해주 석담의 율곡은 천고의 두 분이다'.

하였다가 돌아오기를 반복하였다. 49세가 되는 1584년 서울에서 돌아가시자 선영인 파주 자운산에 안장되었다.

파주에는 자운서원紫雲書院, 해주에는 소현서원紹賢書院, 강릉에는 오죽헌과 함께 송담서원松潭書院이 있다. 자운서원은 파주의 율곡 묘소 아래에 있는데 1651년(효종 원년)에 사액되었다. 소현서원은 해주 석담에 율곡 선생이 세운 은병정사이다. 조광조와 이황을 모셨으며 율곡이 세상을 떠난 후 문인들이 사우를 세웠고, 후일 사액서원이 되었다. 송담서원은 강릉 외갓집 부근 석천石川에 창건하였으며 현종 때 사액되었다.

그렇다면 율곡 선생의 고향은 어디일까? 율곡 선생이 살았던 조선 전기에는 친가와 외가, 처가의 차별이 없었다. 남자가 처가로 장가를 가서 일정 기간 머물다가 가족의 주거지를 결정하는 서류귀가혼婚留歸家婚의 형태가 일반화되어 있었다. 그리고 재산은 아들딸 구분없이 남녀균분상속 하였으며, 조상에 대한 제사도 아들딸 구분없이 돌아가면서 지내는 윤번제가 실행되었다. 따라서 친가, 외가, 처가의 구분보다는 본인의 의사 결정이 가장 중요한 요소였다.

파주 자운서원
율곡 선생의 친가인 파주
에는 율곡 선생을 모신 자
운서원과 묘소가 있다.

율곡 선생은 자신의 고향은 강릉이라고 생각하였다. 1569년 6월에 홍문관 교리로 제수되었지만 사양했었는데, 윤허하지 않았으므로 7월에 조정에 돌아왔다. 8월에 다시 상소하여 늙으신 외할머니를 모시기 위해 해직을 청하였지만 '조정에 있으면서 오가면서 돌보라'고 달래며 선조 임금이 허락하지 않았다. 그리고 이조에 명하여 '외할머니를 찾아가 돌보는 일이 비록 법례는 아니지만, 특별히 다녀오도록 해주는 것이 좋겠다'고 하였다. 율곡 선생은 10월에야 휴가를 받아 고향 강릉으로 돌아왔다. 그 기쁜 마음을 다음과 같이 노래하였다.

오죽헌 전경

율곡 선생의 외가인 강릉에는 오죽헌이 있다. 선생은 강릉을 고향이라고 생각하였다.

고향으로 가는 길에	卽事
해당화 강변길은 멀기만 한데	海棠江路遠
말에 채찍질하여 고향으로 달려가네	策馬返家鄉
고향산천은 끝없이 정답고	丘水情無極
친한 벗은 언제나 즐겁기만 하여라	親朋樂有常
한 단지 술로 헤어지는 한을 녹이고	一樽消別恨
천 수의 시를 지어 시름을 달래네	千首遣愁腸
게다가 중양일의 절기를 만나	更得重陽日
함께 즐기며 국화를 구경한다네	同歡翫菊黃

　율곡 선생은 외할아버지 신명화에 대한 행장과 외할머니에 대한 행장도 직접 지어서 간절한 추모의 정을 드러냈는데, 이는 친가쪽에 대해 지나칠 정도로 냉담한 것과는 크게 대조적이다. 율곡 선생의 유년기 정서가 어머니를 비롯한 외가의 영향을 크게 받았기 때문이다.

인간 율곡 이이의 삶과 인생

　율곡 선생은 신사임당이 태몽으로 용꿈을 꾼 후 세상에 태어났다. 동해바다의 신녀神女가 사내아이를 안고 와서 신사임당 앞에 데려다 놓았는데, 피부는 옥처럼 깨끗하고 신령스러운 빛이 났다. 율곡을 출산하기 전날에는 흑룡이 큰 바다에서 날아와 안방에 들어와 앉아 있는 꿈을 꾸었다. 드디어 율곡 선생은 몽룡실에서 7남매 가운데 다섯 번째, 네 명의 아들 가운데 셋째아들로 태어났다. 아명兒名은 용이 나타났다는 의미의 현룡見龍이라 하였다.
　율곡의 천재성은 어려서부터 나타나 세 살부터 글을 읽기 시작하였다. 외할머니가 마당에 있는 석류를 가져와 이것이 무엇이냐고 묻자 '석류껍질은 부서

진 붉은 진주를 싸고 있네石榴皮裏碎紅珠'라고 하는 옛 시를 인용하여 대답하였다. 효심 또한 대단하여 다섯 살 때 어머니 신사임당이 병이 나서 가족들이 허둥대는 사이에 율곡은 외할아버지 사당에 들어가 기도를 할 정도였다.

율곡은 6살에 서울로 올라왔다. 수진방壽進坊으로 지금의 종로구 청진동이다. 이 집은 외할머니 용인 이씨가 외손자인 율곡에게 상속해 준 집이다. 이곳에서 신사임당은 시어머니 홍씨 부인을 모시고 살았다. 서울로 올라온 율곡은 이듬해인 7살부터 어머니에게서 사서四書(논어, 맹자, 중용, 대학)를 비롯한 유교경전을 공부하였다. 아버지가 아들을 가르치는 상례에 비추어 볼 때 특별한 일이다. 이는 어머니 신사임당이 아버지 이원수에 비해 학문이 깊었으며 자식 교육에 대한 열정도 대단하였기 때문이다.

11세에 아버지 이원수가 위중한 병에 걸렸을 때 율곡은 자신의 팔뚝을 찔러 피를 뽑아 드리고 사당에 올라가 울면서 자신이 대신 아프게 해달라고 기도하였다. 마침내 아버지의 병이 나았는데 그날 밤 아버지의 꿈에 백발노인이 나타나 율곡을 가리키며 '이 아이는 우리나라의 대유大儒인데 그 이름은 옥玉에다 귀耳를 붙인 글자로 하라'고 하였다. 이때부터 이름을 현룡에서 이珥로 바꾸었다.

율곡은 13세(1548, 명종 3)에 서울에서 진사 초시에 해당하는 진사해進士解에 급제하였다. 그러나 초시만 급제하고 그만 두었기 때문에 진사가 되지는 못하였다. 부모님의 권유로 자신을 시험해 본 것이다. 이후 16세 1551년 봄에 거처를 삼청동으로 옮겼다. 같은 해 여름에 어머니 신사임당은 48세를 일기로 세상을 떠났다. 그러나 율곡은 어머니의 임종을 지켜보지 못하였다. 5월에 수운판관으로 임용된 아버지와 함께 평안도로 떠났다가 일을 마치고 서울로 돌아오는 길에 어머니의 임종 소식을 들었다. 율곡은 어머니를 파주 자운산 기슭에 모시고 3년간 묘소를 지키는 여묘살이를 했으며, 제수를 장만하고 제기를 닦는 일을 노복에게 맡기지 않고 직접 챙겼다.

율곡은 19세에 금강산에 들어가 1년간 승려가 되었다. 승려가 된 동기는 여러 가지 이유가 복합적으로 작용하였다. 어머니 죽음에 대한 슬픔, 서모와의

오죽헌 몽룡실
곡 선생은 용꿈을 통해
상에 왔으며 몽룡실에서
어나 아명이 현룡이었다.

갈등으로 인한 가정생활에 대한 회의, 기를 길러 마음을 안정시키는 양기수심
養氣修心을 위해서 수행하고자 함 등이다. 이 가운데 어머니 신사임당의 죽음이
가장 큰 원인이었다. 자신의 정신적 지주였던 어머니 신사임당의 죽음은 율곡
이 참아내기 힘들 정도의 슬픔이었다. 어머니를 여읜 슬픔에 밤낮으로 울면서
지내다가 어느 날 봉은사에서 불경을 읽고 속세를 떠날 것을 결심하였다. 그리
고 마침내 이 모든 세상사를 잊기 위해 율곡은 금강산으로 들어가 금강산을 유
람하고 불교에 심취하였다. 이 당시에 노승들과 나눈 시는 율곡의 불교에 대한
사상을 보여준다.

　그러나 율곡은 불교의 선학과 유학의 차이를 인식하고 하산하였다. 선학禪學
은 착실着實하지 못한 학문, 즉 현실을 초월한 종교이며, 유학儒學은 착실한 학문
곧 현실을 인정하는 경세학이라는 사실을 인식하였다. 그리고 20세에 강릉 외
가로 돌아온 율곡은 스스로를 경계하는 「자경문自警文」을 지었다.

　율곡은 22세 되던 1557년 당시 성주목사로 있던 노경린의 딸과 혼인하였다.
부인은 5세가 어린 17세였다. 부인 노씨는 성품이 인자하고 화순和順하였으나 슬하에 아들이 없었다. 부인은 임진왜란이 일어나자 피란할 것을 청하였으나 '남편을 잃은 지 이미 8년이 지났고, 내 목숨이 아직 붙어 있기는 하나 어찌 구차하게 더 살기를 바라겠느냐'고 하면서 남편의 묘소를 떠나지 않고 지키고 있다가 이 해 5월 12일에 묘 앞에서 순절하였다. 이에 조정에서 정려旌閭를 내려주었다. 노씨가 아들을 낳지 못하여 측실에게서 태어난 2남 1녀 가운데 장남 경림景臨에게 후사를 잇도록 하였다. 양자를 들이지 않고 서자에게 당당하게 후사를 잇게 한 것은 적서 차별의 철폐를 주장한 것을 몸소 실천한 것이다. 한편 26세에는 아버지 이원수가 61세를 일기로 세상을 떠났다. 율곡은 3년상을 치르는 동안 특별한 활동을 하지 못하였다. 이 시기에 과거 공부에 몰두한 것으로 보인다.

자경문

금강산에 들어가 승려 되었다가 돌아온 율곡 생은 스스로를 경계하 자경문을 지었다.

아홉 번의 장원급제로 벼슬길에 오르다

29세(명종 19, 1564)에 생원시와 진사시에 급제하고, 이어 같은 해 식년 문과에 급제하였다. 생원시와 진사시의 초시와 복시에서 장원을 하였으며 문과 시험의 초시, 복시, 전시에 모두 장원하였다. 율곡은 13살에 치른 진사 초시, 23세에 치른 별시 초시에 장원한 것과 합해서 9번 장원을 하였다. 그래서 아홉 번 장원한 분이라는 뜻으로 '구도장원공九度壯元公'이라 불렸다.

급제 후 3년간 호조좌랑, 예조좌랑, 사간원 정언, 병조좌랑, 이조좌랑을 지냈다. 이들 벼슬은 비록 정6품직이지만 육조 낭관은 인사를 담당하는 요직要職이며, 사간원 정언은 청직淸職이다. 이들 관직은 고위직으로 올라가는 엘리트 코스이다.

32세의 장년에 들어선 율곡은 16세의 선조宣祖를 새 임금으로 만났다. 선조 즉위 후 두 사람은 불가근불가원不可近不可遠의 관계였다. 선조의 입장에서 율곡을 불러들이면 골치 아프고, 율곡이 물러나 있으면 그의 경륜이 절실하였다. 율곡은 임금을 만나면 직언直言으로 정치를 비판하고, 임금이 자신의 주장을 실천하지 않으면 물러나는 것이 율곡의 몸가짐이었다. 35세의 율곡은 자신의 간언을 받아들이지 않는 선조와 조정에 대해 자신의 처신방법에 대해 퇴계에게 자문을 구하였다. 퇴계는 '돌아갈 구업舊業(집과 재산)이 없으면 차라리 물러날 계획을 하지 말라. 다만 벼슬을 하되 배운 것을 저버리지 말라'고 하였다. 이에 율곡은 다시 벼슬길에 나섰다.

1571년 해주 석담에서 내려와 주자가 만든 증손여씨향약을 우리의 현실에 맞게 조정하여 서원향약西原鄕約을 만들어 시행하였다. 율곡 향약의 특징은 환난 상휼患難相恤의 경제적 상부상조를 위한 계契를 도입한 것, 노비까지도 참여하는 신분적 차별을 두지 않은 것, 그리고 행정조직과 향약을 결합시켜 반관반민의 성격을 띠게 하여 수령과 긴밀한 협조하에 운영하는 것 등이었다.

동서분당 이전 율곡은 홍문관 교리, 응교, 직제학, 부제학, 청주목사, 부승지

율곡제

사간원 대사간을 역임하면서 경연 등에서 개혁의 필요성을 역설하였다. 분당 이후에는 대사간, 대사헌, 홍문관과 예문관의 대제학, 호조판서, 이조판서, 병조판서, 의정부 찬성 등의 중책을 역하였다.

율곡이 40세 되는 해인 1575년(선조 8)은 붕당朋黨정치가 시작된 해이다. 서인에 지목된 율곡은 중립적인 입장에서 동서 양당을 조제調劑 보합保合하려고 노력하였다. 율곡은 심의겸과 매우 친한 사이였기 때문에 서인으로 지목되었지만, 정신적인 측면에서 보면 어느 파에도 속하지 않는 붕당의 갈등을 조정하는 중립적 입장을 견지하고 있었다. 율곡이 김효원과 심의겸을 지방관으로 내려 보내 진정시키고자 건의하였고 선조가 이를 받아들였다.

율곡은 세 차례에 걸쳐 만언봉사를 올렸다. 만언봉사萬言封事는 임금에게 올리는 장문의 개혁상소이다. 율곡은 만언봉사를 통해서 임금을 직설적으로 비판하고 질책하였다. 이것을 임금에게 올려도 과연 가능할까 할 정도로 격렬하였다. 10년간 물러나면 부르고, 부른 다음에는 피를 토하는 심정으로 개혁을 건의해도 한 건도 실천하지 않는 임금에게 너무나 큰 실망감을 느꼈기 때문이다. 그러나 세 차례에 걸친 망언봉사는 선조 임금과 동인들의 소극적인 태도로 받아들여지지 않았다.

율곡은 48세에 병조판서가 되어 군정개혁의 일환으로 10만 양병十萬養兵을 주장하였다. 율곡은 줄기차게 군정軍政의 개혁을 요구하였기 때문에 선조가 병조판서로 임명한 것이다. 10만 양병설은 『율곡전서栗谷全書』와 『선조수정실록宣祖修正實錄』에 기록되어 있다. 그러나 『선조실록宣祖實錄』에는 이와 관련된 기록이 없어서 일부 의문을 제기하기도 한다. 『선조실록』은 광해군 당시에 기자헌과 이이첨 등 북인들이 자기 당파 중심으로 실록을 편찬하면서 잘못된 사실과 누락된 부분이 많았다. 특히 서인西人으로 지목된 이이, 성혼, 박순, 정철 및 남인南人 유성룡에 대해서는 없는 사실을 꾸며서 비방한 반면 북인 일파에 대해서는 성인군자처럼 칭찬하였다. 이에 인조반정으로 집권한 서인은 이를 수정 보완하기 위해서 『선조수정실록』을 편찬하였다. 따라서 『선조실록』에 10만 양병설이

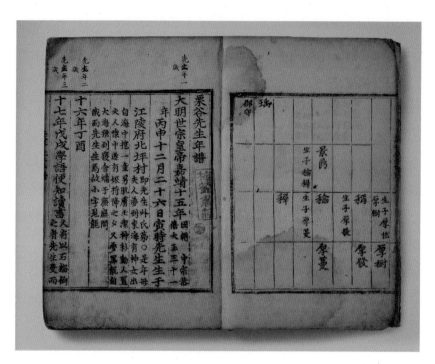

율곡 선생 연보

율곡 선생은 부국강병을
해 십만 양병설을 주장
였다.

빠진 것은 율곡을 폄하하려는 북인세력의 의도로 보인다. 율곡 선생 연보에 나타난 10만 양병설의 구체적인 내용은 다음과 같다.

율곡 선생이 경연에서 '국세國勢가 떨치지 못한 것이 극에 이르렀습니다. 앞으로 10년이 못되어 집이 무너지는 화禍가 일어날 것입니다. 미리 10만 병을 양성하되, 도성에 2만 명, 각 도에서 1만 명을 양성하여 요역을 면제해 주고 무재武才를 훈련시켜 6개월씩 교대로 도성을 지키게 하고, 변란이 일어나면 10만 명을 합쳐서 파수하게 하여 완급을 대비해야 합니다. 그렇게 하지 않으면 갑자기 변란이 일어났을 때 시민市民을 몰아다가 싸우게 하는 사태를 면할 수 없을 것입니다'라고 말하였다. 그런데 당시 유성룡은 이를 옳지 않다고 하면서 "무사할 때 양병을 하는 것은 화를 기르는 것입니다."라고 말했으며, 경연의 다른 신하들도 모두가 선생의 말이 지나친 염려라고 생각하여 실행되지 않았다. 선생은 물러나 유성룡에게 말하기를 "속유俗儒들은 시의時宜를 모르지만 공은 어찌 그런 말을 하는가?"라고 하면서 한동안 실망하여 슬퍼하였다. 임진왜란이 일어나자 유성룡은 묘당에서 탄식하면서 "이문성李文成(율곡)은 참으로 성인聖人이다"라고 말하였다.

율곡은 이조판서에 올라 인사정책의 개혁을 주도하다가 1584년(선조 17) 1월 16일 서울 대사동大寺洞 우사에서 49세의 길지 않은 생애를 마감하였다. 그의 졸기卒記 가운데 다음과 같은 내용이 기록되어 있다.

집안이 가난하여 장례 비용은 친구들이 부담하였으며, 처자妻子들이 살 집이 없어 문생門生과 고구故舊들이 재물을 모아 조그만 집을 사 주었으나 그래도 가족들은 살아갈 방도가 없었다. 장지는 아버지와 어머니가 모셔져 있는 파주 자운산으로 정하고 3월 20일에 안장하였는데 아버지 무덤 뒤 수십 보에 있었다. 장례식 날에는 거리마다 곡성이 진동하고 금군과 시민들이 모두 나와 횃불을 밝혀 수십 리 밖에도 불빛이 환하게 비쳤다.

율곡 선생 묘소
로 길지 않은 생을 마
안 율곡 선생은 경기도
선영에 안장되었다.

성리학의 양대 산맥 퇴계와 율곡

퇴계 이황과 율곡 이이는 조선 성리학의 성과를 집대성한 두 거봉이다. 이들의 주자학 해석에 대한 미묘한 차이는 이후 조선성리학의 전개에 지대한 영향을 미치게 되었다. 이들의 학문적 성과는 학맥으로 이어지면서 조선성리학의 중심축을 형성하였다. 퇴계학파와 율곡학파가 그것이다. 퇴계학파와 율곡학파는 처음에는 퇴계의 문인과 율곡의 문인으로 이루어진 학문적 집단으로 출발하였으나 조선 후기에 들어와 정치적인 색채를 띠게 되었다. 이들 학파의 중심이되는 학자들이 남인南人과 서인西人이라는 당파의 주축 인물이 됨에 따라 정치적으로나 지역적으로나 가까운 학자들이 각 학파에 가세하였다. 마침내 조선시대 성리학자의 대부분은 퇴계학파와 율곡학파 가운데 어느 한쪽에 속하게 되었다.

율곡 선생이 퇴계선생을 처음으로 만난 것은 1558년(명종 13)이었다. 율곡 선생은 처가가 있는 성주에서 강릉 외가로 돌아오는 도중에 학문으로 그 명성이 자자하였던 퇴계 이황 선생을 방문하였다. 퇴계 선생은 병 때문에 고향으로

율곡제

율곡 선생은 퇴계 선생
함께 우리나라 성리학
양대 산맥이다.

돌아가 예안현의 산골짜기에 터를 닦아 집을 짓고 장차 그곳에서 여생을 마칠 생각이었다. 당시 퇴계의 나이는 58세였으며, 율곡은 23세의 청년이었다. 35세가 넘는 나이 차에도 불구하고 율곡 선생은 학문에 있어서 능히 퇴계 선생과 문답할 정도가 되어 있었다. 율곡 선생은 퇴계 선생과 더불어 학문을 논하고 율시를 한 편 지어 올렸다.

예안을 지나다 퇴계 이황 선생을 뵙고 율시를 바치다.

過禮安謁退溪李先生滉仍呈一律

시냇물은 수사의 물결에서 나뉜 갈래이고	溪分洙泗派
봉오리는 무이산처럼 빼어났네	峯秀武夷山
살림살이는 천 권의 경전뿐이요	活計經千卷
살아가는 방도는 두어 칸 집뿐일세	生涯屋數間
뵙고 싶은 회포를 푸니 마음은 구름 속의 달을 보듯 환해지고	襟懷開霽月
웃음 띤 말씀은 거센 물결을 멈추게 하시네	談笑止狂瀾

율곡제
강릉 오죽헌에서는 대현 율곡 선생을 추모하기 위한 율곡제를 지내고 있다.

보잘것 없는 저는 사람의 도리를 얻고자 하니   小子求聞道

반나절 한가로움을 훔친다고 나무라지 마십시오   非偸半日閒

퇴계 선생은 율곡 선생의 시에 다음과 같이 답하였다.

병든 나는 여기 갇혀 봄도 미처 보지 못했는데   病我牢關不見春

그대가 찾아와 내 마음이 상쾌해졌네   公來披豁醒心神

이름난 선비에게는 헛된 명성 없음을 비로소 알겠고   始知名下無處士

지난날 공경한 몸가짐 부족한 것이 못내 부끄럽구나   堪愧年前闕敬身

좋은 곡식은 잡풀의 무성함을 용납하지 않고   嘉穀莫容稊熟美

떠다니는 먼지는 거울의 깨끗함을 허락하지 않네   游塵不許鏡磨新

기쁨에 겨워 과장한 시어는 지워버리고   過情詩語須刪去

노력하고 공부하여 나날이 배움의 뜻에 가까워지세   努力功夫各日親

오죽헌 배롱나무

수령 600년의 오죽헌 ㅂ
나무는 여름이면 율곡
생의 학문과 국정에 ㄷ
열정과 같은 붉은 꽃을
운다.

후일 퇴계 선생은 이틀간 머물다
간 율곡 선생에 대해 제자 조목趙穆
에게 보낸 편지에서 평하였다. '율
곡이 나를 찾아 왔는데 그 사람됨
이 밝고도 시원스러우며 지식과 견
문이 많고 또 학문에 깊은 뜻이 있
으니 후생가외後生可畏라는 공자의
말이 참으로 나를 속이지 않았음을
알았다. 그가 문장을 지나치게 숭
상한다는 소문을 일찍이 들었기에
조금 억제해 주려고 시를 짓지 말
라고 하였다. 그가 떠나던 날 아침

에 마침 눈이 내렸기에 시험 삼아 시를 지으라고 해보았더니, 옛날 말에 기대서서 시를 짓던 재주꾼처럼 그 자리에서 두어 편의 시를 지었다. 그 시를 평가한다면 그 사람만은 못하다고 하겠지만 역시 볼 만 하였다.'

이때부터 시작된 퇴계와 율곡의 인연은 서찰을 통해 이기설에 관한 논변을 주고받았는데 퇴계가 율곡의 설을 좇아 자신이 지은 「성학십도聖學十圖」의 순서를 수정하기도 하였다. 후일 두 사람의 제자들과 추종자들은 각각 영남학파와 기호학파를 형성하고 서로 토론하고 경쟁하면서 성리학을 발전시켜 나갔고, 때로는 남인과 서인으로 나뉘어 당쟁을 벌이기도 하였지만 정작 당사자들은 도의로서 진지한 친교관계를 맺고 있었다.

이기이원적 일원론

율곡은 우주와 인간의 본성에 관한 철학적 원리를 탐구한 성리학자였다. 성리학은 이理와 기氣를 기본 개념으로 하는 우주와 인성의 문제를 해석하는 학문으로 중국 송나라대 주자 등에 의해 시작되었다. 우리나라에서는 율곡 이전에 퇴계 이황과 기대승 등에 의한 이기 논쟁이 있었고, 화담 서경덕의 독특한 기철학氣哲學이 대두하였다. 율곡은 선배 유학자들의 이기철학을 계승하고 한 단계 심화시켜 새로운 경지를 정립하였다.

율곡과 퇴계는 성리학에서 서로 다른 견해를 피력하였다. 우주론에서 퇴계 선생은 이기이원론理氣二元論을 주장한 반면 율곡 선생은 이기이원적理氣二元的 일원론一元論을 피력하였다. 율곡은 자연관과 인성론이 결코 분리된 것이 아닌 하나의 통일체로 보았다. 천지인天地人이 하나의 통일체라는 것이다.

퇴계는 자연과 인간은 모두 이理와 기氣로 구성되어 있으며 이理는 어떤 사물이 그렇게 된 소이所以, 즉 이치를 말하며 형태가 없는 형이상학적인 존재인 반면 기氣는 이에 의해 만들어진 형태가 있는 형이하학적인 존재로서 천태만상의 다양한 모습을 보여주고 있다고 보았다.

그런데 율곡은 이와 기를 둘이 아니라 하나로 보았다. 이와 기는 둘인 것처럼 보이지만 실은 하나라 하였다. 왜냐하면 이 속에 기가 있고, 기 속에 이가 있기 때문이다. 이런 양자의 통합관계를 율곡은 '둘이면서 하나요, 하나이면서 둘二而一 一而二'이라고 하거나 '기발이승氣發理乘' 혹은 '이통기국理通氣局'으로 설명하였다.

기발이승氣發理乘은 기가 발發하면 이가 기에 올라탄다는 것이다. 이는 기가 시간적으로 이보다 앞선다는 뜻이 아니라 기 속에 이미 이가 들어 있으면서 기를 주재한다는 뜻이다. 다만 기는 형이하학적인 것이므로 눈에 보이고, 이는 형이상학적인 것이므로 눈에 보이지 않을 뿐이다.

이통기국理通氣局은 이는 막힘이 없고 기는 막힘이 있다는 뜻이다. 막힘이 없다는 것은 공간적, 시간적 제약이 없다는 말이다. 이는 형이상학적인 것이기 때문에 공간적, 시간적 제약이 없고, 기는 형이하학적인 것이기 때문에 공간적, 시간적 제약이 있다는 것이다. 율곡은 이와 기의 이런 관계를 물과 그릇에

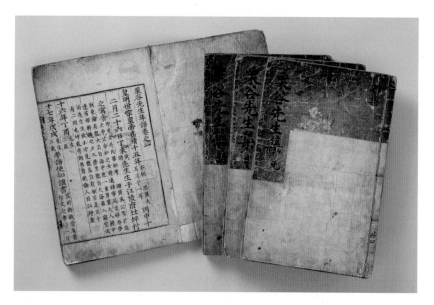

율곡 선생 문집
율곡 선생의 사상은 시간과 공간을 초월한 영원한 진리를 담고 있다.

비유하였다. 예컨대 그릇은 모난 것도 있고 둥근 것도 있지만 그 그릇에 담긴 물은 똑같은 물일 뿐이다. 여기서 물이 이라고 한다면 그릇은 기에 해당한다.

이처럼 율곡의 이기론은 이기이원적 일원론으로 이와 기를 두 개의 실체로 나누어 보려는 퇴계의 이원론적二元論的 이기론理氣論이나 기만을 강조하는 서경덕의 주기철학主氣哲學과는 차별되는 것이었다. 특히 왕명을 받아 지은 「인심도심도설人心道心圖說」은 퇴계 이황과 고봉 기대승 사이에 벌어진 사단과 칠정에 관한 논쟁에 대하여 율곡이 판정을 내린 글로 율곡의 이기론을 가장 요령있게 정리한 글이다.

율곡 사상은 시간과 공간을 초월하고

율곡 선생의 사상은 저술로 남아 영원한 우리들의 지표가 되고 있다. 율곡이 남긴 저서는 『동호문답東湖問答』, 『성학집요聖學輯要』, 『격몽요결擊蒙要訣』 등이다. 율곡 선생은 「만언봉사萬言封事」 등을 통해 선조에게 개혁을 위한 건의를 했지만 단 한 가지도 실천에 옮기지 않는 임금에게 실망하고 한탄하면서 세상을 떠났다. 그러나 율곡 선생의 저술은 시간과 공간을 초월하고 현대를 사는 우리에게 금과옥조가 되었다.

『동호문답東湖問答』은 율곡의 개혁 사상을 체계적으로 정리한 책이다. 율곡은 1568년 사가독서賜暇讀書의 명을 받았다. 사가독서는 조선시대에 인재를 양성하기 위하여 젊은 문신들에게 휴가를 주어 학문에 전념하게 한 제도이다. 동호東湖의 독서당讀書堂에 들어가 공부한 결과를 이듬해인 1569년 『동호문답東湖問答』을 저술하여 임금에게 바쳤다. 객客이 묻고 주인이 대답하는 형식으로 군도君道, 신도臣道, 군신상득지난君臣相得之難, 동방도학불행東方道學不行, 아조고도불복我朝古道不復, 당금지시세當今之時勢, 무실위수기지요務實爲修己之要, 변간위용현지요辨姦爲用賢之要, 안민술安民術, 교인지술敎人之術, 정명위치도지본正名爲治道之本 등 11조로 구성되

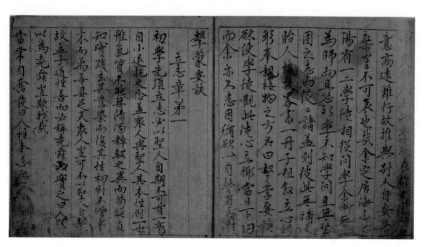

어 있다.

『성학집요聖學輯要』는 홍문관 부제학으로 있던 1575년(선조 8)에 임금에게 바쳤다. 제왕의 정치 지침서인 『성학집요』는 율곡의 왕도정치 이념과 개혁사상을 가장 체계적이고 상세하게 정리한 것으로 명종 때 이황이 지은 『성학십도』와 더불어 16세기 왕도정치 이념을 대표하는 정치서이다. 다만 『성학십도』는 10장의 도표 형식으로 요약한 저서로 명종이 병풍으로 만들었던 것인데 반해 『성학집요』는 여덟 권에 이르는 방대한 분량의 저서라는 점에서 차이가 있다.

『성학집요』는 중국 송나라 진덕수가 쓴 『대학연의』의 단점을 보완하고 보다 간결하게 8권으로 압축한 것이다. 1편에 통설統說을 쓰고 2편 수기修己, 3편 정가正家, 4편 위정爲政, 5편 성현도통聖賢道統 등 네 편으로 구성되어 있다. 선조는 이 책을 받고 '책이 참으로 절실하고 긴요하다. 여기에 실린 말은 부제학의 말이 아니라 성현의 말이다. 치도治道에 큰 도움이 될 것이다. 내가 영특하지 못해 실행하지 못할까 두렵다'라고 하였다. 16세기 왕도정치 사상서의 백미인 이 책은 영조 당시에는 경연의 교재로 사용하였다.

『격몽요결擊蒙要訣』은 1577년(선조 10)에 완성하였다. 초학자를 깨우쳐 주는 간추린 책이라는 의미로 초학자들의 교육 지침서이다. 입지立志, 혁구습革舊習,

지신持身, 독서讀書, 사친事親, 상제喪制, 제례祭禮, 거가居家, 접인接人, 처세處世 등 10
장으로 구성되어 있으며, 이 책은 저술 직후부터 조선시대 초학자들은 물론 사
림들도 읽어야 할 책으로 널리 유포되었으며, 인조 대에는 전국 향교에 이 책
을 내려서 교재로 삼도록 하였다.

『경연일기經筵日記』는 1581년 46세 때 저술하였다. 1565년(명종 20)부터 1581
년(선조 14)까지 경연에서 하고 들은 말을 모으고 중요한 인물과 사건에 대한
자신의 의견을 안설按設로 붙여 놓은 것이다. 실록에 보이지 않는 내용도 많이
담고 있으며, 율곡의 사상과 당시의 정세를 이해하는 데 중요한 자료다.

오죽헌, 율곡이 태어난 신사임당의 친정집

오죽헌은 율곡 선생의 외갓집이면서 신사임당의 친정집이다. 오죽헌은 최치운
崔致雲(1390~1440)이 창건하고 아들 최응현崔應賢(1428~1507)이 살았던 고택이

입지문
지는 뜻을 세우는 것으
학문의 시작이며 중심
다.

다. 단종 때 병조참판과 대사헌을 지낸 최응현이 사위 이사온李思溫에게 물려준 것이다. 이사온은 슬하에 아들이 없었고, 사임당의 친정어머니인 용인 이씨 부인 한 분만을 두었다. 이씨부인은 무남독녀였으므로 출가 후에도 줄곧 오죽헌에서 생활하였다.

용인 이씨는 신명화와 결혼하였으나 그녀 또한 아들 없이 딸만 다섯 두었는데 그 중에서 둘째 딸이 신사임당으로 1522년 이원수와 결혼하였다. 그러나 친정 어머니를 모시기 위해 강릉 오죽헌에 머무는 때가 많았다. 그래서 1536년 율곡 선생이 이곳 외갓댁 오죽헌 몽룡실에서 태어나게 된 것이다. 그 뒤에 남편 신명화는 타계하고 신사임당은 서울 시댁으로 올라가게 되어 용인 이씨만 홀로 지내다가 1569년 90세의 나이로 세상을 떠나게 되었다. 그 해는 율곡이

오죽헌도
1902년 김경수가 그린 림이다. 그림에서 오른 어제각은 현재 북쪽으 자리를 옮겨 복원되었으 그 자리에는 율곡 선생 영정을 모신 현재의 문 사가 건립되었다.

35세 되는 해로 딸 신사임당 또한 세상을 떠난 지 18년이 지났으며, 사위 이원수도 이미 8년 전에 세상을 떠났다. 따라서 오죽헌은 넷째 사위인 권화權和의 아들 권처균權處均에게 상속되었고 이후 안동 권씨 죽헌공파 종가宗家가 되었다.

오죽헌烏竹軒이라는 당호는 권처균이 지은 것이다. 오죽헌을 창건할 당시부터 집 주위에는 줄기가 까마귀처럼 검은 오죽烏竹이 심어져 있었다. 외할머니 용인 이씨로부터 집을 상속받은 권처균은 자신의 호號와 집의 당호堂號를 오죽헌烏竹軒이라 하고 일원을 정비하여 종가의 면모를 갖추었다. 율곡 선생이 돌아가신 후에도 오죽헌은 안동 권씨 죽헌공파 후손들에 의해 온전하게 보존되었으며, 특히 권처균의 4대손인 권윤재權允裁는 오죽헌을 옛 모습 그대로 보수하였다. 현재도 오죽헌의 섬돌 주위에는 줄기가 까마귀처럼 검은 오죽烏竹이 시들지 않고

더욱 번성하여 옛날의 운치와 명성을 그대로 전해 주고 있다.

우리나라에서 가장 오래된 살림집

오죽헌은 우리나라에서 가장 오래된 살림집이다. 조선시대 상류주택의 별당인
오죽헌은 정면 3칸, 측면 2칸의 정면이 긴 장방형의 평면건물이다. 건물을 정
면에서 보면 좌칸 2칸은 대청마루로 사용되었고, 1칸은 온돌방을 만들었는데
이 방이 몽룡실夢龍室이다. 이 건물은 오죽헌의 대표적인 건물로 율곡 및 신사임
당과 관련된 상징성을 가지고 있다.

오죽

오죽헌 주위에는 줄기
까마귀처럼 검은 오죽
옛 모습 그대로 울창하다

   4면은 굵직한 맷돌로 한 기단을 두고 그 위에 자연석으로 초석礎石을 배열하
고 네모기둥을 세웠다. 집은 5량가로 구성되었고
이익공의 집이다. 내부 가구를 구성하는 주요 부
재는 대들보와 종보 그리고 주심도리, 중도리, 종
도리, 외기 중도리 등이 있으며 그 사이를 포동자
주가 연결한다. 그 밖에 화반, 보방향으로 좌우
측칸에 충량이 놓인다. 대청마루의 앞면은 띠살
문의 분합문을 달았고, 좌측면의 배면에는 각각
두 짝으로 된 널판문을 달았으며 문지방 아래로
머름을 두고 있다. 온돌방의 앞뒤에는 두 짝 띠살
문을 달았으며 그 문 외에는 모두 외짝 여닫이문
이다. 방의 천장은 종이를 바른 고미반자이나 대
청마루는 연등천장으로 되어 있다.

   오죽헌은 공포양식의 수법으로 보아 우리나라
에서 가장 오래된 익공翼工집이며, 주심포집에서
익공식 집으로 전환하는 과정을 보여주는 중요한

오죽헌 익공

오죽헌은 우리나라에서 가장 오래된 익공 양식의 건축물이다.

건축물이다. 이처럼 오죽헌은 율곡의 탄생지라는 역사성과 함께 우리나라 건축사의 전환점이 되는 문화적 중요성을 동시에 간직하고 있다.

성역화된 오죽헌 경내

오죽헌 경내에는 오죽헌 정화사업으로 문성사와 어제각, 율곡기념관, 고택, 그리고 강릉 시립박물관 등 여러 시설들이 마련되었다. 오죽헌 정화사업은 1974년 이곳을 방문한 박정희 대통령의 지시로 시작되었다. 오죽헌에 살고 있던 안동권씨 후손들을 이주시키고 문성사를 신축하고 고택 일부를 헐어내었으며, 어제각과 율곡기념관을 개축하였다.

문성사文成祠는 율곡 선생의 영정을 모신 사당이다. 문성은 인조가 1624년에 율곡 선생에게 내린 시호로 '도덕과 학문이 깊고 넓었으며 백성이 편안하도록 정치의 근본을 세웠다.道德博聞曰文 安民立政曰成'는 뜻을 담고 있다. 시호를 따서

문성사로 명명된 사당은 원래 어제각이 있었던 곳에 철근 콘크리트 건물로 신축하였다. 사당의 현판은 박정희 대통령의 친필이다.

어제각御製閣에는 『격몽요결擊蒙要訣』 원본과 함께 율곡 선생이 사용하였던 벼루가 보관되어 있다. 1788년(정조 12)에 정조는 오죽헌에 보관되어 있던 『격몽요결』과 율곡 선생이 사용하였던 벼루를 보고 직접 지은 글을 벼루 뒷면에 새기게 한 후 두 가지 유물을 보관할 어제각을 짓도록 하였다. 강원도 관찰사 김재찬이 상량문을 쓰고, 강릉부사 맹지대가 기문을 썼으며, 현판은 조만영의 글씨이다. 안동고산석安東高山石으로 만든 벼루는 율곡 선생이 어려서부터 아껴서 쓰시던 유품이다. 정조 임금은 율곡 선생의 위대함을 중국의 주자와 공자에 비유하여 칭송하였다. 벼루 뒷면에 새겨진 글과 글씨는 정조가 보고 감격하여 직접 짓고 쓴 어제어필御製御筆이다.

무원 주자의 못에 적셔내어　　　　　　　　　　　　　　　　　　涵婺池

공자의 도를 본받아　　　　　　　　　　　　　　　　　　　　　象孔石

**율곡 선생 벼루의
앞면과 뒷면**

곡 선생이 사용하였던
루 뒷면에는 정조가 직
보고 감격하여 직접 짓
쓴 어제어필이 새겨져
다.

널리 베풀고

용은 동천으로 돌아갔건만

구름은 먹을 뿌려

학문은 여기에 남았도다.

普歐施

龍歸洞

雲潑墨

文在玆

    오죽헌 고택古宅은 오죽헌 북서쪽에 자리하고 있다. 안동 권씨 죽헌공파 종가
였던 고택은 안채와 사랑채, 문간채, 곳간채로 구성되어 있었다. 1975년 11월
정화사업으로 사랑채와 문간채만 남겨두고 안채와 곳간채는 헐렸다. 이때 헐
린 건물은 다시 1996년에 복원되었다. 사랑채 기둥에 걸려 있는 주련은 추사
김정희의 글씨이며, 방안에 걸려 있는 시는 율곡 선생이 8세에 지었다고 전해
지는 화석정花石亭이다. 화석정은 경기도 파주 율곡리에 있는 정자이다.

    율곡 기념관은 율곡 일가의 유물들이 전시되어 있다. 5·16 직후인 1962
년 국가재건회의 박정희 의장의 명에 의해 처음으로 오죽헌 맞은편에 건립되
었다. 1976년 오죽헌 정화사업의 일환으로 현재의 위치로 이전하여 신축하

매화
오죽헌의 매화는 고매한
선비의 모습으로 봄이면
고운 자태로 피어난다.

였다. 그리고 2012년에 이창용 교수의 유물 기증을 계기로 확장·증축하였다. 옥산 이우 선생 16대손인 이창용 교수가 기증한 신사임당의 초충도를 비롯하여 매창의 그림, 이우의 글씨 등 오죽헌 관련 수많은 유물들이 전시되어 있다.

신사임당과 율곡이 직접 가꾸었다고 전해지는 오죽헌의 매화나무는 봄이면 어김없이 꽃을 피운다. 혹독한 추위와 흰눈을 뚫고 피어난 붉은 빛깔의 매화는 고매한 선비의 모습이다. 여름에는 오죽헌보다 나이가 많은 600년 수령의 배롱나무가 붉은 꽃을 피운다. 오죽으로 둘러싸인 오죽헌 경내에는 계절을 바꾸어 가며 피는 매화와 배롱나무 꽃이 율곡을 닮아 있다.

참고문헌

강릉시오죽헌 시립박물관, 『이창용교수 기증유물도록』, 강릉시립박물관, 2008

강원도, 『오죽헌 정화지』, 강원도, 1976

문화재청, 『강릉 오죽헌 실측조사보고서』, 문화재청, 2000

윤장섭, 『한국의 건축』, 서울대 출판부, 1996

최　호, 「율곡과 퇴계의 만남」, 『솔향강릉』 4호, 2010. 2

한영우, 『율곡 이이 평전』, 민음사, 2013

허경진, 『율곡 이이 시선』, 평민사, 1996

교문암

허균과 초당 생가터

미완성으로 끝난 개혁의 꿈

난세는 영웅을 부른다. 허균의 시대는 난세였다. 대외적으로 임진왜란과 병자호란이 일어났고 대내적으로는 동서분당을 시작으로 붕당정치가 전개되었다. 허균은 난세를 비껴 있는 것이 아니라 그 중심에 있었다. 임진왜란으로 아내와 아들을 잃었다. 동서분당으로 아버지 허엽은 동인의 영수가 되었으며, 둘째 형 허봉은 서인인 이이를 탄핵하다가 경성으로 유배당하였다. 허균은 난세를 극복하기 위하여 혁명을 꿈꾸었다. 정치적으로 민중의 입장에서 기존의 질서를 재편성하고 모순과 부조리를 개혁하고자 하였다. 학문과 종교적인 측면에서는 유교의 교조성을 탈피하여 다른 학문과 종교가 가지는 가치를 인정하고자 하였다. 문학에서도 당시 통념을 벗어나 소설에 관심을 가지는 등 자유분방한 모습을 보여주었다. 그러나 허균의 꿈은 미완성으로 끝났다. 용이 되어 하늘로 승천하고자 하였으나 한을 품고 이무기가 되어 땅에 떨어졌다. 역적이라는 이름으로 붕당의 희생물이 되어 저 세상으로 갔다.

명문가 막내아들

허균은 1569년(선조 2) 초당 허엽의 막내아들로 태어났다. 허균이 태어난 곳은
외가인 강릉 사천의 애일당愛日堂이다. 애일당의 뒷산은 이무기가 누워 있는 모
습으로 그 지맥이 사천 앞바다 모래사장에 그치므로 이름을 교산蛟山이라 하고
바닷가 바위를 교문암蛟門岩이라 하였다. 허균은 고향에 대한 향수로 호를 교산
이라고 하였다. 교산은 이무기산이라는 뜻이다. 이무기는 용이 되려다 어떤 저
주로 용이 되지 못하고 물속에서 천년을 더 기다리며 살고 있다는 전설적인 동
물이다. 허균의 호는 자신의 이상을 펴지 못한 채 처형된 이무기와 같은 삶을
살았던 그의 일생을 대변해 주는 것처럼 보인다.

　허균은 당시 최고의 명문인 양천 허씨 집안 출신이다. 증조부는 철저한 배불
론을 주장했던 우의정 허종許琮이며, 종증조부는 연산군의 폭정에 반기를 든 좌
의정 허침許琛이다. 조부 허한許澣은 벼슬은 비록 군자감 봉사에 머물렀으나 글
씨와 그림이 뛰어났고 그 시대에 이름 있는 선비였다. 아버지 허엽許曄은 서경

애일당 허균시비

허균이 태어난 외가 아
당은 현재 남아있지 않
다만 뒷산에 허균시비
홀로 옛터를 지키고 있다

덕의 문인으로 성균관 대사성, 부제학, 경상도관찰사, 동지중추부사 등을 역임하였고, 동인과 서인으로 분당되었을 당시에는 동인의 영수가 되었다. 허엽은 첫째 부인 한숙창의 딸 청주 한씨와 혼인하여 딸 둘과 허성을 낳았으며, 둘째 부인 예조참판 김광철의 딸 강릉 김씨와의 사이에서 허봉, 허초희, 허균 등 삼남매를 낳았다. 첫째 부인에게서 태어난 딸 가운데 장녀는 박순원에게 출가했으며, 차녀는 우성전에게 출가하였다. 우성전은 문과 급제 후 성균관 대사성에 이르렀으며, 임진왜란 때 의병을 일으켜 공을 세웠다.

큰형 허성許筬은 허균보다 22세 연상이며 미암 유희춘의 문인으로 36세에 문과에 급제하였다. 선조의 신임을 바탕으로 대사성과 대사간을 역임하고 이조판서, 예조판서, 병조판서를 지냈다. 특히 동서분당으로 동인이 권력을 장악한 시기에 일본 통신사로 다녀와서 같은 당 김성일의 주장이 아닌 반대 당 서인 황윤길의 주장에 동조하여 사람들의 존경을 받았다. 작은 형 허봉許筠 역시 유희춘의 문인으로 허균에게 가장 많은 영향을 미쳤다. 허균의 스승인 이달과 시우詩友였으며 사명당과도 친분이 있었다. 형보다 11년 앞서 과거에 급제하여 서장관으로 명나라를 다녀와 기행문『하곡조천록』을 썼다. 이조정랑을 역임하고 창원부사로 있을 때 병조판서 이이가 이론만 세우고 군정을 소홀히 한다고 탄핵하였다가 함경도 종성으로 유배되었다. 삼년 뒤에 영의정 노수신의 노력으로 풀려났으나 벼슬살이를 거절하고 백운산, 금강산 등을 유랑하다가 금화에서 38세의 젊은 나이에 요절하였다. 작은 누님 허난설헌許蘭雪軒은 해동에서 최고 가는 시인으로 허균과 함께 손곡 이달에게 시를 배웠다. 8살에「광한전廣寒殿 백옥루白玉樓 상량문 上樑文」을 지을 정도로 신동이었다. 안동 김씨 김성립金誠立과 혼인하였으나 순탄치 못한 결혼생활로 스물일곱 살의 나이에 세상을 떠났다. 그녀가 남긴 시는 우리나라보다 중국으로 건너가 격찬을 받았다. 특히 신선과 꿈을 노래한 시, 즉 유선시遊仙詩는 오빠 허봉과 동생 허균 조차도 흉내낼 수 없는 것이었다. 허난설헌은 우리나라 최고의 유선시 시인이었다.

이처럼 허균의 양천 허씨 집안은 학문적으로 화담과 퇴계의 학통을 이었으며, 정치적으로는 동인과 남인의 영수 역할을 담당하였다. 문학적으로 탁월한 능력을 가지고 있었으며, 아버지 허엽과 아들 허성, 허봉, 허균 그리고 사위 우성전과 김성립 모두가 문과에 급제한 인재의 집안이었다. 그리고 이들 모두 중국과 일본에 사신으로 다녀와 국제적인 감각까지 갖춘 당대 최고의 가문이었다.

불행한 청년기

허균은 다섯 살에 글을 배우기 시작하여 아홉 살에 이미 시를 지을 줄 알았던 신동이었다. 그러나 그의 매부 우성전은 시를 잘 짓고 재주가 뛰어난 허균에 대해 '뒷날 문장을 잘 하는 선비가 되겠지만 허씨 집안을 뒤엎어 놓을 자도 이 아이일 것이다.'라고 걱정했다고 전해진다.

　허균은 12세에 아버지를 여의고 편모슬하에서 자라면서 허난설헌과 함께 둘

생가터 봄날
허균은 다섯 살에 글을 우기 시작하여 아홉 살 이미 시를 지을 줄 알았 신동이었다.

생가터 가을날

허균의 청년기는 형 허봉의 귀양과 죽음, 누이 허난설헌의 죽음, 사랑하는 아내와 아들의 죽음 등 불행의 연속이었다.

째 형 허봉의 벗인 이달李達의 문하에서 수학하였다. 이달은 최경창, 백광훈과 함께 삼당三唐시인의 한사람으로 시재가 뛰어났다. 그러나 그는 대제학을 지낸 이첨의 서손庶孫으로 일찍이 문장이 뛰어났으나 벼슬길이 막히자 술과 방랑으로 세월을 보냈다. 후일 허균이 서류의 편을 든 것은 불행한 스승을 곁에서 직접 겪었기 때문이다. 그리고 둘째 형을 통해서 사명당을 만나게 되어 불교를 배웠으며, 유성룡의 문하에도 드나들게 되었다.

청년기에 연속해서 겪은 허균의 불행은 인생관 형성에 결정적인 역할을 하였다. 첫 번째 불행은 둘째 형 허봉의 귀양과 죽음이었다. 남달리 허균을 이해하고 아끼던 형이 당쟁의 소용돌이 속에서 이이를 비판하다가 종성과 갑산으로 귀양을 가게 되었다. 그리고 귀양에서 돌아와서도 벼슬을 마다하고 온 나라를 떠돌아다니다가 38세의 젊은 나이에 세상을 떠났다. 높은 기개와 포부 그리고 자질을 가지고 있었지만 현실에 저항하면서 스스로를 학대하다가 세상을 떠난 것이다. 허균의 두 번째 불행은 누이 허난설헌의 죽음이다. 허난설헌은 허균에게 가장 든든한 동지였다. 신동이었던 허난설헌은 스승 이달에게 함께

시를 배우면서 서로의 문학세계를 가장 잘 이해하는 동반자였다. 그러나 15세에 혼인한 남편 김성립과 부부관계는 원만하지는 못하였다. 학문적 깊이나 시를 쓰는 재주가 아내 허난설헌에 미치지 못한 김성립의 열등의식은 두 사람의 사이를 갈라놓는 결과를 가져왔다. 허난설헌 스스로 조선이라는 작은 나라에 태어난 것, 남자가 아닌 여자로 태어난 것, 수많은 남자 가운데 김성립을 지아비로 맞이한 것 등 세 가지 한을 가슴에 품고 27세라는 젊은 나이에 세상을 떠났다. 자신과 혈연적으로나 문학적으로 가장 가까운 친구를 잃은 것이다. 셋째 허균은 임진왜란에 사랑하는 아내와 아들을 잃었다. 허균은 17세에 두 살 아래의 김대섭의 둘째 딸과 혼인하였다. 홀 시어머니를 잘 모시고 놀기 좋아하는 허균을 나무랄 정도로 현명한 여인이었다. 그러나 임진왜란이 일어나 피난길에 첫 아들을 낳고 산후조리를 못하여 사흘만에 세상을 떠났다. 소를 팔아 관을 사고 옷을 찢어서 염을 하였다. 그리고 아들마저 젖을 먹지 못하여 죽고 말았다. 후일 형조참의가 되어 죽은 김씨 부인이 숙부인으로 봉함을 받자 애절한 행장을 지어 김씨를 추모하였다.

파란만장한 벼슬살이

허균은 임진왜란을 피해 외가인 강릉 교산에 있는 애일당에 머물렀다. 애일당
은 외조부 김광철이 40여 년을 지내던 곳이다. 이곳에서 책을 읽으며 날을 보
냈으며, 의병을 일으켜 왜구를 물리친 사명대사를 만났다. 20세에 생원시에 합
격한 허균은 26세에 문과에 급제하였으나 본격적인 벼슬살이는 29세에 문과
중시重試에 장원 급제하면서 병조좌랑으로 시작하였다.

그러나 허균의 벼슬살이는 탄핵과 파직의 연속이었다. 선조의 총애를 받아
31세에 황해도 도사로 임용된 허균은 여섯 달 만에 사헌부의 탄핵을 받았다.
서울의 창기娼妓들을 관아의 별실에 데려다가 놀아나고, 무뢰배들과 어울리면
서 폐단이 많고 도민의 비웃음과 모욕을 받았다는 것이었다. 그는 끝내 파직되
었으며, 이후 6차례 파직되는 수모를 당하였다.

36세에 수안군수로 부임하였다. 재임 중에 못된 짓을 한 토호土豪를 곤장을
쳐 벌주다가 우연히 그 중에 하나가 죽었다. 그의 아들이 억울함을 진정하고
또 불교를 믿는다고 탄핵하자 다시 벼슬길에서 물러났다. 그러나 명나라의 사
신 주지번이 왔을 때 허균은 종사관으로 천거되었다. 중국 삼대 문사文士 가운
데 한사람인 주지번을 접대하면서 시와 글씨는 말할 것도 없고 불교와 도교에
서 제자백가에 이르기까지 어느 하나에도 막힘이 없었다. 최치원 이후의 시
830수를 소개하였고, 스승 이달과 누이 허난설헌의 시도 보여 주었다. 주지번
은 허균의 글재주와 넓은 학식에 감탄을 금치 못하였다.

허균은 이같은 탁월한 공로로 삼척부사가 되었다. 그러나 여기서도 석달을
채 넘기지 못하여 부처를 받들었다는 탄핵을 받아 쫓겨나고 말았다. 허균은 관
아의 별실에 불상을 모시고 아침 저녁으로 예불을 드렸으며 염불과 참선을 게

을리하지 않았다. 허균은 파직에도 아랑곳하지 않고 「문파관작開罷官作」이라는 시詩를 통해 시끄러운 벼슬사회를 버리고 절간에서 부처를 믿겠다는 뜻을 숨김없이 드러내고 있다. 그러나 벼슬길에 들어선 지 십 여년 만에 세 번이나 벼슬자리에서 쫓겨나는 몸이 되면서 허균은 이단으로 낙인찍히게 되었다.

1608년 허균은 공주 목사가 되었다. 이때부터 허균은 평소 교분이 두텁던 서류庶類들과 더욱 더 가깝게 지내면서 개혁의 꿈을 키웠다. 그리고 천인, 평민들과도 서슴지 않고 교류하였다. 이후 선조가 죽고 광해군이 즉위하면서 글벗인 이이첨이 권신으로 등장하면서 조정의 부름을 받아 명나라에 종사관으로 다녀왔다. 이때 주지번에게 「난설헌집」을 전달하였다. 그러나 이듬해 다시 명나라에 성절사로 가라는 명을 아프다고 거절하였다가 면직되었다가 11월에 전시殿試의 시관試官이 되었다. 그는 시관으로 있으면서 사위와 조카를 부정으로 뽑았다는 탄핵을 받아 전라도 함열로 유배되었다.

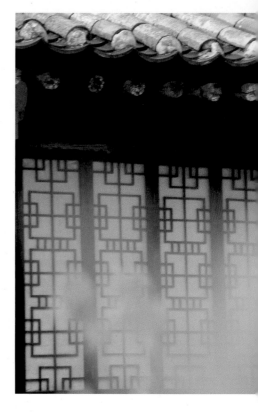

생가터 봄 풍경

허균의 기이한 행동과 ⬚유분방함은 세상 사람들⬚입에 오르내렸다.

꿈처럼 끝난 혁명가 허균의 최후

허균은 파직과 복직을 되풀이하면서도 기행과 특유의 자유분방함으로 세론世論에 오르내렸다. 허균은 명문가 출신의 기대주이면서도 신분적 특권을 스스로 박차버리고 혁신적인 개혁의 꿈을 버리지 않았다. 그의 스승 손곡蓀谷 이달李達이 서얼이라는 이유로 차별받고, 서양갑·심우영 등 능력 있는 젊은이가 단지

생가터 봄 풍경
균은 홍길동전이라는 소설 속에서 혁명의 세상을 꾸었다.

서얼이라는 이유만으로 좌절당하는 현실을 결코 좌시하지 않았다. 그리고 마침내 『홍길동전』이라는 소설 속에서 혁명의 세상을 꿈꾸었다.

그러나 허균의 정치적 위기는 1613년 '칠서七庶의 옥獄'에서 비롯된 '계축옥사癸丑獄事'에서 본격적으로 다가왔다. 칠서의 옥은 일곱 명의 서얼들이 역모를 꾀한 사건이다. 사건 주도인물 7명은 서양갑, 심우영, 박응서, 이경준, 박치의, 박치인, 김경손 등으로 모두 아버지가 고위관직을 지낸 명문가였지만 불행하게도 서자 출신들이다. 이들이 현실개혁에 뜻을 품기 시작한 것은 1608년에 제기한 서얼허통庶孼許通 요구가 받아들여지지 않았기 때문이다.

1603년 봄 박순의 서자 박응서를 비롯한 7명의 서자들이 문경새재에서 은상銀商을 살해하고 은 700냥을 강탈한 죄로 체포되었다. 이들은 이 사건이 있기 전부터 스스로 강변칠우江邊七友라 칭하며 교분을 형성하면서 시국에 대해 한탄하고 있었다. 이 시기에 허균은 이들과 긴밀한 교분을 유지하였다. 허균은 능력은 있으나 이것을 발휘할 수 있는 길이 막혀 있는 사회의 부조리한 상황을 체험하면서, 서얼이나 무사와 같이 차별받는 신분들이야말로 자신이 추구하는 개혁사상의 동반자임을 확신하였다. 그러나 7명의 서얼들의 역모계획은 일당 중 한 명인 박응서가 문경새재에서 은상을 살해한 후 체포되어 그 진상이 밝혀지면서 정국을 초긴장 상태로 몰아갔다. 이들이 축적한 재물을 거사자금으로 활용하고 영창대군의 외조부인 김제남을 추대하려 했다는 혐의는 김제남과 영창대군을 비롯한 수많은 희생자를 양산하였다. 이것이 바로 계축옥사이다. 이러한 서얼들의 움직임은 허균의 『홍길동전』 집필에 어떤 형태로든 영향을 준 것으로 판단된다.

서얼의 실질적인 후원자라는 혐의에서 자유로울 수 없었던 허균은 이 사건 이후로 요주의 대상이 되었다. 이러한 혐의를 피하기 위하여 허균은 당시 대북정권大北政權의 최고 실세이자 글방 동문이었던 권신 이이첨李爾瞻에게 도움을 청하였다. 이이첨의 후원으로 집권 대북세력에 적극 협력한 허균은 폐모론廢母論과 같은 정국의 최대 이슈에 직면하여 인목대비의 처벌을 강경하게 주장함으로써 자신의 정치적 입지를 강화하였다. 광해군의 왕통 강화를 최고의 과제로 삼던 이이첨 일파에게 허균은 훌륭한 행동 대원이었다. 이후 허균은 광해군과 권력의 실세 이이첨의 두터운 신임을 얻어 호조참의, 형조참의를 거쳐 좌찬까지 오르게 되었다. 그리고 그의 장기인 외교력과 문장력을 발판으로 외교사절로 두 차례나 명나라를 다녀오기도 하였다.

생가터 사랑채
허균은 50세에 역모사건 휘말려 파란만장한 생 마감하였다.

그러나 허균의 동료였으나 인목대비의 폐출을 반대하던 기자헌이 유배를 가게 되자 그의 아들이며 허균의 제자였던 기준격이 허균의 역모를 고발하는 비밀상소를 조정에 올림으로써 허균은 궁지에 몰리게 되었다. 허균은 즉각 반박상소를 올리며 반격하였지만, 인목대비의 폐출을 반대하던 각지의 유생들도 들고 일어나 허균에게 죄를 줄 것을 주장하는 등 여론도 그에게 불리하게 작용하였다. 마침내 1618년(광해 10) 8월 광해군을 비방하는 격문을 붙인 것이 허균의 심복이 한 짓이라는 사실이 폭로되면서 허균은 체포되었다. 허균은 죽는 순간까지 자신의 역모 사실을 인정하지 않았지만 조정의 대세는 그의 역모를 기정사실화하였다. 경운궁에 흉서凶書를 던진 것과 남대문에 흉방을 붙인 것, 승도들을 모아 난을 일으키려고 모의한 것, 산에 올라가 밤새 소리쳐서 도성의 백성들을 협박하려 한 것 등이 역모의 구체적인 증거로 제시되었다. 최후를 맞이한 허균에게 정치적 동조자나 후원자는 아무도 없었다. 강하고 독선적인 기질의 그를 정치권에서 철저하게 소외시켰던 것이다. 1618년 8월 24일 허균은 현응민, 우경방, 하인준 등의 동지들과 함께 저자거리에서 능지처참凌遲處斬되면서 파란만장한 50세의 생애에 마침표를 찍었다. 그리고 그의 꿈도 함께 산산이 부서졌다.

자유분방한 사상의 소유자

허균은 성리학뿐만 아니라 불교, 도교, 서학 등 모든 분야에 깊은 관심을 가지고 있었다. 허균이 당시 성리학의 이론적 논쟁에 빠지지 않고 여러 가지 사상을 접하게 된 것은 모순된 사회현실을 극복하는 방안으로써 다양한 학문과 사상에 대해 관심을 기울였기 때문이다. 유·불·도 3교에 두루 능통한 허균을 유

생가터 사랑채의 문
균이 꿈꾸었던 이상향은
음으로 산산이 부서졌다.

몽인柳夢寅이 편찬한 야담집 『어우야담於于野譚』에는 '허균이 고서를 전송傳誦하는 것을 들었는데, 유·불·도 3가의 책을 닥치는 대로 시원하게 외워내니 아무도 그를 당할 수가 없었다'고 기록하고 있다. 그리고 허균은 중국에 사신으로 갔을 때 유럽의 지도와 천주교의 「게십이장偈十二章」을 얻어왔다. 당시 명나라도 막 천주교가 도입되었던 시점이었음을 고려하면 새로운 사상에 대한 그의 관심은 유별났음을 알 수 있다.

허균은 유학을 공부하는 목적을 '자기를 위한 공부'와 '남을 위한 공부'로 구분하였다. 그리고 이들 가운데 자기를 위한 공부보다는 남을 위한 공부가 중요하다는 것을 강조하였다. 학문을 하는 것은 천하의 변화에 대응하고 도를 밝혀서 뒤에 나오는 학문에게 길을 열어주고 천하와 미래에 깊은 도움을 주기 위함이다. 그런데 영남사림파의 우두머리로 우리나라 성리학의 태두인 김종직을 두고 자기를 위한 공부와 남을 위한 공부 둘 다를 놓치고도 둘을 다 차지한 것처럼 생각하고 있다고 지적하였다. 이는 '영화나 녹봉은 나의 뜻이 아니다'라고 하면서 좋은 벼슬자리를 누리는 당시 유학자들을 비판한 것이다. 순수학문에 반기를 들고 현실참여의 학문에 가치를 둔 것이다.

허균은 평생 불교를 공부하였다. 그는 불교에 대한 선문답을 하면서 승려들과 사귀었다. 이는 그의 형 허봉이 방랑하면서 불교에 심취했던 데서 큰 영향을 받은 것으로 생각된다. 불교에 대한 관심은 학문에 대한 탐구욕에서 나오기도 하였고 부질없는 속세에 대한 반발이기도 하였다. 불교도라는 이유로 관직에서 쫓겨나면서도 '불교를 좋아해서 글들을 읽었더니 마음이 환하게 깨우쳐지는 것이 있었고, 삼라만상을 비추어보니 모두 공空이다'라고 하였다. 허균은 서산대사와 사명대사와 특별한 친분을 가지고 두 사람의 비문을 썼으며, 문집의 서문과 발문을 쓰기도 하였다.

허균은 도교에도 깊은 관심을 가지고 있었다. 그가 도교에 관심을 가진 것은 어릴 때부터였다. 처음에는 단순히 학구적인 태도로 도교를 대하였다. 불교와 마찬가지로 어릴 때부터 노자와 장자를 비롯하여 도교 관련 글들을 읽었다. 아버지 허엽과 누이 허난설헌의 영향도 있었다. 특히 허난설헌의 시의 대부분은 신선과 꿈을 노래한 시, 즉 유선시遊仙詩이다. 그는 '도道에 가까우면 신선이 되고, 도道에 어두우면 범인이 된다'고 하면서도 죽어서 신선이 된다는 허망한 얘기를 앞세우지 않고 수양을 통해 살아 있는 육신이 신선이 되어야 한다고 생각하였다.

우리나라에 천주교 서적을 맨 처음 소개한 사람이 바로 허균이었다. 천주교가 우리나라에 본격적으로 전해진 것은 중국을 통해서이다. 이탈리아의 선교사 마테오 리치가 중국에 천주교를 전하였는데, 허균이 중국에 사신으로 갔다오면서 천주교 관련 책을 가지고 왔을 뿐만 아니라 자기를 따르는 무리와 함께 그것을 믿고 따르기도 하였다.

경포호수 옆 초당에 서재 '호서장서각湖墅藏書閣'를 만들어 당시 선비들에게 책

을 제공하였던 허균은 당시 최고의 장서가였다. 중국을 다녀올 때마다 그리고 중국으로 사신가는 사람들 편에 부탁하여 사비私費를 들여 책을 사 모았다. 다양하고 방대한 그의 장서는 바로 자유분방한 사상의 원천이 되었다.

시대를 초월한 개혁 사상

허균은 사회모순을 해결하고자 했던 개혁가였다. 사회모순에 대한 개혁을 머리만으로 하는 것이 아니라 가슴으로 느끼며 직접 행동으로 실천하고자 하였다. 논설論說을 통하여 구체화된 허균의 개혁사상은 오늘날에도 유용할 만큼 시대를 초월한다. 허균의 개혁 사상은 「호민론」의 혁명사상, 「관론」과 「후록론」의 민본사상, 「병론」의 국방개혁사상, 「유재론」의 신분차별 타파 등으로 다양하다.

생가터 봄날

개혁가 허균은 사회모순을 해결하기 위해 혁명사상을 주장함과 동시에 실천하고자 노력하였다.

허균은 사회개혁을 위한 혁명사상으로 「호민론豪民論」을 제시하였다. 「호민론豪民論」은 '천하에 두려워 할 바는 백성뿐이다'라는 전제에서 시작한다. 백성은 정치의 대상이지 통치자나 관료의 종은 아니다. 즉 통치자나 관료집단이 정책을 수립하고 그것을 실행하지만 주인은 그들이 아니라 백성이라는 것이다. 통치자는 언제나 백성을 가장 높은 자리에 두고 정치를 해야 함을 강조하였다.

허균은 「호민론豪民論」에서 나라의 주인인 백성을 호민豪民, 원민怨民, 항민恒民으로 구분하였다. 항민恒民은 '무식하고 천하며, 자신의 권리나 이익을 주장할 의식이 없는 백성'을 말한다. 지식이 없고 자신의 권리를 주장할 의식도 없는 항민은 독재자들의 가장 좋은 수탈의 대상이 되어 왔다. 원민怨民은 '정치적으로 피해를 입어도 원망만 하고 스스로 행동에 옮기지 못하는 백성'을 말한다. 이들은 의식은 있으나 그것을 스스로 행동으로 옮기지 못하는 나약한 집단이다. 지금의 나약한 지식인이나 소시민과 같은 집단으로 단순한 불평세력으로 존재한다. 호민豪民은 '자신이 받는 부당한 대우와 사회 모순에 과감하게 대응하는 백성'을 뜻한다. 이들은 시대의 사명을 인식하고 현실에 적극적으로 나서는 인물들이다. 즉 호민의 주도로 원민과 항민이 합세하여 무도한 무리들을 물리침으로써 개혁이 달성될 수 있다는 것이다.

허균은 정치의 마지막 목표는 민중이라고 생각하였다. 민중을 근본으로 인식하고 민중을 위한 정치가 가장 좋은 정치라고 믿었다. 이같은 민본 정치를 위해 「관론官論」과 「후록론厚祿論」을 제시하였다. 「관론官論」은 관원이 너무 많아 기구와 관료를 줄여 국고의 손실을 막아야 한다는 것이다. 정부기구가 지나치게 복잡하면 권력이 여러 갈래로 분산되어 명령 계통이 서지 않고 또 존중받지 못해 지위가 흔들리고 비능률적이 된다. 관원이 많아지면 정부의 재정이 필요 없이 낭비되고 또 일은 일대로 잘 집행되지 않는다. 허균은 당시 상황을 '고위직의 벼슬아치들이 실무를 담당하는 아전들만 멀거니 쳐다보고 갑자기 자기가 맡은 직무를 물으면 망연히 대답할 바를 모른다'고 지적하였다. 그는 「후록론厚祿論」에서 관리들에게 의식주를 해결할 정도의 후한 녹봉을 주어야 부정과 부패를 막을 수 있다고 하였다. 관리에게 생활하는데 불편이 없을 만큼의 녹봉을 주면 청렴을 권장하고 이권을 탐하지 않게 막을 수 있다. 가정생활에 어려움이 없으면 일할 의욕이 생기고 창의성과 뜻을 세워 일을 하게 된다는 것이다.

허균은 「병론兵論」에서 '군사를 기르는 것이 나라를 지키는 길'이라고 하였다. 임진왜란을 몸소 체험한 그는 나라에 군사가 없으면 무엇으로 포악한 침입을 막을 것이며 포악한 침입을 막을 수 없다면 나라는 어떻게 자립을 유지하고 임금은 어떻게 스스로 높임을 받으며 백성은 어찌 하루라도 베개를 높이 베고 편안하게 잘 수 있겠는가? 당시 병사가 적은 것은 군정을 제대로 수행하지 않은 탓이며, 그나마 싸울 수 없었던 것은 장수가 적당한 사람이 아니었기 때문이다. 따라서 허균은 모든 계층에게 고르게 군역을 부과할 것을 주장하였다. 당시 벼슬아치나 재상의 아들이나 조정의 유생들은 군사에 소속되지 않으며, 종이나 천민들도 모두 병적에서 빠졌다. 그리고 장수도 병사를 잘 다스리는 사람이 선발되는 것이 아니라 윗사람이나 잘 섬기는 사람들이 선발되었다. 모든 계층이 군역에 참여하고 군정을 엄하게 하면서 장수를 잘 선택하여 전권을 맡기면 훈련이 잘 된 십만 군사가 공격의 위엄을 떨칠 것이라고 하였다. 율곡 이이의 십만양병설十萬養兵說과 너무나 닮아 있는 것이 바로 허균의 「병론」이다. 비록 당파는 동인과 서인으로 달랐지만 나라를 지키겠다는 생각은 다르지 않았다.

허균은 「유재론遺才論」을 통해 신분차별의 타파를 주장하였다. '고금은 멀고도 오래고 천하는 넓지만 서얼출신이라 하여 어진 선비를 버리고, 어미가 개가한 자손이라 해서 재능 있는 자를 등용하지 않는다는 말을 듣지 못했다. 우리나라만이 그런 자손에게 영영 벼슬길을 막고 있다'며 서얼차별이 우리나라에만 있는 것임을 지적하였다. 그리고 '하늘에서 인재를 낼 적에 귀한 집안에 태

사랑채와 솟을 대문
허균은 사회개혁을 우
호민론, 관론 등을 제○
였다.

어났다고 하여 많은 것을 주고 천한 집안에 태어났다고 하여 적게 주지는 않았다. 하늘이 인재를 내었는 데도 사람이 스스로 버리면 이것은 하늘을 거스르는 것이다'고 하였다.

허균은 '곡식을 받아들이고 벼슬을 주고 서얼을 허통해야 한다는 율곡 이이의 정책을 받아들이지 않았기 때문에 임진왜란이 일어나도 조정은 아무런 대책을 세우지 못하고 백성의 협조를 얻을 수 없었다'고 하였다. 허균의 이같은 사회개혁 사상은 당시 사회에서는 매우 혁명적이다. 『홍길동전』은 혁명을 통해 이룩한 이상사회를 형상화한 것이다.

허균은 개혁사상을 주장으로만 그친 것이 아니라 스스로 실천하였다. 그는 7명의 서얼, 즉 칠서七庶들과 손잡고 1601년 칠서들이 서얼허통을 요청하는 상소를 올렸으나 그것이 묵살되자 거사를 준비하였고 그 일을 돕고 그들과 교류하였다. 뿐만 아니라 서자였던 스승 손곡의 처지를 '평생을 몸 누빌 곳도 없이 사방을 떠돌아다니며 걸식하였다'고 한탄하며 시를 모아 시집을 만들어 명나라 사신 주지번에게 소개하여 중국에서 시집을 펴내도록 하였다.

솟을 대문

중세 권위주의 저항한 문인

허균의 문집『성소부부고悍所覆瓿藁』는 시詩, 부賦, 문文, 설說의 4부로 되어 있다. '성소'는 허균의 호이고 '부부'란 장독뚜껑을 덮는다는 뜻으로 자신의 글을 겸손하게 일컬은 말이다. 이 문집이 세상에 남아 있게 된 것만 해도 그의 비운에 비춰보면 다행스런 일이다.『성소부부고』에는 기행시, 유배시뿐 아니라 엄처사전, 손곡산인전, 장산인전 등의 '전'도 있고, 이대중, 허욱, 이상국에게 보내는 편지도 있다. 또한 정도전론, 김종직론, 남효온론, 이장곤론을 비롯하여 정치와 국방과 소인론, 호민론 등이 있다. 그리고 노자, 열자, 장자, 한비자, 회남자, 묵자를 읽고 쓴 글과 최치원부터 유희경, 전우치에 이르기까지 그들의 시에 대한 품평이 들어 있는「성수시화」도 들어 있다.

허균은 우리나라 문학사에서 정감의 자유로운 발산을 중시하는 개성의 문학 시대를 열었다. 그의 삶과 문학은 예교의 굴레를 벗어나 시대의 모순과 자기의 감정에 충실하려고 하였다. 그의「문파관작聞罷官作 2」라는 시에서 드러나듯이 개성주의적 문학관과 자유분방한 삶은 새로운 문학을 창작할 수 있는 바탕이 되었다.

벼슬에서 파직罷職되었다는 소리를 듣고	聞罷官作
예교禮敎가 어찌 나를 구속하고 놓고 하겠는가	禮敎寧拘放
부침浮沈은 다만 정情에 맡길 뿐이라네	浮沈只任情
그대들은 그대들의 법을 지키게	君須用君法
나는 내 뜻대로 살아가겠노라	吾自達吾生
친구들이 찾아와 서로 위로하고	親友來相慰
아내와 자식들은 속으로 불평을 하지만	妻孥意不平
나는 좋은 일이 생긴 듯 즐거워하니	歡然若有得
이백과 두보처럼 이름을 날릴 수 있게 됨일세	李杜幸齊名

허균의 문학사적 최고의 업적은 최초의 한글소설 『홍길동전』을 쓴 것이다. 한글문학에 대한 애정, 소설문예에 대한 이해와 호민론적인 세계관 등이 함께 어울려 걸작 『홍길동전』이 창작되었다. 허균은 역사적으로 실재했던 홍길동을 민족영웅으로 형상화하는데 성공함으로써 우리 소설사에 획기적인 족적을 남겼다. 그가 평소 문제로 느꼈던 신분제의 모순을 정면으로 다룬 이 소설은 역사변혁의 주체로서 민중의 모습을 유감없이 보여주었다.

허균은 전통적인 한문학의 산문양식인 전(傳)을 소설화하는 데도 그의 문학적 재능을 발휘하였다. 그가 남긴 5편의 전이 모두 소설이라고 할 수는 없다. 그러나 「장산인전」과 「장생전」에서는 소설적인 요소를 발견할 수 있고, 「남궁선생전」에서는 유기적 작품 구성과 장면의 생생한 재현을 위한 허구적 표현, 사실적 서술 등은 완연한 소설적 방법이다. 그리고 이 전들은 도가적인 성향을 보여주고 있어 주목된다. 기존의 유교적 이념을 전파하는데 유용한 문학양식

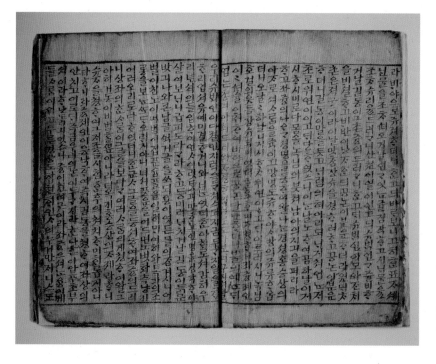

홍길동전
우리나라 최초의 한글소
이다.

인 전傳이 새로운 사상을 나타내는 수단으로 이용되고 있다는 것이다.

허균은 훌륭한 시인이자 탁월한 시 비평가였다. 허균은 1500수가 넘는 시를 남겼다. 그의 시는 정감, 흥취, 개성, 체험을 근간으로 하는데 다른 시인들에게서는 찾아 볼 수 없는 몇 가지 주제가 흐르고 있다. 첫째 현실 불만에서 나온 저항의 정신이며, 둘째 자조의 모습이다. 셋째는 현실도피의 정신이다. 이처럼 큰 포부를 지니고 벼슬길에 나섰지만 그의 이상과 현실은 맞지 않아 너무나도 단단한 현실의 벽에 몸으로 부딪히면서 살아온 삶이 그의 시에 잘 나타나 있다.

허균의 관심은 다양하였다. 「도문대작屠門大嚼」은 1610년(광해군2) 함열에 유배되었을 때 먹는 것과 성욕은 사람의 본성으로 먹는 것은 생명에 관계되는 것이라고 하면서 팔도의 진미와 백 가지 좋은 산물에 대해서 소개하고 품평한 저서이다. '도문대작'이란 '푸줏간 앞을 지나가면서 입맛을 다신다'는 뜻이다. 이는 실제로 먹지는 못하고 먹고 싶어서 먹는 흉내만 내는 것으로 자족하는 것을

홍길동전
홍길동전을 통해 허균은 신분제의 타파와 역사변혁의 주체로서 민중의 모습을 부각시켰다.

비유한 말이다. 내용 가운데 강릉에서 먹었던 음식 방풍죽을 소개하고 있다.

방풍죽防風粥

나의 외가는 강릉이다. 2월이면 그곳 사람들은 해가 뜨기 전에 이슬을 맞으며 처음 돋아난 싹을 딴다. 곱게 찧은 쌀로 죽을 끓이는데, 반쯤 익었을 때 방풍 싹을 넣는다. 다 끓으면 찬 사기그릇에 담아 따뜻할 때 먹는데, 달콤한 향기가 입에 가득하여 3일 동안은 가시지 않는다.

허균에게 고향 강릉은 언제나 그리움이었다. 파직과 유배 그리고 세속의 비난을 받으면서도 강릉을 그리워하였다. 그것은 강릉에서 자신의 꿈을 키워왔기 때문이다. 중국에 사신으로 가면서도 잊지 못하고 그리워했던 고향은 시詩로 승화되었다. 고향을 찾아 대관령에 올라서면 멀리 내집이 보이고 나그네의 얼굴은 반가움으로 가득찼다.

허균문학비
허균은 소설가인 동시에
인이자 탁월한 비평가였다

강릉을 그리며	憶溟州
벼슬길에 바람이 휘몰아칠 때마다	官轍風塵際
강릉에 내려가 묻혀 지냈다.	幽居嶺海東
나그네 시름은 한식 때에 더한데	客愁寒食後
빗소리 속에서 꽃들은 피어나네	花事雨聲中
높은 벼슬이 아직 나를 붙든다지만	軒冕猶牽我
안개와 노을이 어찌 그대를 저버리랴	烟霞豈負公
돌아갈 기약이 아직도 아득해서	歸期尙綿邈
탄식하며 헛되이 글만 짓는다네	咄咄且書空

아름다움을 더욱 아름답게

초당 생가터는 참 아름다운 곳이다. 강릉 김씨 평의공파 종가로 내려오다가 최근까지 정씨네가 살았던 이곳은 정확한 건립 연대는 알 수 없으나 허균의 아버지 허엽이 살던 곳으로 허난설헌이 태어난 곳이라 전해지고 있다. 풍수지리적인 환경은 우리나라 최고의 집다운 면모를 갖추는데 큰 몫을 한다. 주변은 하늘을 향해 솟아 있는 미인송의 숲이다. 가장 한국적인 나무인 소나무숲 속에 가장 한국적인 우리의 집 한옥이 자리하고 있다. 집안에 있으면 푸른 하늘로 올라가는 당당함과 어머니의 품 안 같은 아늑함이 함께 느껴진다. 멀리 보이는 한반도의 큰 줄기 백두대간은 웅비하는 기상으로 큰 뜻을 품게 하고, 바로 앞의 들판은 따사로운 정겨움으로 잔잔한 시상을 품게 한다.

행랑채 중앙의 솟을 대문을 들어서면 사랑마당을 사이에 두고 ㅁ자형 본채가 있다. 본채는 두 대문을 두어 사랑채와 안채를 구분한다. 대청과 온돌방으로 구성된 사랑채는 둥근 원기둥으로 되어 있는데 이는 정자를 옮겨와 지었기 때문이다. 안채는 겹집의 형식으로 되어 있으며, 부엌과 안방, 마루로 구성되

어 있다. 그리고 주변에는 곡간채, 중간채, 문간채, 방앗간 등 다양한 건물들이
자신의 자리를 지키고 있다. 초당 생가터는 특히 집 전체를 둘러싼 붉은 흙담
은 그것을 배경으로 피어나는 숱한 꽃들과 함께 사람과 집이 하나가 된 참 좋
은 집이다. 지금은 사람이 살지 않아 사람의 온기를 느낄 수 없지만 집안 구석
구석에는 그리움이 묻어난다. 그래서 아름다운 사람들이 살았던 집은 그 주인
만큼이나 아름다운 것이다.

참고문헌

김 영, 「허균론」, 『애산학보』 19집, 1995
신병주, 「호민을 꿈꾼 자유인 허균」, 『조선시대를 이끈 인물들』, 남명학연구원, 2005
양언석, 「허균시문에 나타난 강릉」, 『솔향강릉』 2호, 2010. 6
이윤겸, 『그리움이 머무는 집』, 사진예술사, 2008
이이화, 『허균』, 한길사, 2010. 6
장정룡, 『허균과 강릉』, 강릉시, 1998
허경진, 『유교반도 허균』, 연세대학교 출판부, 2000

3 예향의 예술

藝郷

신사임당 영정

신사임당

예술가에서 어머니로

신사임당은 시詩·서書·화畵에 탁월한 역량을 가진 위대한 예술가이다. 산수화를 비롯하여 다양한 장르의 회화를 소화해낸 화가였다. 초목과 벌레를 섬세한 눈으로 그려낸 초충도는 세심함과 예민함, 한치의 오차도 허용하지 않는 꼼꼼함과 예리함이 있다. 묵직한 붓놀림으로 그려낸 산수화나 대나무 그림에서는 그녀의 대범함과 단호함이 드러난다. 신사임당의 탁월한 필력엔 고상한 정신과 기백이 묻어 있다. 옛 서체를 그대로 모방한 것이 아니라 자신의 세계관과 철학의 깊이를 담은 자신만의 서체를 개발하였다. 초서뿐만 아니라 해서와 전서 모두에 일가를 이루었다. 그리고 신사임당은 탁월한 시적인 감각을 가진 시인이었다. 시의 원천은 정서적인 감수성과 학문적인 깊이, 유년시절을 보낸 강릉의 아름다운 자연과 어머니에 대한 그리움이었다.

신사임당은 19세에 이원수와 혼인하여 7남매를 두었다. 현모양처賢母良妻로서 부군 이원수에게는 부덕을 보였으며, 현명한 자녀교육으로 자식을 훌륭하게 키워낸 아내와 어머니로서의 도리를 다하였다. 사랑으로 따뜻하게 보살펴 주면서도 잘못에 대해서는 반드시 시비를 가려 훈계하였다. 스스로 깊이 있는 학문을 바탕으로 매사에 공정하고 합리적인 모습을 보여줌으로써 자녀들의 귀감이 되었다. 특히 성현 율곡 이이 선생의 탄생으로 신사임당은 우리나라의 대표적인 어머니상으로 자리매김하게 되었다.

신사임당의 위대함은 예술가뿐 아니라 여성으로서의 역할을 조화롭게 이루어냈다는 것이다. 학문적·예술적으로 적극적이고 도전적인 의식을 보임과 동시에 한 여성으로서 역할에도 탁월한 역량을 발휘하였다. 당시 여성의 사회적 한계와 어려운 여건 속에서도 자신의 재능과 능력을 거침없이 펼쳐 보였다.

그러나 신사임당의 평가는 조선후기에 들어오면서 예술가에서 어머니로 변하였다. 16세기 신사임당은 산수화와 포도그림, 대나무 그림 등을 잘 그리는 화가로 유명하였을 뿐만 아니라 단아한 서풍의 조선 최고의 여류 서예가였다. 그러나 17세기 중반부터 급격한 변화가 일어났다. 서인의 당수黨首였던 송시열이 신사임당을 위대한 스승이자 학문의 비조인 이이李珥를 낳은 훌륭한 어머니로 추앙하면서 예술가 신사임당에 대한 재능과 예술을 인정하지 않거나 왜곡하였다. 성별을 기준으로 산수화, 서예, 학문 등은 남성적 장르라는 인식으로 제외하고 여성의 장르라고 생각하는 초충도와 현모양처만을 강조하였다. 이후 신사임당은 '율곡 이이의 어머니'라는 이름 속에 갇히게 되었다.

신사임당의 가계와 출생

신사임당은 진사 신명화申命和와 용인 이씨 사이에서 둘째딸로 태어났다. 아버지 신명화는 기묘명현의 한 사람이다. 율곡 선생은 외조부에 대해 '천성이 순박하고 지조가 굳세어 어려서 글을 읽기 시작할 때부터 선악의 구분을 분명히 하여 스스로를 경계하였으며 장성하자 학문과 행실이 독실하여 예가 아니면 행하지 않았다. 또한 그는 진실하고 정성스러워 꾸밈이 없고 마음이 너그럽고 착한 것을 좋아하여 옛 사람들의 풍류를 지니고 있었다'라고 기록하였다.

신사임당의 어머니 용인 이씨는 생원 이사온李思溫의 무남독녀 외동딸이다. 외조부는 참판 최응현崔應賢이다. 최응현은 강릉 향현사에 모셔진 12향현 가운

오죽헌 전경
죽헌은 위대한 예술가
사임당이 탄생하고 자란
정이다.

데 한 분으로 성균관 사성, 관찰사, 대사헌, 참판 등의 정치적 경륜과 학문을 겸비한 대학자이다. 외증조부 최치운崔致雲은 세종의 총애를 받아 이조참판에 오르면서 외교관과 학자로서 크게 문명을 떨쳤다. 용인 이씨는 천성이 깨끗하고 침착했노라고 율곡전서에 전하고 있을 뿐만 아니라 나라에서 열녀각을 세워줄 정도로 부덕이 높았다. 강릉의 역사서인 『임영지』에는 이씨부인은 나면서부터 천성이 깨끗하고 행동이 침착하였고 남편 신명화의 병을 낫게 하고자 선조의 묘에 배향하고 손가락을 끊어 피를 흘려 넣는 단지를 함으로써 하늘에 그 뜻을 전하니 남편의 병이 낫게 되었다고 전하고 있다.

　신사임당은 친가와 외가의 학문적인 전통을 계승하였다. 신사임당의 어머니는 무남독녀였기 때문에 결혼 후에도 친정에 머물러 있었다. 따라서 신사임당은 출생은 물론 성장기에도 외가인 현재의 오죽헌에 머무르며 외조부모와 아버지로부터 학문을 익힐 수 있었다. 특히 아버지와 어머니 사이에 아들은 없고 오로지 딸만 다섯이었다. 둘째딸 신사임당은 반듯한 외모에 천성이 온화하고 재능이 특출하여 외조부와 부모의 총애를 받았다.

아버지는 신사임당에게 여자로서 익혀야 할 가사 일보다는 글공부와 그림 그리기에만 열중할 수 있는 환경을 허락하였다. 그녀와 함께 자연 속을 걸어 다니며 장엄한 산과 바다를 감상하고 충분히 느낄 수 있는 시간을 보냈다. 아버지는 신사임당의 지적인 면과 심미적인 가능성을 열어준 최초의 인물이다. 당시에는 여자에게 글을 가르치지 않는 풍조가 만연하였으며, 더욱이 화가적 재능을 높게 평가하는 사회적 분위기는 아니었디. 따라서 신사임당의 위대함은 자신의 품성과 능력을 바탕으로 부모님의 뛰어난 식견과 가치관이 반영되었기에 가능한 것이었다. 율곡 선생은 어머니의 뛰어난 면모를 다음과 같이 언급하였다.

자당의 휘는 모로 진사 신공의 둘째 딸이다. 어렸을 때에 경전을 통했고 글도 잘 지었으며 글씨도 잘 썼다. 또한 바느질도 잘하고 수놓기까지 정묘하지 않은 것이 없었다. 게다가 천성도 온화하고 얌전하였으며 지조가 정결하고 거동이 조용하였다. 일을 처리하는데 안존하고 자상스러웠으며, 말이 적고 행실을 삼가고 또 겸손하였으므로 신공이 사랑하고 아꼈다. 성품이 또 효성

이씨분재기

분재기는 신사임당의 어니 용인 이씨가 다섯 딸에게 재산을 상속한 듯이다.

스러워 부모가 병환이 있으면 안색이 반드시 슬픔에 잠겼다가 병이 잦아든 뒤에야 다시 처음으로 돌아갔다.

아내 신사임당

신사임당은 1522년(중종 17) 22살의 이원수李元秀와 결혼하였다. 이원수는 덕수 이씨 12세 손으로 아버지는 일찍 돌아가시고 홀어머니 밑에서 자랐다. 신사임 당은 결혼하고 바로 시댁으로 가지 않았다. 아버지 신명화는 사위 이원수에게 '나에게 여러 딸이 있지만 자네 처만은 곧 한양으로 올려 보낼 수 없네'라며 신 사임당을 친정에 머물도록 하였다. 다섯 명의 딸 가운데 가장 지혜롭고 학문적 경지가 높은 신사임당을 쉽게 살림이나 하는 평범한 아낙으로 전락시키고 싶 지 않았던 것이다. 결혼한 이후에도 학문과 예술의 경지를 높이기 위한 공부를 더 할 수 있도록 배려한 것이다. 그리고 당시는 여자가 시집을 오는 것이 아니 라 남자가 장가를 가는 서류귀가壻留歸家 현상이 일반적인 사회분위기였으므로 당연한 것으로 받아들여졌다.

신사임당은 결혼하던 그 해 겨울에 돌아가신 아버지의 3년상을 치루었다. 출

오죽헌 지붕

신사임당은 19살에 이원
와 결혼하였다. 결혼이후
도 학문과 예술의 경지
높이기 위한 노력은 계
되었다.

가한 딸이 신혼 초에 3년상을 치루는 것은 흔한 일은 아니었다. 신사임당은 강
릉 친정집에 머물며 꿋꿋하게 3년상을 치루고 서울에 계신 시어머니 홍씨에게
신혼례를 드렸다. 아내와 며느리로서 신사임당은 헌신적이고 효성스러웠다.
이에 대해 율곡 선생은 신사임당의 행장에 다음과 같이 기록하였다.

아버지께서는 성품이 자상하지 않아 집안 살림에 대해 잘 모르셨다. 집안이
라고 해야 그리 넉넉하지 못한 편이었기 때문에 어머님께서는 온갖 것을 절
약하는 일이 몸에 배여 있었고 위아래를 고루 존중하였으며, 또 무슨 일이든
지 시어머니 홍씨에게 의논하여 행하였다. 아래로 하인들에게도 부드러운
말, 화평한 기색으로 자상하게 타일렀다. 그리고 혹시 아버지께서 실수 하는
일이 있으면 반드시 친히 간하고, 자녀들의 잘못에 대해서는 시비를 가려 훈

계하며, 모든 아랫사람들의 허물을 옳게 꾸짖으셨기 때문에 모든 사람들이 받들었다.

아내로써 신사임당은 단호했다. 남편 이원수는 학문적인 깊이나 인품에서 신사임당의 수준에 미치지는 못하였다. 이원수는 원래 학문에 큰 뜻이 없어 과거에 급제하지 못하였다. 그래서 5촌 당숙인 당시의 세도가 이기의 집을 드나들며 벼슬길을 모색하였다. 이기는 윤원형과 함께 을사사화를 통해 반대세력을 역적으로 몰아 무고한 선비들을 참혹하게 죽이고 권세를 잡은 인물이다. 세도가인 이기의 힘을 빌어 벼슬을 얻고자 하는 이원수에 대해 신사임당은 이기의 집에 출입하는 것을 삼가도록 강하게 요구하였다. 신사임당은 당시 정계의 흐름을 정확하게 파악하고 있었을 뿐만 아니라 불의와 타협하지 않는 정의감과 단호함이 있었다. 또한 세상의 악은 오래 지탱하지 못한다는 이치를 분명하게 인식하고 있었다. 신사임당의 반대로 이기의 집 출입을 단념한지 얼마 되지 않아 욱일승천하던 이기의 세도는 하루아침에 무너졌다. 사임당의 권고로 일

오죽헌 사랑채
아내로서 신사임당은 냉철한 판단력을 바탕으로 단호함을 보여 주었다.

신사임당 묘소

신사임당은 48세를 일기로
세상을 떠나 경기도 파주
시댁의 선영에 영면하였다

찍 이기의 집 출입을 끊었던 이원수는 화를 면할 수 있었다. 신사임당은 나라
정사의 옳고 그름을 냉철하게 판별할 수 있는 안목을 가지고 있었던 것이다.

신사임당이 남편에게 했던 진언 가운데 「동계만록東溪漫錄」에는 다음과 같은
이야기가 전해지고 있다.

"내가 죽은 뒤에 당신은 다시 장가들지 마세요. 우리가 이미 자녀를 7남매나
두었는데 또 무슨 자식을 더 낳아서 『예기禮記』에서 가르친 훈계를 어기기까
지 하겠는지요."
"그럼 공자께서 자신의 아내를 쫓아낸 일은 무슨 예법禮法에 해당하는 것이
오?"
"공자가 노魯나라 소공昭公 때 난리를 만나 제나라 이계尼谿라는 곳으로 피난
을 갔었는데 그 부인이 따라가지 않고 바로 송나라로 갔기 때문에 내친 것이
오. 그러나 공자가 부인과 다시 동거하지 않았을 뿐이지 아주 드러내 놓고

내쫓았다는 기록은 없습니다."

"그럼 증자(曾子)가 부인을 내쫓은 것은 무슨 까닭이요?"

"증자의 부친이 찐 배를 좋아했는데 그 부인이 배를 잘못쪄서 부모를 봉양하는 도리에 소홀했기 때문에 부득이 내쫓은 것입니다. 그러나 증자는 한 번 혼인한 예를 존중하여 다시 새장가를 들지 않았습니다."

"주자(朱子)의 집안 예법에도 이같은 일이 있는지요?"

"주자가 47세에 부인 유씨(劉氏)가 죽고 맏아들 숙(塾)은 아직 장가들지 않아서 살림을 할 사람이 없었지만 주자는 다시 장가들지 않았습니다."

이원수는 신사임당과 문답에서 두 사람의 학문적 깊이가 어느 정도 차이가 있는지를 확인할 수 있다. 그러나 이원수는 신사임당이 48세를 일기로 세상을 떠나자 바로 안동 권씨와 재혼하였다.

신사임당 추모제
사임당의 추모제는 강릉 여성단체가 중심이 되어 매년 오죽헌에서 봉행한다.

어머니 신사임당

신사임당은 7남매의 자녀를 두었다. 4남 3녀의 가운데 셋째 아들이 대현 율곡이이 선생이다. 신사임당의 자녀교육은 태교로부터 시작되었다. 신사임당은 호를 사임당師任堂이라 하였는데, '사임당'이란 태임을 본받으라는 뜻이다. 태임太任은 왕계의 부인으로 중국 주나라 문왕의 어머니이다. 남편을 잘 보좌하고 아들을 잘 길렀는데, 특히 문왕을 임신하였을 때 나쁜 것을 보지 않고 나쁜 말을 듣지 않으며 나쁜 말을 하지 않는 태아 교육으로 유명하다.

신사임당의 태교방식은 율곡 선생의 『성학집요』 기록을 통해 엿볼 수 있다. '옛날부터 부인이 임신을 하면 옆으로 누워서 자지 않았으며 비스듬히 앉지도 않았다. 또한 한발로 일어서지 않았으며, 맛이 이상한 음식이나 생김새가 바르지 않은 음식을 먹지 않았다. 이처럼 잠자는 일, 앉는 일, 서는 일, 보는 일, 먹는 일, 말하고 행동하는 일 등이 모두 올바르면 탄생하는 아이의 용모가 단정하고 재주가 뛰어나다'고 하였다.

신사임당의 교육 방법은 옛 성현의 가르침을 공부하고 이를 스스로 실천하는 모습을 보여주는 것이었다. 신사임당은 일찍이 사서삼경四書三經을 통달하면서 깊이 있는 유학사상을 인식하고 있었다. 그리고 이같은 성현들의 가르침을 스스로 실천하면서 자녀들에게도 이를 전달하고자 노력하였다. 첫째, 신사임당은 학문하면서 글씨와 그림을 그리고, 시를 지으면서 자녀들을 직접 교육하였다. 율곡은 7살부터 어머니에게서 사서四書(논어, 맹자, 중용, 대학)를 비롯한 유교경전을 공부하였다. 평소 먹을 갈아서 그림을 그리는 것은 첫째 딸 매창이 계승하였으며, 글씨와 시는 막내아들 이우가 이어받았다.

둘째, 효도는 모든 덕목의 근본이라는 인식을 바탕으로 효를 생활화하였다. 효孝는 부모에 대한 정성된 마음에서 나온 것이니 어버이를 잘 섬기는 것은 곧 백성을 사랑함과 통하고 또 어버이를 잘 섬기는 것은 임금에게 충성하는 일과 통한다. 신사임당은 효孝를 어려운 말로써 가르치는 것이 아니라 몸소 실천하여 자식들에게 행동으로 보여줌으로써 이를 본받도록 하였다. 신사임당은 아버지가 돌아가시자 3년상을 치루었을 뿐만 아니라 시집을 와서도 항상 강릉 북평에 홀로 계시는 어머니를 생각하며 눈물지었다. 몸은 비록 멀리 한양 땅에 떨어져 있었어도 잠시도 어머니를 잊은 적이 없었다. 그리고 시집을 와서 시어머니 홍씨를 극진하게 봉양하였다. 이같은 신사임당의 모습은 그대로 자식들에게 계승되었다. 율곡 선생은 어머니가 돌아가신 후에도 외할머니에게 효성을 다하였으며, 공직에 있을 때에도 선조의 허락을 받아 수시로 외할머니가 계시는 강릉을 왕래하였다. 특히 율곡은 계모 권씨에게도 효성을 다하고 극진하게 대접하였다.

셋째, 입지立志를 세우도록 하였다. 입지는 뜻을 세우는 것이다. 우리가 장차 걸어갈 인생의 목표를 뚜렷이 정하고 한결같이 이를 위해 노력하는 것이다. 이

오죽헌 몽룡실
몽룡실은 율곡 이이를 낳은 곳으로 어머니로서 신사임당은 태교부터 자식교육에 정성을 다하였다.

는 자의식에서 출발하는 마음의 자세로 신사임당은 자녀들에게 교육할 때 '공부를 함에 있어서 먼저 입지를 세워야 한다學莫先於立志'고 강조하였다. 맏아들 이선李璿은 어려서부터 학문을 닦아 여러 차례 과거에 응시하였으나 뜻을 이루지 못하였다. 신사임당은 그 때마다 낙심하지 말고 입지를 굳게 다지라고 가르쳤다. 이같은 가르침을 받은 이선은 결국 늦었지만 41세의 나이에 과거에 급제하였다. 매창은 그림에 뜻을 두어 일가를 이루었으며, 막내 이우는 글씨와 그림 거문고, 시 등 여러 방면에 뛰어난 재능을 가지고 있었다. 이우는 학문보다는 예술에 뜻을 세워 예술가로 대성하였다. 기문고 소리는 깊어서 사람을 편안하게 해주었으며 그림은 마치 살아 있는 듯한 착각을 일으킬 정도였다. 특히 글씨는 매우 힘이 있어서 하나의 서맥書脈을 이루었다. 율곡은 동생 이우에 대해 학문을 했다면 자신보다는 더 뛰어났을 것이라 하였다. 율곡 선생이 학문에 뜻을 두었듯이 신사임당의 자녀들은 각자 자신의 능력에 맞게 뜻을 세우고 이를 성취하기 위해 최선의 노력을 다하였다.

화가 신사임당

조선시대 문인사대부들은 시·서·화를 교양의 일부로 인식하고 이를 생활화하였다. 신사임당은 조선전기 화단을 대표하는 인물로 한국 회화사에 거의 유일하게 등장하는 여류화가로 남성들의 전유물처럼 여겨졌던 시·서·화에 탁월한 능력을 발휘하였다. 특히 회화에서는 산수, 포도, 묵죽, 묵매, 초충 등 다양한 소재를 다루었다. 특히 〈초충도草蟲圖〉는 대부분 신사임당의 것으로 전칭될 정도로 독보적인 분야였다. 한국적 정서의 〈초충도〉는 세심하고 애정 어린 관찰을 통해 생기와 격조를 성공적으로 담아냈다. 산수도인 〈월하고주도月下孤舟圖〉는 구도에서 안견파의 전통을 토대로 하면서 필묵법에서는 당시에 새로운 절파계의 화풍을 보인다. 그리고 화면 상단에 적힌 화제畵題의 글씨가 신사임당의 친필로 알려져 이 그림을 그의 작품으로 판단하는 주요한 기준이 된다.

　신사임당의 학문적 자질과 서화에 대해서는 이미 동시대에 높은 평가를 하고 있었다. 아들 율곡 이이가 지은 『선비행장先妣行狀』에는 그에 대해 다음과 같이 기록하고 있다.

　어릴 때부터 경전經典에 통달하고 글을 잘 지었으며 글씨와 그림에 뛰어났고, 또 바느질에 능해서 수놓은 것까지도 정묘하지 않은 것이 없었다. …… 평소에 그림 솜씨가 비범하여 일곱 살 때부터 안견의 그림을 모방하여 드디어 산수화를 그렸으며, 또 포도를 그렸다. 이들 모두 세상에서 견줄만한 이가 없었다. 그 분이 그린 병풍과 족자가 세상에 많이 전해진다.

신사임당 동상
·서·화에 탁월한 능력
발휘한 신사임당은 한
회화사에 등장하는 유
한 여성이다.

그리고 신사임당과 거의 같은 시대의 인물인 어
숙권魚叔權은 『패관잡기稗官雜記』에서 다음과 같이 기
록하였다.

신사임당이 어렸을 때부터 그림을 잘 그렸으니 그
가 그린 포도화와 산수화는 더욱 뛰어나서 평하는
자들이 안견安堅에 버금간다고 하였다. 아, 어찌 부
인의 그림이라고 하여 소홀히 여길 수 있겠는가.
또 어찌 부인이 할 바가 아니라고 하여 책잡을 수
있겠는가.

신사임당의 그림은 다양하다. 수묵 화조도花鳥圖와
수금도水禽圖 가운데 수박이나 가지를 묘사한 수묵화
는 신사임당 이전에는 없었다. 그리고 화조도의 경
우에도 조선중기 문인화가들이 즐겨 그렸을 뿐 신
사임당 이전에는 그 예를 찾아 볼 수 없다. 따라서
신사임당의 수묵화조도는 우리나라 수묵화조도의
효시로 우리나라 회화사에서 중요한 위치를 차지하
고 있다.

묵죽竹과 묵포도葡萄, 묵매梅 역시 우리나라 회화사
에 한 획을 그었다. 묵죽은 조선시대 묵죽화 양식의
변화를 보여주고 있으며, 묵포도화는 조선전기 묵
포도화의 전통을 이끈 선구적인 역할을 하고 있다.
신사임당의 포도 그림은 먹의 사용이나 구도 등에
서 담백하고 간결하면서도 자연스러움을 보여준다.
이는 이우, 황집중 등 조선중기 문인화가들의 묵포

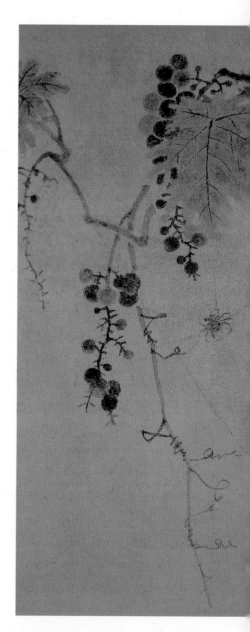

포도도
신사임당은 어려서부터 포도
화와 산수화에 탁월한 능력이
발휘하여 안견에 비견되었다.

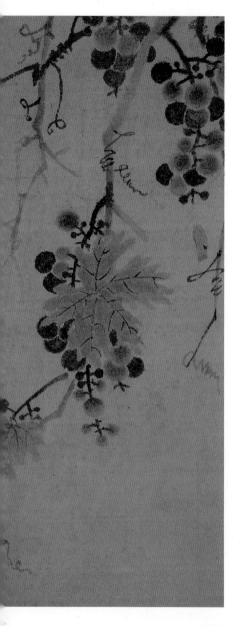

포도도

신사임당의 묵포도화는 조선
시대 문인화가들 묵포도 그림
의 선구적인 모습을 보여준다.

도 그림의 선구적인 모습이다. 그리고 신사임당의 묵매는 매우 간결한 구도에 고졸古拙한 필치를 보이고 있음이 특징이다.

신사임당의 산수화山水畵는 조선전기에서 중기로 넘어가는 과도기적인 양상을 보여주는 선구적인 측면이 강하다. 신사임당 작품으로 전해지는 것은 두 폭의 〈월하고주도月下孤舟圖〉가 유일하다. 이 작품은 조선중기까지 유행하였던 절파 양식을 보여주고 있다. 산 너머로 저물어 가는 해, 시원하게 펼쳐진 바다에 외롭게 떠가는 돛단배 등을 이백의 시를 읊듯이 잘 표현하고 있는 작품이다. 바위나 토파를 묘사한 짙은 먹의 필선과 밝은 부분의 강한 대조, 그리고 고목의 줄기나 가지를 묘사한 거친 듯한 짤막한 필선 등은 조선시대 절파 화풍의 양식적 특성을 가지고 있으면서 여성 특유의 섬세함이 가미된 그림이라 할 수 있다.

신사임당의 산수화는 당시 최고의 산수화가인 안견安堅에 비견될 만큼 상당한 경지에 이르렀던 것으로 생각된다. 그러나 전해지는 그림은 거의 없으며 다만 산수화에 남겨진 여러 문인들의 제발題跋을 통해 그림을 상상해 볼 수 있다. 중국까지 문명을 떨친 소세양이 쓴 제화시에는 신사임당의 산수화가 상세하게 묘사되어 있다.

동양신씨산수화족	東陽申氏山水畵簇
시냇물 굽이굽이 산은 첩첩 둘려있고	百折溪流千疊山
바위 곁에 늙은 나무 감돌아 길이 났네	巖廻木老路紆盤
숲에는 아지랑이 자욱이 끼었는데	樹林霧靄空濛裏
돛대는 구름 밖에 뵐락말락 하는구나	帆影煙雲滅沒間
해질녘에 도인 한 사람 나무다리 지나가고	落日板橋仙子過
소나무집 속에선 늙은 중이 한가로이 바둑 두네	園棋松屋野僧閑
꽃다운 그 마음은 신과 함께 열렸나니	芳心自與神爲契
묘한 생각 맑은 자취 따라잡기 어려워라	妙思奇蹤未易攀

그러나 신사임당의 산수화는 우암 송시열에 의해 '여성'이라는 성별의 기준으로 평가되었다. 송시열은 신사임당의 뛰어난 필력에 놀라고 그림 속에 스님이 보이는 것에 당황하였다. 남녀의 구분이 엄격해야 된다는 사상에 경도된 송시열은 신사임당을 위대한 화가로 인정하기 보다는 율곡 선생의 '어머니'라는 틀 속에 가두면서 학문과 예술적 재능을 제대로 평가하지 않았다.

신사임당 회화의 가장 큰 특징을 보여주는 초충도는 초개草芥와 수과水瓜를 그리고 여기에 몰려드는 개구리, 도마뱀, 나비, 벌 등을 곁들여서 농채濃彩로 채색한 경우가 많다. 초충도는 풀 한 포기 벌레 한 마리에 이르기까지 여성만이 느낄 수 있는 섬세하고 예리한 관찰력이 특징이다.

송상기의 『옥오재집玉吾齋集』에는 신사임당의 초충도를 보고 쓴 발문이 전해지고 있다.

내게 일가 한 분이 있어 일찍이 말하기를 '집에 율곡 선생의 어머니께서 그린 풀벌레 그림 한 폭이 있는데 여름철이 되어 마당 한가운데로 내어다 볕을 쪼이려고 펴 놓았더니 닭이 와서 쪼아 종이가 뚫어졌다'는 것이다. 내가 그 말을 듣고 기이하게 여기면서도 정작 그림을 보지 못하여 못내 아쉬웠는데 이제 정종지가 가진 이 그림첩을 보니 꽃, 오이, 곤충 등 여러 가지가 절묘하기 이를 데 없고, 특히 나비와 벌레가 더욱 신묘한 솜씨를 보여주고 있다. 이 모두가 그림 같지 않고 마치 살아 움직이는 것 같아 비로소 전에 친척이 말한 것이 빈말이 아니라는 것을 실감하였다.

신사임당의 초충도는 같은 시대를 살았던 독일 르네상스의 대표적인 화가 알브레이드 뒤러$^{Albrecht\ Durer}$(1471~1528)와 비교된다. 뒤러는 자연과 식물에 대한 연구에 매료되어 있었다. 미술은 정확한 관찰을 통해 그려져야 한다고 믿었던 뒤러는 '예술이란 자연을 기본으로 해서 존재하는 것이다. 따라서 자연을 찾아다니는 자만이 진정한 예술가이다'라고 쓰고 있다. 화가는 교양 있는 신사이자 학자여야 한다고 강조하였다. 이처럼 신사임당은 예리한 관찰력을 바탕으로 과학적 사고와 섬세한 예술적 필치를 결합한 세계 회화사에서 몇 안되는 여류화가이다.

이곡산수병
선시대 신사임당의 산수를 비롯한 예술적 재능 여성 차별로 인해 제대 평가 받지 못하였다.

초충도 가지, 초충도 맨드라미, 초충도 봉선화, 초충도 수박

초충도 수박풀, 초충도 양귀비, 초충도 오이, 초충도 원추리

초충도 수병

초충도는 자수의 밑그림으로 섬세함과 예리한 관찰력이 특징이다.

신사임당의 예술적인 재능은 맏딸 매창과 막내아들 이우에게 계승되었다. 칠남매 가운데 셋째 아들인 율곡 이이가 어머니의 지성을 물려받았다면, 매창梅窓과 옥산 이우李瑀는 어머니의 예능을 물려받았다. 이우는 금琴·서書·시詩·화畵의 사절四絶로 명성이 높았을 뿐만 아니라 실제 포도·매화 등 여러 작품이 전해지고 있다. 반면 이매창의 경우 그녀의 총명함과 율곡과의 관계에 관한 기록은 전해지고 있으나, 그녀의 예술의 세계에 대해서는 단편적인 기록만이 남아 있을 뿐이다. 그러나 그녀의 전칭작으로 추정되는 작품을 통해 그녀의 예술세계를 짐작할 수 있다.

이매창 시의 운치는 청신하며 그림 솜씨는 정교하여 이른바 '그 어머니의 그 딸이다'라는 평을 들었다. 작품으로 전해지는 것은 〈매화도梅畵圖〉와 여섯 폭의 화첩이다. 여섯 폭의 화첩 가운데 두 폭은 〈매화도〉이고, 나머지 네 폭은 모두 계절 감각을 살려 새와 식물을 그린 〈사계화조도四季花鳥圖〉이다.

이매창의 매화 그림 가운데 강릉시립박물관이 소장하고 있는 〈월매도月梅圖〉는 신사임당의 『고매첩』에 있는 묵매墨梅와 어느 정도 공통점을 보이면서, 구도 면에서는 어몽룡魚夢龍의 〈월매도〉에 좀더 가까운 느낌을 준다. 즉 뭉툭하게 잘라진 굵은 나무줄기가 화면 중앙 하단에 안정된 형태로 배치되어 있고, 옆으로 또는 수직으로 뻗어 올라간 마들가리들의 가늘고 힘찬 모습, 몇송이는 안 되지만 탐스럽게 매달려 있는 꽃들과 봉오리, 그리고 오른쪽 상단의 여백을 거의 다 채울 만큼 큼직한 보름달 등 조선초기에서 중기로 넘어가는 시기의 전형적인 묵매 양식을 보여준다.

이매창의 〈사계화조도四季花鳥圖〉는 한 쌍의 참새가 나뭇가지에 앉아 있는 폭은 계절 감각이 뚜렷하지 않으나 나뭇잎이 아직 여린 상태의 봄 장면이다. 참새와 대나무 폭은 여름장면이며, 어떤 풀의 무르익은 이삭과 달밤의 기러기 폭은 가을장면으로 볼 수 있다. 마지막으로 눈쌓인 나목裸木 위에서 잠을 자는 숙조宿鳥 한 마리 폭은 겨울 장면으로 볼 수 있다. 이들 그림은 신사임당의 〈수금도水禽圖〉에서의 정적인 구도와 이정의 작품에서 보는 동적인 구도를 이어주는 다리 역할을 하고 있다. 따라서 이매창의 그림은 조선초기에서 중기로 넘어가는 가교적인 역할을 하고 있음을 알 수 있다.

이우(李瑀)는 신사임당의 예술적 자질을 물려받은 유일한 아들로 시·서·화 뿐만 아니라 거문고에도 조예가 깊어 사절(四絶)로 불리었다. 그는 군자정(軍資正)을 거쳐 군수로 활약하였으며 임진왜란 때에는 의병에 참여하기도 하였다. 누이 이매창에 비해 다양한 작품을 남기고 있으며 '일찌기 풀벌레를 그려 길에다 던지자 뭇 닭들이 한꺼번에 쪼았다'는 이야기가 전해지고 있다.

이우의 작품은 신사임당의 초충도와 같은 구도를 가진 〈수과초충도(水瓜草蟲圖)〉를 비롯하여 매·난·국·죽의 사군자를 즐겨 그렸다. 〈수과초충도(水瓜草蟲圖)〉는 신사임당의 초충도 가운데 수박 그림과 구도가 거의 같다. 커다란 수박의 꼭지가 왼쪽을 향해 있고, 화면 우측 상단에 나비 한 마리를 배치하고 우측 구석에 여치 한 마리를 배치하였다. 신사임당의 수박에 비하면 이우의 작품은 매우 부드러운 필치여서 좀 느슨한 느낌마저 든다.

이매창 매화도
사임당의 회화적 재능을 딸 이매창이 물려받았다.

사군자 가운데 〈묵매(墨梅)〉는 부드러운 먹으로 정의한 굵은 나무줄기가 가로로 배치되었고, 그로부터 나온 마들가리들이 수직으로 올라간다. 매화의 꽃봉오리는 빠른 붓놀림의 윤곽선으로 하나씩 그려놓아 여기화가(餘技畵家)다운 청초함과 순진함이 엿보인다. 〈묵란(墨蘭)〉은 오른쪽에서 왼쪽으로 경사진 토파에서 나온 한 포기의 난초와 아래쪽에 좀 떨어진 두 줄기의 엇갈린 가시나무를 묘사한 그림이다. 간결한 구도에 비수(肥瘦)의 변화를 주어 난엽의 자연스러운 뒤틀림과 생기를 잘 포착하였다. 〈묵국(墨菊)〉은 아무런 배경이나 지면의 표시도 없이 국화

절지折枝를 그린 것인데 국화꽃은 구륵법으로 묘사하고, 잎은 부드러운 필치의 몰골법으로 묘사하였다. 〈묵죽墨竹〉은 대나무 줄기를 비백飛白이 드러나게 갈필로 그렸으며, 마디를 정의한 갈고리 모양의 필획은 주저하는 듯한 운필이다. 이외에 〈산수도〉와 〈묵포도〉 등이 있다. 이처럼 이우는 문인화가로서 다양한 재주를 보여 주고 있다.

서예가 신사임당

신사임당은 조선 최고의 여류 서예가였다. 16세기 초서풍의 한 계통을 열은 개창자라 할 수 있으며, 이우와 백광훈, 한호 등을 '사임당서파師任堂書派'라고 명명할 수 있다. 사임당서파의 초서풍은 조선시대 16세기 전반 이래 유행했던 명대 초서풍과는 성격을 좀 달리한다. 당시 명에서는 분방한 운필과 변화로운 점획으로 행간을 넘나들며 파격적 자형을 사용하는 등 당나라 장욱, 회소 계통의 서풍에 바탕을 둔 대자광초大字狂草가 유행되었다. 이러한 명대 초서풍이 김구, 김인후, 황기로 등에 의해 수용되고 전파되었다. 그러나 신사임당은 위와 같은 초서풍과는 달리 깔끔한 필획과 짜임으로 단아端雅한 서풍을 보여 주고 있어 어느 명필의 글씨에서도 보기 어려운 독특한 풍격을 지녔을 뿐만 아니라 그 뒤 16세기 후반과 17세기 전반에 활동하였던 이우, 백광훈, 백진남, 한호 등에게 전수되었다. 이로써 '사임당서파'가 탄생한 것이다. '사임당서파'의 글씨는 조선

신사임당 초서

신사임당은 조선 최고 여류 서예가였다. 특히 서풍은 서예사의 한 맥 이루었다.

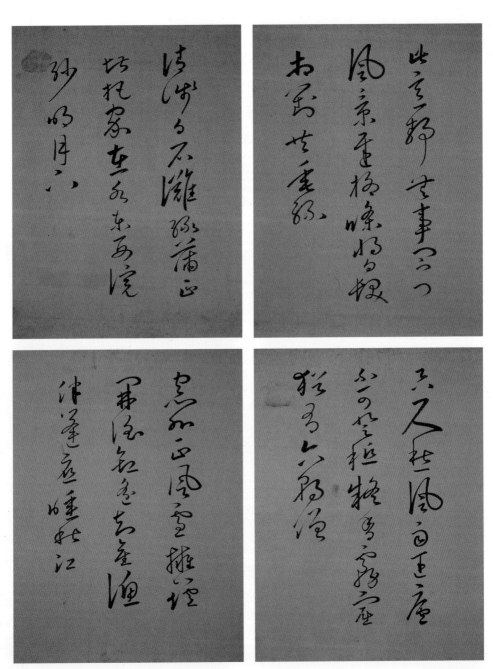

초기 분방한 초서풍과는 달리 간정簡淨한 점획, 단정端正한 짜임, 윤필潤筆과 방필方筆의 조화로움 등으로 요약되는 독특한 성격을 지니고 있다.

신사임당의 '초서 당시오절 3종'을 살펴보면 전필轉筆에서 동그란 원필세圓筆勢가 뚜렷하고 붓을 꺾는 절필折筆에서 마치 해서를 쓰듯 명료한 필법이 특징이다. 그리고 점획에서도 한 글자가 시작되는 첫 획을 마치 해서처럼 곧게 긋거나 또는 중감이나 마지막 어느 한 획을 곧고 명료하게 처리함으로써 안정되고 단정한 뼈대를 구축하는 독특한 짜임을 보여 주고 있다.

신사임당의 〈초서 당시오절 6수〉를 1868년 고종 연간에 강릉부사 윤종의尹宗儀가 모각하여 오죽헌에 보관하였다. 당시 판목으로 찍은 판본이 곳곳에 전하고 있어 신사임당의 필적이 일반에게 전파되는 데 중요한 역할을 하였다. 당시 윤종의의 판본을 받아 본 유재 윤종섭은 그 감흥을 칠언시로 읊었다. 특히 초서가 묘경에 들어 등꽃처럼 예스럽고 글자체의 변화가 구름 같아 글씨의 빛깔이 깊다는 제3연의 비유는 마치 '운행우시雲行雨施'와 같다는 극찬이다.

이우는 어머니 신사임당의 재능을 물려받아 글씨에 뛰어난 재주를 보였다. 최립은 이우가 당시 최고의 명필 황기로의 사위가 되어 이름을 장인과 나란히 날렸다고 평하였다. 그리고 송시열은 '참깨에 〈구龜〉자를 쓰고 또 머리를 쪼개 두 쪽을 내어 그 하나에 오언절구를 써서 짜임과 갈고리, 가로획의 법도를 잃지 않았다'고 하였다. 그리고 장인 황기로는

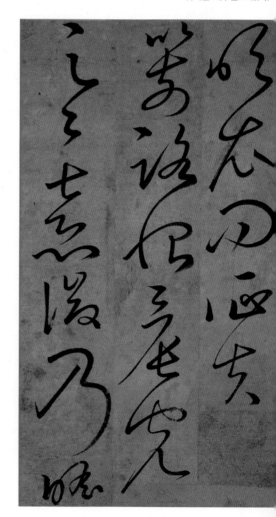

이우 초서

이우는 어머니 신사임당의 재능을 물려받아 글씨에 뛰어난 재주를 보였다.

'그의 글씨는 씩씩함에서는 나보다 낫지만 아름다움에서는 미치지 못하는데 조금 공정을 더한다면 내가 미칠 바가 아닐 것이다'라고 하였다. 선조宣祖는 이우의 이러한 글씨 재주를 아껴서 『초결백운가草訣百韻歌』 등과 어필 서화를 자주 내려 주었다. 그는 비문 글씨로 〈양주윤온성사정비楊州尹穩城士貞碑〉를 썼으며 초서로는 〈귀거래사歸去來辭〉가 남아 있다.

시인 신사임당

신사임당은 시인이었다. 학자의 집안에서 태어나 어려서부터 유교의 경전과 명현들의 문집을 탐독하여 시와 문장에 능숙하였다. 글공부를 통한 해박한 학문적 지식과 사물을 보고 느끼는 자신의 사고와 정서, 그리고 자연을 철저하게 관찰하는 탐구정신 등은 회화적인 표현과 함께 시적표현으로 나타났다.

　신사임당의 시는 강릉에 홀로 살고 계시는 친정어머니에 대한 그리움으로 가득하다. 어머니에 대한 신사임당의 애뜻함을 율곡 선생은 '어머님께서는 평소에 늘 강릉 친정을 그리며 깊은 밤 사람들이 조용해지면 반드시 눈물을 지으며 우시었고 그래서 어느 때는 밤을 꼬박 새우시기도 하였다'고 기록하였다.

　신사임당의 시는 아쉽게도 〈대관령을 넘으며 친정을 바라보다踰大關嶺望親庭〉, 〈어머님 그리워思親詩〉 두 편과 어머니를 생각하는 낙귀落句 한 구절이 전해져 올 뿐이다.

대관령을 넘으며 친정을 바라보다	踰人關嶺望親庭
늙으신 어머님을 고향에 두고	慈親鶴髮在臨瀛
서울 길 홀로 떠나가는 이 마음	身向長安獨去情
돌아보니 북촌은 아득도 한데	回首北村時一望
흰 구름만 저문 산을 날아 내리네.	白雲飛下暮山靑

오죽헌 설경
신사임당의 시에는 구절마다 어머니 용인 이씨에 대한 그리움이 묻어난다.

이 시는 신사임당이 38세 때에 강릉 친정을 잠시 다니러 갔다가 다시 서울로 돌아오는 도중에 지은 것이다. 대관령을 넘으며 마루턱에 앉아 친정어머니가 계시는 강릉 북평을 바라보며 밀려오는 감정을 노래하였다. 이때는 친정아버지가 별세한 지 이미 20년이 지났을 때이며 친정어머니 용인 이씨는 62세의 고령이었다. 언제 세상을 떠나실지 모르는 고령의 어머니를 홀로 강릉에 남겨두고 기약없이 먼 길을 떠나는 신사임당의 가슴에는 복받치는 눈물이 가득하였다. 구절마다 어머니에 대한 그리움이 가득히 밀려온다.

어머니 그리워	思親
첩첩산중 내 고향 천리이건만	千里家山萬疊峰
자나깨나 꿈속이라도 돌아가고파	歸心長在夢魂中
한송정 가에 둥근달만 외롭고	寒松亭畔孤輪月
경포대 앞으로 한줄기 바람	鏡浦臺前一陣風
갈매기 모래톱에 헤락 모이락	沙上白鷗恒聚散
고깃배 바다 위로 오고가나니	海門漁艇任西東
언제 다시 강릉길 다시 밟아서	何時重着臨瀛路
색동옷 입고 앉아 바느질할꼬	更着斑衣膝下縫

이 시는 신사임당이 38세에 서울 수진방壽進坊 시댁에서 살림살이를 할 때 지은 것이다. 신사임당에게 강릉은 홀로 계신 어머니와 함께 항상 그리움의 대상이었다. 유년시절을 경포호 주변에서 살았던

신사임당은 어머니가 계시는 강릉땅이 항상 그립고 가슴저리게 보고팠다. 경포대 정자에 오르면 밀려오는 솔바람 소리, 한송정과 바닷가 모래톱에 한가로이 노니는 갈매기, 저녁이면 떠오르는 휘영청 밝은 달, 그리고 그 속에 홀로 계시는 어머니, 이 모든 것을 노래한 시어詩語는 언제나 아름답게 빛나는 눈물이었다.

참고문헌

관동대 영동문화연구소, 『신사임당 가족의 시서화』, 강릉시, 2006

박지현, 「화가에서 어머니로 : 신사임당을 둘러싼 담론의 역사」, 『동양한문학연구』
25집, 2007

손인수, 『신사임당의 생애와 교훈』, 박영사, 1988

안영, 『그 영원한 달빛 신사임당』, 동이, 2007

오시림, 『신사임당』, 민성사, 1993

율곡학회, 『시대를 앞서 간 여인 신사임당』, 원영출판사, 2004

이은상, 『신사임당의 생애와 예술』, 성문각, 1994

조용진, 『풀과 벌레를 즐겨 그린 화가 신사임당』, 나무숲, 2000

한국문화원연합회, 『영원한 겨레의 어머니』, 명문당, 1990

명자나무 꽃

허난설헌

위대한 시인 허난설헌

허난설헌의 이름은 초희楚姬, 호는 난설헌蘭雪軒, 자는 경번景樊이다. 호를 난설헌
이라고 한 것은 꽃 가운데 유독 난초를 좋아했기 때문이다. 그의 시에서 가장
쓰이는 소재인 꽃인 난초의 단아한 자태와 은은한 향기에서 허난설헌의 모습
을 엿볼 수 있을 듯하다. 그의 시에는 눈雪이라는 낱말도 아홉 번이나 나온다.
현실보다는 하늘 나라를 동경했던 허난설헌은 세상을 흰색으로 덮어주는 눈을
참으로 좋아했다. 그녀가 가장 좋아했던 난초와 눈으로 난설헌이라는 호를 지
었다. 경번景樊이라는 자는 중국 초나라의 초장왕의 현명한 부인 번희樊姬를 경
모하였기 때문이다.

　허난설헌은 위대한 시인이다. 여성이 자신을 드러내어 알리는 것이 드물었
던 시기에 당당하게 자신의 이름을 빛낸 것을 두고 허난설헌이 남존여비가 지
배하는 조선 사회에서 여성 운동을 한 페미니스트로 평가하는 것은 지나친 비
약이다. 자식을 낳아 대를 잇게 하고 남편을 헌신적으로 보필하는 현모양처가
여성의 최고의 가치였던 조선시대에 암흑의 터널을 밝힌 등불같은 존재가 아
니다. 여성학자들이 그렇게 보고 싶었을 뿐이다. 허난설헌은 여성 이전에 위대
한 인간이다. 여성운동가로 평가하는 것 자체가 허난설헌을 여성이라는 틀에
가두는 것이다.

허난설헌은 우리나라 문학사에 빛나는 인물로 여성의 사회적 굴레를 벗어나기 위해 치열한 삶을 살았던 것이 아니라 천여 편이 넘는 시를 쓰기 위해 고뇌하며 살다간 인물이다. 남이 가지 않는 외로운 길을 무소의 뿔처럼 혼자서 걸어간 인물이다. 시인의 시와 흔적은 죽음과 함께 조선에서 불살라졌다. 그러나 허난설헌의 시는 조선을 벗어나 남의 나라 중국에서 부활하였다. 꽃다운 나이에 세상을 떠났지만 영원히 시들지 않는 아름다운 꽃으로 다시 피어났다. 여성이라는 이유만으로 내 나라에서는 인정받지 못하였지만 중국 문인들에 의해 높이 평가되어 그녀의 위대함은 돌고 돌아 다시 고향으로 돌아왔다.

허난설헌이 제대로 평가받지 못한 것은 두 가지 이유 때문이었다. 첫째는 동생 허균의 정치적 실각에 따른 집안의 몰락이다. 둘째는 조선사회에 임진왜란

생가 겨울풍경

허난설헌은 문학사에 길 빛나는 인물이지만 남존 비적인 사상으로 인해 대로 평가받지 못하였다.

이후 보수적인 주자학적 이념이 정착하면서 남성중심의 사회로 고착되었기 때문이다. 남존여비적인 사상이 팽배하면서 한 인간으로서의 위대함조차 여성이라는 성적 차별로 현모양처라는 틀에 갇히게 되었다. 시詩·서書·화畵·악樂은 남성만의 전유물이며, 여성은 오로지 현모양처라는 기준에 의해 평가되었다. 그런 이유에서 허난설헌의 문학적 업적은 훼손될 수 밖에 없었다.

명문의 딸로 태어나다

허난설헌은 허엽의 여섯 남매 가운데 다섯 번째로 태어났다. 허엽은 서평군西平君 한숙창의 딸인 청주 한씨와 결혼하여 맏아들 허성과 두 딸을 낳았으나 한씨는 일찍 세상을 떠났다. 한씨와의 사이에서 태어난 큰 딸은 박순원과 결혼하였으며, 둘째 딸은 벼슬이 대사성에 이른 우성전과 결혼하였다. 허엽은 두 번째 아내로 예조참판 김광철의 딸 강릉 김씨와 혼인하여 허봉과 허난설헌 그리고 막내 허균을 낳았다.

양천 허씨 집안은 대단한 문장가를 연이어 배출한 명문가였다. 아버지 허엽은 대사성과 대사간 홍문관 부제학을 역임한 당대의 석학이었다. 오빠 허성, 허봉, 동생 허균 그리고 자신까지 합해 당시 허씨 오문장가五文章家라 불렸다. 허난설헌의 도가적인 시세계는 아버지 허엽의 영향이었다. 허엽은 화담花潭 서경덕徐敬德에게 가르침을 받아 도가사상을 섭렵하였다. 그리고 허엽은 개방적이고 자유로운 사고를 가지고 있었다. 최고의 사대부이면서도 미천한 기생의 아들인 이달과 시와 학문을 교류할 정도로 파격적이었다.

허난설헌에게 오빠 허봉은 든든한 후원자이면서 스승이기도 하였다. 12년 위인 허봉은 시와 문장으로 이름이 알려진 큰 문장가였다. 난설헌의 시 공부를 적극적으로 도왔던 허봉은 중국에서 선물 받았던 두보의 시집을 누이에게 주며 시공부의 길을 열어주었다. 특히 이달과 가까이 지내면서 동생 허난설헌에게 소개해 주었다.

허난설헌에게 시를 가르친 것은 이달李達이었다. 이달은 머리가 총명하여 글을 많이 읽고 시재도 있어 좋은 시를 많이 지었는데 특히 이태백과 백낙천 등 당나라 시인의 시를 좋아하였다. 이태백과 백낙천은 사회의 불의를 고발하고 자연을 사랑하는 시인들이었다. 이달은 기생을 어머니로 둔 서자인 탓에 두뇌가 총명하고 박학다식하며 문장이 뛰어났음에도 불구하고 과거시험에 응시조차 해볼 수 없는 처지라서 천하를 방랑하며 살던 사람이었다. 이런 이달에게서 시를 배운 허난설헌의 시에도 당나라 시성들의 감성이 전달되었을 것이고 이런 점을 명나라 사람들이 높이 평가했을 것이다. 그녀의 「채련곡採蓮曲」은 그러한 경향을 엿볼 수 있는 시라고 할 수 있다.

동해바다
허난설헌 시세계의 배경
경포호수와 동해바다
강릉의 자연이었다.

채련곡

가을 호수 맑고 푸른 물 구슬 같아

秋净長湖碧玉流

연꽃 핀 깊은 곳에 목란 배 매었지

荷花深處繫蘭舟

임을 만나 물 건너 연밥 따 던지고는

逢郞隔水投蓮子

행여 누가 보았을까 한나절 부끄러워

或被人知半日羞

허난설헌 시세계의 또 다른 배경은 유년기를 보낸 강릉의 자연이었다. 강릉 초당草堂에서 태어나 경포호수와 푸른 동해바다 그리고 하늘을 향해 솟은 소나무 숲을 보며 시심詩心을 키웠다. 어린 시절 강릉에서 보낸 추억은 죽지사에 그대로 남아 있다. 허난설헌의 어린 시절은 「죽지사竹枝詞 3」

생가의 봄날
린 시절 강릉에서 추억은 허난설헌의 시가 되었다.

이라는 시에 잘 나타나 있다.

죽지사 3

나의 집은 강릉 땅 돌 쌓은 갯가로　　　　家住江陵積石磯

문 앞으로 흐르는 물에 비단옷을 빨았지　　門前流水浣羅衣

아침이면 한가롭게 목란 배 매어 놓고　　　朝來閑繫木蘭橈

짝지어 나는 원앙새만 부럽게 보았지　　　貪看鴛鴦相伴飛

8살에 「광한전백옥루상량문」을 지은 신동

강릉 초당마을에서 태어난 허난설헌은 8살에 「광한전 백옥루 상량문^{廣寒殿白玉樓}
^{上樑文}」을 지었다. 허난설헌의 작품 가운데 유일하게 전하는 산문으로 그의 아
우 허균이 1605년 충천각에서 석봉 한호에게 부탁하여 그의 글씨로 써서 1차
로 간행되었다.

상량문은 집을 지을 때 대들보를 올리며 행하는 상량의식의 글이다. 허난설
헌은 신선세계에 있는 상상속의 궁궐인 광한전 백옥부의 상량식에 사신이 초
대받았다고 하면서 이 글을 지었다. 「광한전 백옥루 상량문」은 첫 부분에서 광
한전 주인의 신선생활을 묘사하고 그가 여러 신선들을 초대하기 위해 광한전
을 짓게 된 배경을 묘사하였다. 이 모임에 많은 신선이 동원되고 기술자가 있
었지만 상량문 지을 시인이 없자 허난설헌이 초대되어 상량문을 지었다.

광한전 백옥루 상량문

허난설헌은 8살에 광한
백옥루 상량문을 지을
도로 신동이었다.

생가의 여름
광한전 백옥루는 신선이
사는 세계에 있는 상상속
의 궁궐이다.

허난설헌은 『태평광기太平廣記』와 같은 책을 즐겨 읽어서 신선에 대한 이해가 깊었으며 또 거기에 풍부한 상상력이 결합되어 이처럼 속세를 벗어난 작품을 창작한 것이다. 문체文體는 다른 상량문과 마찬가지로 포량抛樑의 동·서·남·북·상·하의 육위六偉가 묘사되고, 이 광한전이 신선세계에서 오래오래 서 있기를 기원하는 문장으로 끝난다.

「광한전백옥루상량문」에서 허난설헌은 실현 불가능한 현실세계의 이상을 가상세계인 선계에 설정하고, 초속적超俗的인 이상향을 실현하고 있다. 우리나라에 온 중국 사신들은 「광한전백옥루상량문」을 보고 '당나라 시인 이하가 환생해 지은 작품'이라고 극찬을 아끼지 않았다. 이하李賀는 기이한 시적 감각 때문에 귀재鬼才라고 불리웠던 시인으로 스물일곱 나이에 병을 앓다가 죽었다. 그는 머리맡을 지키고 있는 어머니에게 "어머니, 옥황상제가 백옥루를 지어놓고, 저더러 하늘로 올라와 낙성식의 글을 지어 달라고 합니다"라는 유언을 남겼다고 전해진다. 허난설헌 역시 신선세계에 있는 광한전에 백옥루를 짓는 상상을 하고 그 건물의 상량문을 지었다. 허난설헌은 다섯 살에 글을 읽고 여덟 살에 이 상량문을 지어서 신동神童이라 칭송되었다.

허난설헌의 어린 시절은 슬픔없이 마음껏 뛰어노는 행복한 나날이었다. 아무리 학문이 깊고 시 쓰기를 좋아하는 신동神童이라 하더라도 친구들과 그네뛰기 등을 하며 신나게 노는 어린이였다. 그리고 손톱에 봉숭아 꽃물을 들이는 천진난만한 아이였다.

봉숭아 꽃물 들이는 노래	染指鳳仙花歌
달빛어린 저녁이슬 규방에 맺히면	金盆夕露凝紅房
예쁜 아씨 열 손가락 곱기도 해라	佳人十指纖纖長
봉숭아 꽃잎 찧어 배추 잎에 말아	竹碾搗出捲崧葉
등잔 앞에 매느라 귀고리도 딸랑	燈前勤護雙鳴璫
새벽에 일어나 주렴 걷어 올리니	粧樓曉起簾初捲
반가워라 붉은 별 거울에 비치네	喜看火星抛鏡面
풀잎을 뜯으면 호랑나비 나는 듯	拾草疑飛紅蛺蝶
아쟁을 뜯으면 복사꽃 떨어지듯	彈箏驚落桃花片
정성껏 분바르고 쪽머리 손질하면	徐勻粉頰整羅鬢
소상강 대나무에 피눈물 얼룩지듯	湘竹臨江淚血班
이따금 예쁜 붓 고운 눈썹 그리면	時把彩毫描却月
춘산에 붉은 비를 뿌리고 가는 듯	只疑紅雨過春山

김성립과 결혼하다

허난설헌은 15세쯤에 안동 김씨인 김성립金誠立과 혼인하였다. 김성립의 집안은 5대째 문과 급제자를 배출한 명망높은 집안이었다. 그의 아버지 김첨金瞻이 문과에 급제한 후 호당湖堂에서 공부하고 있을 때 같이 공부하던 허난설헌의 작은 오빠 허봉과 가까워져 혼담이 오가게 되었다.

허난설헌은 집안에서 김성립과 약혼을 하자 자신이 신랑감을 직접 보지 않고는 시집을 가지 않겠다며 아버지 허엽을 졸라댔다. 허엽은 삼십 리쯤 떨어진 신랑의 집에 가서 사윗감을 본 후 사돈 김첨과 한담을 나누고 있었다. 갑자기 방문이 열리고 연죽煙竹을 든 심부름하는 아이가 들어왔다. 허엽이 자세히 보니 딸 허난설헌이 남장을 하고 몰래 들어와 신랑감을 확인하였다. 그리고 먼저 그

곳을 빠져 나와 아버지보다 먼저 집에 도착해 있었다. 일반적인 여성들에 비해
서 자신의 주체의식이 분명한 일면을 보여주는 일화이다.

　허난설헌은 애교 넘치고 질투심이 있고, 그러면서 자존심이 강한 여인이었
다. 그녀의 시 「견흥遣興」은 신혼을 맞이한 허난설헌의 심정을 노래하고 있다.
견흥은 마음에 맺힌 감동이나 감흥을 내보여 푼다는 뜻이다.

견흥 4	遣興 4
보배스런 순금으로	精金凝寶氣
반달모양 노리개를 만들었지요.	鏤作半月光
시집올 때 시부모님이 주신 거라서	嫁時舅姑贈
다홍 비단 치마에 매고 다녔죠.	繫在紅羅裳
오늘 길 떠나시는 임에게 드리오니	今日贈君行
서방님께서 증표로 차고 다니세요.	願君爲雜佩

길가에 버려셔도 아깝지는 않지만   不惜棄道上

다른 여인 허리띠에는 달아주지 마셔요.   莫結新人帶

김성립은 시詩로 명성이 높았을 뿐만 아니라 임진왜란 당시 의병으로 참여한 인물이다. 여러 번 과거에 응시하여 낙방하였지만 허난설헌이 죽은 1589년 증광문과에 병과로 급제하여 홍문관저작弘文館著作을 지냈다. 그리고 1592년 임진 왜란이 일어나자 의병을 일으켜 왜군과 싸우던 중 전사하였다. 시체를 찾지 못해 그의 의복만을 가지고서 장사지냈으며, 이조참판에 추증되었다.

그러나 남편 김성립은 여러 가지 면에서 허난설헌에 미치지 못하였다. 신흠의 『시화휘성詩話彙成』에 부부와 관련된 일화가 전해진다.

생가 작약꽃

허난설헌은 애교 넘치[는]
질투심이 있는 아름다[운]
여인이었다.

내가 젊었을 때 김성립을 비롯한 여러 친구들과 함께 집을 얻어서 과거 공부를 하였는데, 친구가 '김성립이 기생집에서 놀고 있다'는 근거 없는 말을 지어냈다. 계집종이 이 이야기를 듣고 허난설헌에게 몰래 일러 바쳤다. 허난설헌은 맛있는 안주를 마련하고 커다란 흰 병에다 술을 담은 다음 병에다가 시를 한구절 써서 보냈다. '낭군께서는 이렇듯 다른 마음이 없으신데, 같이 공부하는 이는 어떤 사람이기에 이렇게 이간질을 시키는가'

허난설헌은 이처럼 성격이 대담하고 시원스러운 모습을 보였다. 김성립과 비교되는 일화가 또 하나 전해지고 있다. 김성립에게는 송도남宋圖南이라는 친구가 있었다. 송도남은 김성립에게 올 때마다 '명석님이 덕석님이 김성립이 있느냐?'라며 김성립의 이름을 가지고 장난을 쳤다. 김성립은 재치 있는 사람이

대청에서 바라본 풍경
편 김성립은 문과에 급
한 인물이지만 여러 가
면에서 허난설헌에 미
지 못하였다.

아니어서 이 말을 맞받아치지 못하고 항상 얼굴만 붉혔다. 이를 딱하게 여긴 허난설헌은 김성립에게 친구가 오면 이렇게 하라고 귀띔해주었다. 다음에 송도남이 오자 김성립은 아내가 일러준 대로 '귀뚜라미 맨드라미 송도라미가 왔구나'라고 응수하였다. 송도남이 웃으며 '이건 자네 생각일 리 없어. 분명 자네 부인이 알려준 거겠지'라고 넘겨잡았다는 이야기가 전해진다.

불행한 시집살이는 시로 승화되고

허난설헌과 김성립의 부부관계는 원만하지는 못했다. 김성립의 학문적 깊이나 시를 쓰는 재주는 아내 허난설헌에 미치지 못하였다. 아내가 남편보다 재주가 뛰어난 것을 두고 주변에서 김성립을 놀리고 비웃었을 것이다. 이같은 세상의 입방아는 두 사람의 사이를 갈라놓는 결과를 가져왔다. 김성립은 아내에 대한 열등의식으로 학문에 열중하기보다는 기생들과 노는 시간이 늘어났고 허난설헌의 외로움은 더욱 깊어갔다.

강사에서 글 읽는 낭군에게	寄夫江舍讀書
제비는 처마 비스듬히 짝지어 날고	燕掠斜檐兩兩飛
지는 꽃은 우수수 비단 옷 위를 스치네.	落花繚亂撲羅衣
동방에서 보는 것마다 마음 아프기만 한데	洞房極目傷春意
봄풀이 푸르러도 강남가신 님은 돌아올 줄 모르네.	草綠江南人未歸

허난설헌의 시어머니 송씨宋氏 또한 글 읽고 시 쓰기 좋아하는 며느리를 못마땅히 여겼다. 송씨는 당대 경학經學으로 이름난 이조판서 송기수의 딸이었음에도 며느리 허난설헌을 인정하지 않았다. 그러나 친정 가족들의 극진한 격려는 허난설헌으로 하여금 천여 편에 이르는 시를 쓰게 하는 힘이 되었다. 특히

작은 오빠 허봉은 누이동생의 재능을 누구보다 키워주고 싶었다. 허봉의 문집
『하곡집』에 있는 시는 이같은 오빠의 자상한 마음을 잘 담고 있다.

여동생에게 붓을 보내다.   送筆妹氏

신선나라에서 예전에 내려주신 글방의 벗   仙曹舊賜文房友

가을 깊은 규중에 보내어 경치를 그리게 한다.   奉寄秋閨玩景餘

오동나무 바라보며 달빛도 그려보고   應向梧桐描月色

등불을 따라다니며 벌레나 물고기도 그려보아라.   肯隨燈火往蟲魚

친정집도 아버지 허엽의 죽음과 작은 오빠 허봉의 유배로 무너지기 시작하
였다. 허봉은 동서분당의 당쟁에 휘말리면서 유배되었다. 1583년(선조 16) 허
봉은 경기도 순무어사巡撫御使로 나가 수원의 군기가 군비되어 있지 않음을 지적
하면서 부사인 한응의 파면을 상소하였다. 아울러 당시 병조판서였던 이이의
잘못까지 공박하였다. 이에 서인은 반발하였고, 마침내 허봉은 창원부사로 좌

천되었다가 함경도 종성으로 유배되었다. 그리고 갑산으로 이배되었다. 이때 허난설헌은 오빠를 격려하는 시를 보냈다.

하곡 오라버니에게   寄荷谷

어두운 창가에 촛불 나직이 흔들리고   暗窓銀燭低

반딧불은 높은 지붕을 날아 넘는군요.   流螢度高閣

근심하던 차에 밤은 깊어 추워지는데   悄悄深夜寒

쓸쓸하게 가을 잎이 우수수 떨어져요.   蕭蕭秋葉落

변방에 귀양 가신 오빠 소식 뜸하니   關河音信稀

그리운 오빠 이 시름 어찌 다 풀리오.   端憂不可釋

오빠 계신 청련궁을 멀리서 그려보니   遙想靑蓮宮

텅 빈 산에 달빛만 하얗게 얽혔어요.   山空蘿月白

눈내리는 날
아버지 허엽과 오빠 허봉
의 유배로 친정집은 기울
어지기 시작하였다.

자식을 가슴에 묻고

허난설헌은 어린 자식을 연이어 잃었다. 남편 김성립과 사이가 멀어지고 시어머니에게 인정받지 못한 허난설헌의 유일한 희망은 자식이었다. 그러나 딸을 잃고 그 다음 해에 아들마저 세상을 떠났다. 딸아이를 묻은 무덤 자리가 마르기도 전에 다시 아들을 묻어야 하는 어머니의 처절한 고통은 이루 말할 수 없는 것이었다. 허난설헌은 사이좋게 나란히 있는 무덤을 바라보며 밤이면 아이들이 살아나 서로 재미있게 놀겠거니 생각하며 스스로를 위로하였다. 가슴에 자식을 묻은 어미의 피눈물은 「곡자哭子」라는 시가 되어 비석에 새겨져 있다.

아들을 잃고 통곡하다	哭子
지난 해 사랑하는 딸을 잃었고	去年喪愛女
올 해에는 사랑하는 아들을 잃었네.	今年喪愛子
슬프고 슬픈 광릉 땅이여	哀哀廣陵土
두 무덤이 마주 보고 있구나.	雙墳相對起
백양나무에는 으스스 바람이 일어나고	蕭蕭白楊風
도깨비불은 숲속에서 번쩍인다.	鬼火明松楸
지전으로 너의 혼을 부르고	紙錢招汝魂
너희 무덤에 술잔을 따르네.	玄酒存汝丘
아아, 너희들 남매의 혼은	應知第兄魂
밤마다 정겹게 어울려 놀으리	夜夜相追遊
비록 뱃속에 아기가 있다 한들	縱有服中孩
이또한 잘 자라길 바라겠는가	安可冀長成
부질없이 황대사 읊조리면서	浪吟黃臺詞
애끊는 피눈물에 목이 메인다	血泣悲吞聲

자식을 잃은 애절한 슬픔으로 죽음을 애도하는 만시輓詩이다. 조선시대에는
상례에서 만시를 적은 만장을 사용하는 것이 일반화되었다. 귀한 인물일수록
만장의 수효가 많았다. 나중에 정리하여 문집에 부록으로 수록하기도 하였다.

허난설헌은 가족 묘역에 두 개의 작은 무덤을 만들고 외삼촌 허봉이 비문을
지은 묘비를 세웠다.

피어보지 못하고 진 희윤아,

희윤의 아버지 성립은 나의 매부요 할아버지 첨은 나의 벗이로다

눈물을 흘리면서 쓰는 비문

맑고 맑은 얼굴에 반짝이는 그 눈

만고의 슬픔을 이 한 곡哭에 부치노라

허난설헌 묘소

가슴에 자식을 묻은 어[머니]
의 피눈물은 '곡자'라[는 시]
가 되고, 그녀의 무덤 곁[에]
는 두 남매의 작은 묘가 [나]
란히 있다.

비문은 간결하지만 허난설헌의 비문 못지 않게 쓰라린 심정을 담고 있다. 가

두 남매의 묘비

삼촌 허봉이 죽은 조카를 위해 시를 짓고 묘비를 세웠다.

장 사랑했던 누이의 자식이기에 더욱 애절하였을 것이다. 슬픔은 이어졌다. 스스로 「곡자哭子」 시에서 예언했듯이 뱃속에 있던 아이마저 유산하고 말았다. 두 아이를 잃은 슬픔으로 뱃속에 있는 아이마저 제대로 자랄 수 없었다. 새로 아이를 얻었더라도 이미 죽은 두 아이에 대한 슬픔과 그리움을 막을 수가 없었겠지만 뱃속의 세 번째 아이마저 세상을 떠난 것이다. 이같은 연이은 불행으로 허난설헌은 몸과 마음이 극도로 쇠약해져 끝내 자신마저 요절할 수밖에 없었다.

세 가지 한을 품고 떠난 여인

허난설헌은 스스로 자신의 죽음을 예언하였다. 22세가 되던 해인 1585년 상을 당하여 외가에 묵고 있을 때 선녀를 만나는 꿈을 꾸었다. 꿈속에 보니 바다 한 가운데 온통 구슬과 옥으로 만든 산이 있었다. 그 산은 눈이 부셔서 바라볼 수 없을 만큼 반짝였다. 그 때 아름다운 두 여인이 나타나 허난설헌과 함께 산에 올라갔다. 산에는 난새와 학이 춤추고 기이한 풀과 꽃이 가득하여 사람이 사는 곳이 아니었다. 산꼭대기에 올라가 보니 하늘과 바다가 맞닿아 푸르렀고 그 위로 붉은 해가 솟아 올랐다. 봉오리 위에는 맑고 큰 연못이 있는데 서리를 맞아 반쯤 시든 연꽃이 피어 있었다. 두 여인은 말했다. '여기는 광상산廣桑山입니다. 신선세계에서 가장 아름다운 곳이지요. 그대에게 신선의 인연이 있어 여기에 오게 된 것이니 시를 한 수 지어 주십시오' 허난설헌은 사양하다가 시 한 수를 읊었다. 두 여인은 손뼉을 치며 '한 자 한 자가 모두 신선의 글입니다'라고 하면서 기뻐하였다. 이 때 잠에서 깬 허난설헌은 그 시를 기억해 적어 놓았다.

허난설헌 동상

허난설헌은 신선의 세계
살다가 잠시 인간 세계
내려온 선녀였다.

꿈속에 광상산에서 노닐다	夢遊廣桑山
푸른 바닷물이 구슬 바다에 스며들고	碧海浸瑤海
푸른 난새는 광채 나는 난새에게 기대었구나	靑鸞倚彩鸞
스물일곱 송이의 아름다운 연꽃	芙蓉三九朶
달밤의 찬 서리에 붉게 떨어지네	紅墮月霜寒

이 시를 쓴 지 5년이 지난 27세 되는 해에 허난설헌은 이렇게 말했다. '올해 가 바로 스물일곱이 되는 해이므로 연꽃이 서리를 맞아 붉게 떨어질 것입니 다.' 이 말은 스물일곱살이 되었으니 시에서 예언한 것처럼 이제 죽을 것이라 는 말이었다. 아무도 이 말을 믿지 않았다. 그러나 허난설헌은 자신의 시와 자 신의 말처럼 그 해 어느 날 아무런 병도 없이 고요하게 한많은 세상을 떠났다. 가장 아름다운 신선의 세계 광상산으로 돌아간 것이다.

허난설헌 스스로 세 가지 한을 가슴에 품고 세상을 떠났다. 조선이라는 작은 나라에 태어난 것, 남자가 아닌 여자로 태어난 것, 그리고 수많은 남자 가운데 김성립을 지아비로 맞이한 것이다.

첫째, 허난설헌에게 조선이라는 나라는 자신의 이상과 기상을 펼치기에는 너무나 작은 나라였다. 허난설헌의 집안은 국제적인 감각을 가진 집안이었다. 이미 아버지 허엽이 진하사로 중국을 다녀왔고 허봉도 서장관으로 중국을 다 녀와 「하곡조천기」를 썼으며 큰 오라버니 허성도 통신사 종사관이 되어 일본 을 다녀왔다. 동생 허균은 허난설헌이 죽은 뒤이기는 하지만 29세에 처음 사 신 수행원으로 중국을 다녀온 후 명나라 종군문인 오명제 등과 사귀면서 『조선 시선』을 엮어 주었다. 당시 중국은 여성의 지위가 낮기는 하지만 조선처럼 여 성 문학이 황폐하지는 않았다. 청나라 때 간행된 『열조시집列朝詩集』에 수록된 여성 시인이 123명에 이를 정도로 여성의 창작활동에 대한 사회적인 인식이 조선과는 달랐다. 그러나 조선은 허난설헌이 살았던 16세기가 우리나라 여성 문학이 가장 활발하였던 시기였음에도 불구하고 신사임당, 황진이, 매창, 옥봉

정도에 불과하였다. 더욱이 임진왜란이 지나 조선후기로 갈수록 여자는 그릇한 죽을 셀 줄 몰라야 행복하다는 의식이 팽배하여 여자가 시를 쓰고 문장을 짓는다는 것 자체가 거의 불가능한 시대였다.

둘째, 남자가 아닌 여자로 태어나 여자라는 굴레가 주는 제약으로 인해 자신의 꿈을 마음껏 펼치지 못하였다. 허난설헌이 살았던 16세기는 여성들이 성리학적 이데올로기에 얽매여 사회적 지위를 보장받지 못하고 남성의 종속적인 위치에 머물러 있었다. 고려시대부터 내려오던 서류귀가혼이나 남녀균분상속 등과 같은 사회적인 제도가 무너지고 남성 중심의 가부장적 사회가 정착되어 가고 있었다. 허난설헌은 비록 친정의 아버지 허엽과 오빠 허봉 등의 도움으로 시를 쓰기는 했지만 여성이라는 굴레를 벗어나 독립된 자유인으로 자신의 이상을 펼쳐보고 싶었다.

셋째, 허난설헌은 인품과 시재詩才를 겸비한 지아비를 만나지 못하였을 뿐만 아니라 자녀에게 모성애를 베풀 기회를 얻지 못하였다. 김성립이 부족한 것이 아니라 허난설헌의 능력과 이상이 너무 높았던 것이다. 허난설헌은 당시 최고의 시인이었다. 황현은 「독국조제가시」라는 시에서 '초당가문의 세 그루 보배로운 나무 중에서 제일의 신선 재주는 경번에게 돌아갔네'라고 하여 허봉, 허난설헌, 허균 가운데 허난설헌이 최고라고 하였다. 그리고 허봉도 누이 허난설헌을 '경번의 글재주는 배워서 얻을 수 있는 힘이 아니다. 대체로 이태백과 이장길이 남겨둔 글이라 할 만하다'라고 하였다. 남편 김성립이 문과에 급제하고 시로 명성이 높았다고 하더라도 허난설헌의 상대가 되지 못했던 것이다.

이덕무는 『청장관전서』에서 허난설헌이 다음과 같이 지었다고 기록하고 있다.

이 생에서 김성립과 이별하고　　　　　　　　　人間願別金誠立
저 생에서 두목지를 따르고 싶다　　　　　　　地下長從杜牧之

두목은 호가 번천樊川, 자는 목지牧之였다. 당나라 말기 시인으로 두보杜甫와 작

풍이 비슷하며, 노두老杜 두보와 구별하기 위해 소두小杜라고도 부르기도 한 멋
쟁이 시인이다. 허난설헌의 호가 경번인 것이 두목杜牧의 호인 번천樊川에서 따
왔다는 설도 있다.

　허난설헌은 경기도 광주군 초월면 경수산 안동 김씨 선영에 묻혔다. 김성립
은 허난설헌이 세상을 떠난 그 해에 비로소 문과에 급제하였으며, 홍씨에게 다
시 장가를 들었다. 삼년 뒤 임진왜란에 의병으로 참여했다가 전장에서 죽었다.
안동 김씨 선영에는 김성립과 홍씨 부인의 산소, 그리고 허난설헌의 무덤과 어
려서 죽은 아들과 딸의 쌍무덤이 함께 나란히 있다. 최근 중부고속도로가 그곳
을 관통하여 서쪽으로 다시 유택幽宅을 옮겨야 했다. 그녀는 죽어서도 몸과 마
음이 편하지 못하였다.

선녀가 되어 하늘나라로 돌아가다

허난설헌의 시에서 가장 많이 등장하는 시어詩語는 '신선神仙'과 '꿈'이다. 그녀는 현실에 만족하지 못하였기 때문에 언제나 꿈의 세계와 신선의 세계를 그리워하였다. 신선과 꿈을 노래한 시, 즉 유선시遊仙詩는 거의 절반에 가까운 것이다. 허난설헌은 우리나라 최고의 유선시 시인이었다. 허난설헌 이전에 유선시라 할만 것이 없을 뿐만 아니라 오빠 허봉과 동생 허균조차도 허난설헌의 유선시를 흉내낼 수 없었다.

유선시는 도가 사상에 심취된 허난설헌의 모습을 보여 준다. 유선시의 배경이 되는 신선설화는 도가사상에서 태동한 신선들의 이야기이다. 도가사상은 중국 한나라 때 장도릉이 종교화한 후 북위의 구겸지가 체계를 세워 도교를 만들었다.

허난설헌의 시에 등장하는 신선은 하늘나라를 자유로이 왕래하며 조물주인

담장 벽에 핀 꽃
허난설헌은 신선이
하늘나라로 선녀가 5
돌아갔다.

천제天帝와 접할 수 있고, 인간 세계에 나타나서는 생사生死의 한계나 시공時空의 경계를 초월하여 활동할 수 있는 존재이다. 신선은 죽음을 초월하였기 때문에 우주와 더불어 영생永生할 수 있고, 하늘과 땅을 거리낌 없이 날아다닐 수 있으며, 온갖 신술神術을 가지고 있어서 인간의 음식을 먹지 않으며, 귀신을 부려 여러 마귀를 쫓아낼 수 있고, 인간의 모든 질병을 낫게 할 수 있는가 하면 악인에게는 신통한 방법으로 벌을 줄 수 있다. 허난설헌은 신선이 사는 하늘나라를 다음과 같이 노래하였다.

신선세계를 바라보며	望仙謠
옥구슬 꽃바람 타고 파랑새가 날더니	瓊花風軟飛靑鳥
서왕모는 기린수레 타고 봉래섬으로 가시네	王母麟車向蓬島
난초 깃발 꽃배자에다 흰 봉황을 타고	蘭旌蕙帔白鳳駕
웃으며 난간에 기대 요초를 뜯네	笑倚紅欄拾瑤草
푸른 무지개 치마가 바람에 날리니	天風吹擘翠霓裳
옥고리 경패 소리 댕그랑 댕그랑	玉環瓊佩聲丁當
선녀들 짝을 지어 거문고 연주하자	素娥兩兩鼓瑤瑟
계수나무 위에는 봄구름 향기롭다.	三花珠樹春雲香
동틀 무렵에야 부용각 잔치가 끝나	平明宴罷芙蓉閣
청의동자는 푸른 바다를 백학타고 건너가네	碧海靑童乘白鶴
붉은 피리소리에 오색 노을이 걷히자	紫簫吹徹彩霞飛
이슬 젖은 은하수엔 새벽별이 지는구나	露濕銀河曉星落

신선세계는 허난설헌의 영원한 마음의 고향이었다. 주어진 운명에 적응하지 못하고, 그렇다고 정면 대결도 할 수 없었던 허난설헌은 현실을 떠나 신선이 사는 세계로 숨어든 것이다. 그곳에 이르면 고통도 없어지고 슬픔과 눈물도 없어진다. 늘 신선세계를 동경하였던 허난설헌은 잠시 인간세계에 내려와 살았

던 선녀仙女였다.

느낌 感遇

어젯밤 꿈에 봉래산에 올라 夜夢登蓬萊

갈파의 못에 잠긴 용의 등을 탔었네 足躡葛陂龍

신선들은 푸른 지팡이를 짚고서 仙人綠玉杖

부용봉에서 나를 정답게 맞아 주셨네 邀我芙蓉峰

발아래 아득히 동해물을 굽어보니 下視東海水

술잔 속의 물처럼 조그맣게 보였어라 澄然若一杯

꽃 밑의 봉황새는 피리를 불고 花下鳳吹笙

달빛은 고요히 황금물동이를 비추었어라 月照黃金罍

생가 봄날

허난설헌에게 신선세계
영원한 마음의 고향이었

봉래산은 바닷 속에 있다는 신선이 사는 산이다. 그래서 그곳으로 가려면 갈
파의 물에 있는 용을 타야 한다. 신선들처럼 푸른 구슬 지팡이를 짚고서 부용
봉으로 올라가 내려다 보니 인간의 세계는 참으로 작고도 보잘 것이 없었다.
저 조그만 세계에서 사랑하고, 미워하고, 슬퍼하고 눈물 흘렸던가. 그녀는 세
속의 눈물과 슬픔을 모두 버리고 오직 하늘나라의 생활을 즐길 뿐이었다.

이처럼 허난설헌은 현실의 괴로움이나 이루지 못한 꿈을 접어두고 마음
은 선계仙界를 자유롭게 넘나들며 꿈과 상상력을 키웠다. 남들이 감히 흉내낼
수 없었던 독특한 상상력과 시의 깊이는 유선시의 많은 작품에서 찾아볼 수
있다.

생가 배롱나무
아름다운 자미목 꽃이
피는 신선세계는 허난
설헌의 꿈과 상상력의
소산이었다.

벚꽃과 솔숲

유선사 72

신선은 아침 푸른 옥계단을 타고 오르고

맑게 갠 날 계수나무 선 바위에서 흰 닭이 우네

순양도사는 왜 그리 늦게 오시는가

아마도 섬궁으로 향아를 만나러 갔겠지

遊仙詞 72

羽客朝升碧玉梯

鷄巖晴日白鷄啼

純陽道士歸何晚

定向蟾宮訪羿妻

　　허난설헌은 하늘나라의 선녀로 자기가 하늘에서 보고 들었던 것들을 모아서 87편이나 되는 시를 지었다. 그녀에게 있어서 하늘나라는 현실적인 고향이었으며, 땅 위의 인간세계는 잠시 와서 머문 곳이었다. 중국 시인 주지번朱之蕃도 허난설헌의 시문집 머리말에서, 그녀가 봉래섬을 떠나 인간세계로 우연히 귀양을 온 선녀라고 소개했다. 그래서 그녀가 지어 남긴 시들은 모두 아름다운 구슬이 되었다고 칭송하였다. 인간세상에서는 눈물과 슬픔의 나날을 보냈으나 신선세계에서는 그러한 것을 모두 잊고 즐겁게 살 수 있었다.

중국에서 피어 다시 돌아온 붉은 꽃송이

　　허난설헌은 세상을 떠나기 전 천여 편이 넘는 시들을 불태워 없앴다. 불행했던 자신의 삶이 배어 있던 시를 남겨 놓는다는 것이 얼마나 허망한 것인가를 알고 있었기 때문이다. 그렇게 모두 사라져 버린 줄 알았던 시들은 친정집에 남겨진 것들도 있었고, 동생 허균의 비상한 기억 속에도 남아 있었다. 결코 그녀의 흔적은 사라질 수가 없었다.

　　동생 허균은 누이가 세상을 떠나자 다음 해인 1590년에 필사본을 만들었다. 허균은 친정에 남아 있던 시들과 자신이 기억하고 있던 시들을 모아서 더 이상 유실되기 전에 시집을 간행하고자 하였다. 서애 유성룡柳成龍에게 정리된 시들을 보내 발문을 부탁하여 몇 권의 필사본을 만들었다. 그러나 1592년 임진왜

란이 일어나 문집으로 발간하지 못하였다.

허난설헌을 시인으로서 존재감을 드높여 준 곳은 자신이 태어난 나라 조선
이 아니라 이웃나라 중국에서였다. 허난설헌의 시들은 『난설헌집蘭雪軒集』에 수
록되기 전에 이미 정유재란이 일어났던 1597년에서 1598년까지 군인 신분으
로 조선에 원정을 왔던 문인 오명제吳明濟가 채집하여 엮은 『조선시선朝鮮詩選』에
58수나 수록되어 중국에 알려지게 되었다. 그뿐만 아니라 오명제보다 1년 뒤
에 조선의 원군으로 온 장수 남방위도 시를 수집한 후 시집을 편찬하여 『조선
고시』라 이름 지었는데 이 시집에도 25수나 실려 있어 수록된 시 가운데 가장
많은 수를 차지하였다. 이처럼 허난설헌은 중국인들에게는 조선의 최고 시인
으로 대접 받았던 것이다.

명나라의 3대 문사文士로 꼽히던 주지번이 1606년 중국 사신의 자격으로 조
선에 왔다. 주지번은 유명한 문장가일 뿐만 아니라 서화가로 성균관의 '명륜당

明倫堂' 글씨를 남긴 인물이다. 정사正使의 신분으로 부사副使인 양유년과 함께 조선에 온 주지번은 시 짓는 것을 좋아했다. 따라서 이들을 접대하는데 문장으로 대적할 수 있는 인물로 허균이 추천되었다. 주지번은 조선으로 오기 전에 이미 중국에서 유행했던 허난설헌의 시를 알고 허균에게 시집을 보여달라고 하였다. 이때 허균은 출간하려고 준비해 놓았던 시집 초고를 주지번에게 주었다. 주지번과 양유년은 시를 읽어본 후 감탄해 마지않으며 『난설헌집蘭雪軒集』서문을 지어 주었다. 주지번이 가져간 『난설헌집』 210수의 시는 허난설헌 문학의 또 다른 면모를 중국에 알리는 계기가 되었다. 그러나 주지번이 『난설헌집』을 중국에서 간행했다는 것은 잘못 알려진 것이다.

허난설헌 제사
선 최고의 여류시인 허
설헌을 모시는 추모제가
년 봉행된다.

중국에서는 허난설헌의 시문집으로 심무비沈無非가 『경번집景樊集』을 간행하였다는 기록이 남아 있다. 그러나 『난설헌집』의 시들이 얼마나 수록되었는지는 아직까지 확인할 수 없다. 그리고 명나라 말기 학자 반지항潘之恒의 문집인 긍사亘史에는 『취사원창聚沙元倡』이라는 제목으로 허난설헌의 시를 수록하였다. 이외에도 수많은 시집에서 소개되면서 중국에서 허난설헌의 시는 최고의 인기를 누렸다.

조선에서는 동생 허균이 1606년 『난설헌집』을 목판본으로 간행하였다. 그리고 같은 해에 활자본인 개주갑인자본改鑄甲寅字本이 나왔으며, 1692년 동래부에서 중간한 동래부중간목간본이

간행되었다. 이 중간본은 일본으로 건너가 인기를 끌었고 마침내 일본에서도 1711년 분다이야[文台屋次郎]에 의해 『난설헌집』이 간행되었다. 허난설헌은 죽은 후에 영원히 지지 않는 스물입곱 송이의 붉은 연꽃으로 피어났다.

참고자료

강릉여성문화연대, 『허난설헌』, 물빛, 2006

김신명숙, 『불꽃의 자유혼, 허난설헌』, 금토, 1998

류지용, 『사라진 편지』, 동아일보사, 2010

박혜숙, 『허난설헌』, 건국대학교출판부, 2004

이경혜, 『스물일곱 송이 붉은 연꽃』, 알마, 2007

이숙희, 『허난설헌 시론』, 새문사, 1987

장정룡, 『난설헌 시집』, 동녘출판사, 1999

장정룡, 『허난설헌과 강릉』, 강릉시, 1998

허경진, 『허난설헌 시집』, 평민사, 1999

허균·허난설헌 선양사업회, 『교산 허균과 난설헌 허초희 논문집』, 동녘출판사, 2009

허미자, 『허난설헌연구』, 성신여자대학교 출판부, 1984

4 예향의 건축
禮鄉

경포대

경포대

동해의 아들 경포호

강릉 경포대와 경포호는 우리나라 최고의 명승이다. 서거정은 '우리나라 산수의 훌륭한 경치는 관동이 첫째이고, 관동에서도 강릉이 제일이다. 그리고 강릉에서 가장 좋은 명승지는 경포대이다'라고 하였다. 경포대를 끼고 있는 호수 경포호는 경호鏡湖, 군자호君子湖 등으로 불렸다. 경호란 호수가 거울처럼 깨끗하다고 하여 붙은 이름이며, 군자호는 호수의 수심이 얕지도 깊지도 않은 것이 군자와 같은 풍모를 가졌기 때문에 이름지어졌다. 주위에 소나무 숲이 우거진 경포호의 풍광을『신증동국여지승람』에는 다음과 같이 기록하였다.

포의 둘레가 20리이고 물이 깨끗하여 거울 같다. 깊지도 얕지도 않아 겨우 사람의 어깨가 잠길만하며 사방과 복판이 꼭 같다. 서쪽 언덕에는 봉우리가 있고 봉우리 위에는 누대가 있으며 누대 가에 선약을 만들던 돌절구가 있다. 포 동쪽 입구에 판교가 있는데 강문교江門橋라 한다. 다리 밖은 죽도竹島이며 섬 북쪽에는 5리나 되는 백사장이 있다. 백사장 밖은 창해 만리인데 해돋이를 바라볼 수 있어 가장 기이한 경치다. 일찍이 우리 태조와 세조께서 순행하다가 여기에 어가御駕를 멈추었다.

경포호는 석호潟湖이다. 석호는 바다 가운데로 길게 뻗어나간 모래톱 즉 사주 砂洲가 발달하면서 해안의 만灣을 막아 만든 호수이다. 경포호는 동해 바다에서 떨어져 나온 동해의 아들이다. 석호에는 주변 하천으로부터 끊임없이 물이 흘러들어 담수와 해수가 교차하면서 수많은 조개들이 서식하였다. 특히 경포호에는 껍질이 붉은 작은 조개가 많아서 흉년이 들면 이것을 먹으며 굶주림을 면할 수 있었다. 이 조개는 곡식과 같다는 뜻에서 제곡薺穀이라고 불렀다. 이것이 전설로 승화되어 이중환의 『택리지』에 수록되었다.

세상에 전해오는 말에 호수는 옛날에 부유한 백성이 살던 곳이라 한다. 하루는 스님이 쌀을 구걸하러 왔는데, 그 백성이 똥을 퍼주었더니 살던 곳이 갑자기 빠져 내려서 호수가 되고 쌓여 있던 곡식은 모두 자잘한 조개로 변하였

경포호 설경

경포호는 석호로 동해바다에서 떨어져 나온 동해의 아들이다.

다고 한다. 매년 흉년이 되면 조개가 많이 나고 풍년이 되면 적게 나는데, 맛이 달고 향긋하여 요기할 만하여 그 지방 사람들은 적곡積穀조개라 부른다. 봄과 여름이면 사방에서 남녀가 모여들어 주운 조개를 이고지고 가므로 줄이 길게 이어졌다. 호수 밑바닥에는 아직도 기와 조각과 그릇 파편이 있어 자맥질하는 사람들이 가끔 줍는다.

경포호에는 아름다운 경치만큼이나 전해오는 이야기도 풍성하다. 이들 가운데 호숫가 방해정 앞에 있는 홍장암을 배경으로 있었던 강원도 안렴사 박신朴信과 기생 홍장紅粧의 고사古事는 아름다운 사랑 이야기이다. 후일 정철이나 허균 등 수많은 풍류객들의 글에서 회자되었던 홍장고사는 서거정이 편찬한 『동인시화東人詩話』 등 여러 문헌에

홍장고사 조각
포호에는 강원도 안렴사
신과 기생 홍장의 아름
운 사랑 이야기가 전해
다.

전해지고 있다.

박신은 백성을 잘 다스려 명성이 있었다. 강원도 안렴사가 되어서는 강릉의 기생 홍장을 사랑하여 애정이 매우 깊었다. 임기가 만료되어 서울로 돌아가게 되었는데 강릉부사 조운흘이 거짓으로 홍장이 벌써 죽었다고 말하자 박신은 몹시 서러워하였다. 어느 날 조운흘이 박신을 초청하여 경포대 뱃놀이를 하면서 홍장으로 하여금 예쁘게 꾸미고 고운 옷으로 단장하게 하였다. 별도로 배를 한 척 마련하고 늙은 관인官人 한 사람을 골라 눈썹과 수염을 하얗게 하고 의관을 크고 훌륭하게 차리게 한 다음 홍장과 함께 배에 태웠다. 또 화려하게 채색한 현판을 배에 걸고 그 위에 "신라 적의 늙은 안상安祥이 천년 풍류를 아직 잊지 못해, 경포대에서 사선四仙이 놀이한다는 말을 듣고, 아름

안개낀 경포호

홍장고사는 안개 낀 경[...]
호수를 배경으로 이루0[...]
애뜻한 사랑을 가득 [...]
있다.

다운 배에 다시금 홍장을 태웠노라."하는 시를 지어 붙였다. 천천히 노를 저
어 포구로 들어와 물가를 배회하는데 맑고 둥근 거문고와 피리소리가 공중
에 떠오는 것 같았다.

강릉부사가 "이곳에는 신선들이 있어 왕래하는 곳으로 단지 바라다 볼 수는
있어도 가까이는 갈 수 없습니다"하니 박신의 눈에는 눈물이 가득하였다. 조
금 뒤에 배가 순풍을 타고 순식간에 바로 앞에 다다르니 박신이 놀라 말하
기를 "신선의 무리임이 분명하구나"하였다. 그러나 자세히 살펴보니 홍장이
었다. 한 자리에 있던 사람들이 손뼉을 치면서 크게 웃고 한바탕 흥겹게 즐
긴 다음 놀이를 파하였다.

박신은 고려말 조선초의 문신으로 정몽주의 문인이다. 고려말 우왕 때 문과

에 급제하였으며 1393년에 강원도안렴사江原道安廉使가 되었다. 박신은 서울로 돌아가서 홍장고사를 배경으로 홍장에 대한 애틋한 사랑을 가득 담은 시를 남겼다.

젊은 기개 품고서 안렴사로 가서　　　　　　　　　　少年持節按關東

경포에서 놀던 것이 꿈만 같구나　　　　　　　　　　鏡浦淸遊入夢中

경포대 아래 배 띄우고 다시 놀고 싶지만　　　　　　臺下蘭舟思又泛

늙은이라 홍장이 싫어 할테지　　　　　　　　　　　却嫌紅粉笑衰翁

아름다운 경치와 이야기가 있는 경포호 주변에는 경포호수 주위에 있는 정자로는 경포대, 금란정, 방해정, 해운정, 활래정, 경호정, 석란정, 상영정, 취영정, 호해정, 천하정, 월파정 등이 있다. 이런 정자들은 지역의 유림들이 정기적으로 회합을 가지는 장소였으며, 때로는 유명 인사들이 찾아와 자연 풍광을 감상하고 시를 짓는 문화 향유 공간으로 활용되었다. 이들 누정 가운데 으뜸은 유일하게 관아에서 운영하였던 경포대이다.

관동팔경의 으뜸, 경포대

강릉 경포대는 관동팔경의 하나이다. 관동 곧 강원도 동해안 지방은 이름난 호수와 기이한 바다 풍경이 많아서 높은데 오르면 바다가 망망하고 골짜기에 들어가면 물과 돌이 아늑하여 일찍부터 산수의 경치가 우리나라 제일로 꼽혔다. 관동팔경은 이들 뛰어난 경관 속에 있는 누대와 정자들 가운데 가장 뛰어난 여덟 곳을 지칭한다. 시인묵객들이 아름다운 경치를 시와 그림과 글씨로 표현했던 관동팔경은 어느 곳일까? 관동팔경에 대한 선정 기준은 사람에 따라 시대에 따라 약간씩 달랐다. 신라의 화랑들이 유람한 것으로부터 고려시대 안축의

경포대 전경

경포대는 관동팔경 가운데
하나이다.

『관동와주』와 더불어 조선시대에 들어와 송강 정철의 「관동별곡」에 이르기까지 숱한 시인 묵객들이 관동지역의 경관을 유람하고 노래하면서도 관동팔경이라는 틀에는 얽매이지 않았다. 현존하는 기록 가운데 관동팔경을 구체적으로 지적한 것은 허목의 「죽서루기竹西樓記」가 가장 오래된 것이다. 그는 동해안의 절경 여덟 곳으로 통천의 총석정, 고성의 삼일포와 해산정, 간성의 영랑호, 양양의 낙산사, 강릉의 경포대, 삼척의 죽서루, 평해의 월송정을 들고 있다. 관동팔경을 선정하는데 특별한 기준이 없었다. 자신의 취향과 입맛에 따라 자유롭게 관동팔경이 선정되었다.

그러나 숙종이 관동팔경을 시로 읊으면서 1군郡 1경景이라는 기준이 마련되었다. 즉 통천의 총석정, 고성의 삼일포, 간성의 만경대, 양양의 낙산사, 강릉의 경포대, 삼척의 죽서루, 울진의 망양정, 평해의 월송정이 그것이다. 군주의 은혜는 소외된 지역없이 골고루 내려야 하기에 아름다운 경관을 노래하는 데에서도 예외는 아니었다. 그런데 여기에도 문제는 있었다. 관동지방은 가장 북쪽의 흡곡에서부터 가장 남쪽의 평해에 이르기까지 9개 군으로 되어 있다. 각 군에 1경씩을 부여했을 경우에 8경이 아니라 9경이 되었다. 이중환은 택리지에서 관동팔경에 간성의 1경을 만경대 대신에 청간정으로 바꾸고 아울러 가장 남쪽에 있는 평해 월송정을 빼고 대신 가장 북쪽에 있는 흡곡 시중대를 넣었다. 이후 사람과 시대에 따라서 관동팔경에 가장 북쪽에 있는 흡곡 시중대와 가장 남쪽에 있는 평해 월송정 가운데 어느 것을 넣을 것인가 하는 고민은 계속되어 왔다. 요즘은 세간에서는 통천의 총석정叢石亭, 고성의 삼일포三日浦, 간성의 청간정淸澗亭, 양양의 낙산사落山寺, 강릉의 경포대鏡浦臺, 삼척의 죽서루竹西樓, 울진의 망양정望洋亭, 평해의 월송정越松亭을 관동팔경으로 꼽는다. 아마도 현재는 북한에 있는 흡곡의 시중대侍中臺가 갈 수 없는 곳이어서 평해의 월송정을 관동팔경에 포함시킨 것으로 생각된다.

신선이 머무는 곳, 경포대

경포대는 1326년(고려 충숙왕 13)에 강원도 안렴사 박숙朴淑에 의해 현재 방해정 근처인 인월사印月寺 터에 창건되었다. 건립 당시에는 그 터가 신선이 와서 머물던 신령스러운 곳이어서 정자를 지을 수 없다며 지역민들의 반대가 거세었다. 그러나 경포대를 세우는 과정에서 그 이전 시대의 것으로 보이는 주춧돌과 섬돌 등이 발견되어 아주 오래전부터 이곳에 정자가 있었던 곳이니 누각을 다시 세워도 무관하다며 주민들을 설득하였다고 전해진다. 이를 통해 경포대가 건립된 이곳에 이미 훨씬 이전부터 정자가 있었음을 알 수 있다.

조선에 들어와 1508년(중종 3)에 강릉부사 한급韓汲이 지금의 장소로 옮긴 경포대는 1626년(인조 4) 강릉부사 이명준李命俊에 의해 크게 중수되었다. 인조 때

우의정을 지낸 장유張維의 중수기에는 태조와 세조도 동쪽 지방을 순행하다가 이 경포대에 올랐을 정도로 경포대의 의미가 자못 깊어 임진왜란으로 허물어진 것을 다시 지었다고 쓰고 있다. 중수 당시에는 탐승객들이 오래 머물지 않도록 온돌방과 양실을 철거하고 기둥을 높이고 석축을 높게 쌓았다고 한다.

현재의 경포대 건물은 1745년(영조 21) 강릉부사 조하망曹夏望이 중수한 것으로 낡은 건물을 헐어내고 홍수로 떠내려 온 아름드리나무로 지었다고 한다. 그때 지은 조하망의 상량문은 현재 경포대 내에 편액으로 걸려 있다. 한편 1897년에 강릉군수로 부임한 정헌시鄭憲時는 경포대를 중수하면서 누정 내부에 다락을 만들었다. 남쪽과 북쪽에 각각 층루層樓 한 칸씩을 만들었는데, 남쪽의 것은 이름하여 득월헌得月軒이라 하고 북쪽의 것은 후선함候仙檻이라 하였다.

정면 5칸에 측면이 5칸, 대청을 받치는 기둥이 32개나 되는 당당한 규모의

경포대 겨울

백두대간을 배경으로 자□한 경포대에서는 경포호□와 동해바다 모두를 감□할 수 있다.

경포대는 팔작지붕으로 지은 익공계 양식의 누정이다. 대개 맞배지붕에는 연등천장, 팔작지붕에는 우물천장을 하게 마련인데 팔작집이면서도 연등천장을 하고 있는 것이 눈에 띄며, 주춧돌도 자연석을 그대로 놓은 뒤 기둥에 닿는 부분만 둥글게 다듬어 놓았다. 노송에 둘러싸인 경포대는 조용히 고요한 호수를 내려다보고 있다.

경포대의 다섯 개 달

경포대는 천하제일강산天下第一江山으로 이름난 곳이며 관동팔경 중에서도 가장 으뜸인 곳이다. 경포호수는 육수와 해수가 상통하여 형성된 담호로서, 물빛은 마치 새로 만든 거울같이 맑고 호수는 모래언덕으로 형성되었다. 바다에서는 파도가 그 위용을 자랑하고, 호수 쪽으로는 해송이 무성하여 일대 장관을 이룬다. 경포대의 서쪽으로 증봉이 있는데 이곳은 석구石臼가 있어 신라 때 화랑 영랑永郎이 수련하였던 곳이다. 동쪽으로는 울창한 송림을 빼곡히 두른 초당이 있고 바다와 호수를 연결해 주는 강문江門이 있다.

선인들의 자취와 유묵遺墨이 전해지는 경포대가 보여주는 풍경은 일찍이 경포팔경鏡浦八景이라 하였다. 경포팔경은 첫째, 새벽에 경포대에 올라가 보면 바다와 호수 위를 찬란히 비추는 해돋이의 장엄함과 아름다움을 뜻하는 '녹두일출綠荳日出'로 시작된다. 둘째, 멀리 있는 하늘의 달과 가까이 있는 바다와 호수의 달이 경포대 앞까지 기둥처럼 길게 뻗친 장엄하고도 기묘한 경치를 뜻하는 '죽도명월竹島明月'이다. 셋째, 호수와 바다를 상호 교류하게 만드는 강문교 인근에서 나룻배가 야간작업을 할 때에 횃불이 바다와 호수에 어른거리며 비치는 광경을 뜻하는 '강문어화江門漁火'다. 넷째, 해가 서산마루로 기울 무렵이면 소나무 숲 속의 초당에서 달이 바다로부터 떠오르고 저녁연기가 피어나는 평화로운 마을 풍경을 의미하는 '초당취연草堂炊煙'이다. 다섯째, 기생 홍장紅粧의 애절한 사랑 이야기가 전해지는 홍장암에 비 내리는 밤 풍경을 말하는 '홍장야우紅粧夜雨'가 그 뒤를 잇는다.

경포대의 북서쪽에 있는 높은 봉우리는 생긴 모양이 시루와 비슷하다 하여 시루봉이라 한다. 해가 서산마루로 떨어질 무렵이면 채운彩雲이 시루봉 북쪽 봉우리에 석양이 비치는데 그 아름다움이 경포팔경 가운데 여섯째인 '증봉낙조甑峯落照'이다. 또한 경포대는 신라 화랑인 사선四仙, 즉 영랑, 술랑, 남랑, 안상 등이 노닐던 곳이다. 고요하고 달 밝은 저녁이면 바둑을 두고 퉁소를 불며 산자수명한 경관에 도취되었던 사선의 신선경을 회상하는 '환선취적喚仙吹笛'이 일곱째이다. 경포팔경의 여덟째는 한송사에서 해질 무렵 치는 저녁 종소리를 뜻하는 '한송모종寒松暮鐘'이다.

한편 경포대에 오르면 다섯 개의 달이 뜬다. 하나는 바다의 달로 밝은 달이 뜨면 출렁이는 파도를 타고 달이 춤춘다. 바다에 달이 비치면 달의 그림자가 일렁이는 바다 위에 탑 같이 보여 이를 월탑月塔이라 하고, 달이 파도에 비치면 달빛이 파도처럼 부서지는 달의 물결 곧 월파月波가 생긴다. 둘은 호수의 달로 잔잔하면서도 조용히 일렁이는 호수의 수면을 따라 어른거리는 달이다. 특히 잔잔하고 맑은 호수 위에 달이 비치면 달빛이 수면을 따라 길게 드러누워 달기둥, 즉 월주月柱가 된다. 셋은 하늘의 달로 바다 같은 하늘의 구름 사이로 들락 날락이며 서쪽으로 서쪽으로 달려가는 달이다. 넷은 경포대에 앉아 풍류를 즐기는 풍류객의 술잔 속의 달로 경포대에 앉아 마시는 술은 술이 아니고 달이다. 다섯은 님의 눈동자에 비친 달로 님 보기를 달 보듯, 달 보기를 님 보듯하여 님이 달이고 달이 님이다.

경포대의 달

경포대에는 하늘, 바다, 수, 술잔, 님의 눈동자 다섯 개의 달이 뜬다.

감흥은 시문詩文으로 승화하고

관동팔경 가운데 강릉의 경포대에는 긴 세월 동안 수많은 시인 묵객들이 다녀 갔다. 이들은 경포대에서 느낀 감흥을 자신의 색깔로 노래했다. 시인은 시를 남겼으며, 서예가는 글씨를 남겼고, 화가들은 그림을 남겼다. 이들이 남긴 작품은 경포대의 변화하는 모습을 고찰할 수 있을 뿐만 아니라 현재의 우리에게 경포대를 좀 더 깊이 있게 느낄 수 있는 계기를 마련해 준다.

경포대와 관련된 고려시대 시문은 김극기, 안축, 이곡, 백문보 등이 지은 뛰어난 작품이 전해지고 있어서 고려 당시의 경포대 모습과 당시 문인들의 시흥을 엿볼 수 있다. 조선시대에는 율곡 이이가 10세에 지었다고 하는 「경포대부」, 성현과 이수광의 시에서 보이는 자연의 호방함과 신선사상을 노래한 시문이 있다. 또 심언광과 신사임당, 허난설헌과 같이 경포호숫가에 살면서 서정을 노래한 시, 강원도 관찰사가 되어 관동팔경을 유람하면서 화려하고 힘 있는 필치로 절경을 그린 정철의 「관동별곡」을 비롯한 기행시가 전해지고 있다.

경포대를 비롯한 관동팔경은 시인묵객뿐만 아니라 국왕들도 꼭 오고 싶어 했던 곳이다. 그러나 국왕이 직접 관동팔경을 방문하는 것은 쉬운 일이 아니었다. 따라서 궁중화가를 보내 그림을 그려오게 하고 이들이 그려온 그림을 감상하는 것으로 만족해야 했다. 역대 국왕 가운데 경포대를 직접 방문한 것은 조선의 태조와 세조이며, 시를 남긴 것은 숙종과 정조이다.

숙종은 관동팔경 그림에 보이는 강릉 경포대의 경승을 보고 그 감흥을 시로써 노래했다. 온갖 꽃이 피고 하얗게 물안개에 덮힌 경포대의 모습을 보면서 잔을 들어 흥겨움을 즐기고 싶은 간절한 마음이 시에 가득하다. 숙종은 강릉의 경포대를 비롯한 관동팔경 모든 곳에 대한 시를 남겼는데 그것이 관동팔경시이다.

난초지초 동과 서로 가지런히 감아돌고	汀蘭岸芷繞西東
십리호수 물안개는 물속까지 비추이네	十里煙波映水中
아침햇살 저녁노을 천만가지 형상인데	朝暉夕晴千萬狀
바람결에 잔을 드니 흥겨움이 무궁하네	臨風把酒與無窮

정조正祖 역시 어떤 사람이 금강산에 갔다가 돌아와서 관동지방을 그린 병풍을 보고 감흥을 시로 썼다.

가랑비 살짝개자 푸른 기운 감아돌고	江南小雨夕嵐暗
거울같은 경포호수 비단같이 널렸구나	鏡水如綾極望平
십리의 해당화는 늦은 봄을 재촉하고	十里海棠春欲晚
갈매기떼 나지막히 소리내며 지나가네	半天飛過白鷗聲

정조는 비 개인 후의 맑은 경포호수의 모습을 사실적으로 표현하였다. 비단

처럼 맑은 경포호수 위를 갈매기가 날고 호숫가에 핀 해당화가 분위기를 더해 주는 모습을 수채화를 그리듯 단아하게 노래하였다.

안축安軸은 고려 말의 문신으로 여러 관직을 거쳐 충혜왕 때는 왕명으로 강원도 존무사存撫使로 파견되었다. 이때 『관동와주關東瓦注』라는 문집을 남겼다. 그리고 후에 경기체가인 「관동별곡關東別曲」과 「죽계별곡竹溪別曲」을 지어 문명을 떨쳤다.

비 개이자 강가에 가을 기운 감돌아	雨暗秋氣滿工城
조각배 띄어놓고 자연을 즐기네	來泛扁舟放野情
병속에 있는 땅은 먼지조차 못들어 가고	地入壺中塵不到
거울속을 노닌 사람 그림인들 그리겠나	人遊鏡裡畫難成
자욱한 물결위로 흰 갈매기 지나가고	煙波白鷗時時過
모래벌엔 당나귀가 느릿느릿 걸어가네	沙路靑驢緩緩行
서울일이 바쁘다고 노를 빨리 젓지말게	爲恨長安休疾棹

경포대에서 본 소나무
대의 북쪽은 소나무가
병처럼 정자를 감싸고
서 또 하나의 풍경을
한다.

숙종과 정조 어제시

숙종과 정조는 경포대
림을 보고 직접오지 못
는 아쉬움을 시로 남겼

오늘밤 돌아 오를 달이나 보고가세 　　　　　　　　待看孤月夜深明

　　조운흘趙云仡은 고려말 조선초기의 문신으로 1392년(태조 1)에 강릉부사로 부임하였다. 조운흘이 조선이 건국되고 첫 번째 강릉부사로 부임하였을 때 박신이 강원도 안렴사로 부임하여 강릉을 방문하였다. 이때 홍장고사가 만들어졌다. 그의 시에서도 이를 배경으로 하고 있다.

신라 화랑 안상이 놀던 경포대 　　　　　　　　新羅聖代老安祥

그 풍류 떠난지 천년 아직도 잊을 수 없네 　　　千載風流尙未忘

안렴사의 화려한 소문듣고 놀이하고파 　　　　聞說使華遊鏡浦

조각배에 홍장을 다시 태웠네 　　　　　　　　蘭舟聊復在紅粧

　　심언광沈彦光은 조선중기의 문신으로 문과에 급제하여 초임으로 사관이 되었다. 1529년(중종 24)에 유배중인 김안로의 용서를 주청하여 예조판서에 등용되었다. 그 후 관직이 이조판서에 이르렀으나 김안로가 횡포를 일삼고 그의 외손녀를 세자빈으로 삼으려고 하자 이를 극력 반대함으로써 김안로의 모함을 받아 함경도 관찰사로 좌천되었다. 1537년(중종 32) 김안로가 사사된 뒤에 우참찬을 거쳐 공조판서가 되었으나 옛날 김안로의 용서를 주청했던 일로 탄핵을 받아 사직되고 강릉으로 내려와 경포호 주변에 해운정을 건립하고 문장과 풍류를 즐겼다. 이후 복직되어 문공文恭이라는 시호를 받았으며 그의 문집으로 『어촌집漁村集』이 있다.

경포대 누정 내부
포대 내부에는 숱한 풍
객들이 남긴 시와 글씨
남아 있다.

부용만이 유독히 알려진 고장일까   芙蓉不獨占名城

마름꽃 따는 광경 이 또한 정겨운데   採採蘋花亦稱情

정철의 관동별곡

송강 정철은 강원도 관찰사로 부임하여 관동팔경을 순행한 뒤 소감을 관동별곡으로 노래하였다.

새가 날고 고기 뜀도 모두가 깊은 이치	道察飛潛魚鳥在
높고 낮음 분리하여 산과 바다 이루었네	理包高下海山成
영웅은 가고 없고 산하는 쓸쓸한데	江湖寂寂英雄去
천지에는 해와 달만 유유히 운행하네	天地悠悠日月行
취했다 깨는 길이 신선되는 비결이라	仙訣未求醒醉外
영랑선도 노닌 곳에 술자국이 완연하네	永郞殘石酒痕明

정철鄭澈은 1580년(선조 13) 강원도 관찰사로 부임하여 내·외금강산과 해금강海金剛, 그리고 관동팔경 등의 절승絶勝을 두루 유람한 후 그 도정道程과 산수·풍경·고사故事·풍속 및 자신의 소감 등을 「관동별곡關東別曲」으로 노래하였다. 이 가운데 경포대과 관련된 구절은 다음과 같다.

저녁놀이 비껴드는 현상의 철쭉꽃을 이어 밟아

신선이 타는 수레를 타고 경포로 내려가니

십 리나 뻗쳐 있는 얼음같이 흰 비단을 다리고 다시 다리어

큰 소나무 숲 그 속에 흠뻑 걸쳐 놓은 것 같고

물결도 잔잔하기도 잔잔하여 물속의 모래알을 헤아릴 만하구나

한 척의 배를 띄우고 닻줄을 풀어 정자 위에 올라가니

강문교 넘은 곁에 동해바다가 거기로구나

조용하구나 이 기상이여, 넓고 아득하구나 저 동해바다의 경계여

이보다 갖춘 데 또 어디있다 말인가? 홍장의 고사가 야단스럽구나

강릉대도호부의 풍속이 좋기도 하구나

충신·효자·열녀를 표창하기 위해 세운 정려문이 동네마다 널렸으니

요순시대의 태평성대가 이제도 있다고 하겠구나

조하망曺夏望은 조선후기 문신으로 문과에 장원급제한 뒤 승지와 대사간을 지낸 뒤 1742년(영조 18)에 강릉부사로 부임하여 경포대를 중수하고 상량문을 지었다. 그 문장이 뛰어나 당시 많은 사람들의 격찬을 받았으며 문집으로『서주

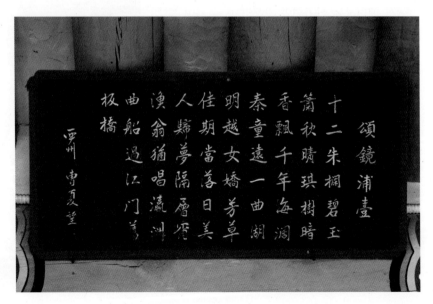

조하망의 시 현판
강릉부사 조하망은 경포대를 중수하고 상량문과 시를 남겼다.

집『西州集』이 있다.

붉은 열두 난간에 퉁소소리 들려오고	十二朱欄碧玉簫
가을날 나무숲에 향기가 나부끼네	秋晴琪樹暗香飄
진시황의 불로장생 아득히 먼 얘기요	千年海闊秦童遠
맑은 호수 구비마다 월녀의 자태로다	一曲湖明越女嬌
상큼한 풀 내음에 해는 저물고	芳草佳期當落日
미인이 꾸는 단꿈 갈피마나 서렸구나	美人歸夢隔層霄
어부의 노랫소리 귓전에 아련한데	漁翁猶唱瀛州曲
강문교 다리 밑을 조각배가 지나가네	船過江門舊板橋

위의 시는 조하망이 강원도관찰사 김상성金尙星
이 보낸 금강산과 영동·영서지역의 시화詩畵를 보
고 지은 작품이다. 고운 난간의 퉁소 소리와 숲속
의 그윽한 향기, 드넓은 바다와 맑은 호수, 호숫
가에서 배회하는 아가씨와 강문江門으로 가며 노
래 부르는 어부 등 경포대 주변의 모습을 훌륭하
게 표현하였다.

붓 끝에서 살아난 운치

경포대에 걸려 있는 현판의 글씨는 누정을 둘러
싸고 있는 소나무 만큼이나 유려하다. '경포대鏡浦
臺'라는 현판은 전서체와 해서체 두 개가 걸려 있
다. 누각의 동쪽에 걸려 있는 해서楷書의 경포대

이익회의 글씨

해서체 경포대 현판은
조 때 서예가 이익회으
품이다.

현판은 순조 때 서예가인 이익회李翊會의 글씨이다. 이익회는 조선후기 문신으로 글씨에 능한 서예가이다. 문과에 급제하여 대사간과 대사성을 거쳐 1827년(순조 27)에 이조참의가 되었다. 1843년에는 벼슬이 한성부 판윤에 이르렀으며 그의 주요 작품으로 삼우당문익점신도비三憂堂文益漸神道碑가 있다. 김조순은 이익회가 쓴 부채를 보고 다음과 같이 평하였다.

고동의 붓은 너무 좋고 먹은 너무 향기로워   古筆精佳古墨香
연기와 구름이 손을 따라 더욱 빛나는구나   雲煙隋手自輝光

  남쪽에 걸려 있는 전서篆書의 경포대 현판은 조선후기 서예가 유한지兪漢芝의 글씨다. 유한지는 조선후기 문인·서예가로 전서와 예서를 잘 써서 일대에 이름을 날렸다. 신위申緯는 '청풍군수 윤제홍의 산수화와 영춘현감 유한지의 전서·예서가 뛰어나다'고 평하였으며 추사 김정희는 '조윤형과 유한지는 예서에 조예가 깊었으나 문자기文字氣가 적다'라고 평하였다. 그는 중국과 빈번한 내

유한지의 글씨
조선후기 서예가 유한지는 전서체로 경포대 현판을 썼다.

왕에 따라 전래된 비첩碑帖을 본격적으로 익혀 고법古法을 충실히 따라서 글씨를 썼다.

경포대 누각 내부 중앙에는 '제일강산第一江山'이라는 현판이 걸려 있다. '第一江山' 현판은 평양 연광정鍊光亭에 있는 현판을 모본으로 하여 제작한 것이다. 조선말기 서화가인 소남少南 이희수李喜秀가 평양 인근에 거주하면서 관서팔경의 하나인 평양 연관정의 '第一江山' 현판을 임모하여 소장하고 있던 것을 1953년 강릉에서 경포대의 현판을 제작하기 위하여 빌려왔다. 그런데 각장으로 되었던 평양 연관정 '第一江山' 모본 가운데 '江'지를 분실하여 이 글자는 강릉 어느 서예가가 쓴 것이다.

그렇다면 평양 연광정의 '第一江山' 현판은 누구의 글씨일까? 평양의 연관정은 관서팔경關西八景 가운데 하나로 평양 대동강 변에 자리한 누정이다. 현재 평양 연광전에는 '天下第一江山'이라는 현판이 붙어 있다. 이 글씨가 중국 송나라의 명필인 미불의 글씨라는 설과 중국 명나라 서예가 주지번의 글씨라는 두 가지 설이 있다. 이중환은 『택리지』에서 주지번이 조선에 사신으로 오는 길에 연관정에 올라서 '天下第一江山'의 여섯 자를 써서 현판을 만들어 걸었는데 청나라 황제에 의해 '天下'가 없어 지고 '第一江山'만 남았다는 것이다. 원교員嶠 이광사李匡師는 『서결書訣』에서 미불의 글씨라고 주장하였다. 즉 평양 연광정의 '第一江山'의 현판은 '第一山'자는 미불의 석각서石刻書 탁본을 사용하였으며, '江'자는 처음에는 주지번이 써 놓았으나 백하白下 윤순尹淳이 현재의 '江'자로 바꾸어 놓았다는 것이다. 현재 미불의 석각서 탁본 '第一山'을 연광정 '第一江山'과 비교하면 동일한 것으로 확인된다.

이상의 두 가지 설을 종합하면 주지번이 미불의 '第一山' 석각 탁본 글씨에 '天下'와 '江' 석자를 보태어 '天下第一江山'의 현판을 연관정에 걸었다. 그런데 청나라 황제에 의해 '天下' 두 자가 잘려 나갔고 후에 조선후기 서화가인 윤순에 의해서 나머지 '江'자도 윤순의 글씨로 교체된 것으로 생각된다.

제일강산

풍광을 그림 속에 가두다

명승지를 기행하면서 그림을 그리는 전통은 고려시대부터 시작되었다. 조선후기 진경산수화가 유행하면서 유람을 하고 그것을 그림으로 그리는 사례가 급격하게 증가하였다. 관동팔경 유람은 금강산 유람에 연이어 이루어져 산과 바다의 풍광이 정형화된 구성으로 그려졌다. 경포대 그림의 경우 화면 대부분을 차지하는 넓은 호수를 배경으로 경포대와 멀리 사구 너머로 보이는 바다, 때로는 과장된 죽도봉 등이 높은 곳에서 조망하는 시점으로 그려졌다.

경포대를 그린 그림은 조선후기 진경산수화의 대가인 겸재 정선과 단원 김홍도의 작품 이외에 작자 미상의 관동 10경첩에 있는 그림과 민화 등이 전해지고 있다. 그런데 관동팔경 그림 가운데 경포대 그림이 가장 드물다. 이것은 경포대가 가지는 풍경의 특성 때문이다. 경포대는 누각에 올라 주변을 바라보면 그 경관은 관동팔경의 그 어느 것에도 뒤지지 않는다. 그러나 경포대 누각 자체를 그림으로 그릴 경우에는 주변의 경관이 다른 관동팔경과는 달리 빼어난 경관을 보여주지 못한다. 따라서 경포대는 그 명성에 비해 관련 그림이 드물다.

진경산수화의 대성자인 겸재 정선의 경포대 그림은 관동팔경 화첩의 형태로 전해지고 있다. 이 그림의 특징은 다른 경포대 그림과는 달리 바다에서 태백산맥을 배경으로 하는 경포대의 모습을 그리고 있다는 점이다. 화면의 앞쪽 근경으로 정선 특유의 바다를 묘사하였다. 그리고 바다와 호수 사이 강문 지역에 있는 솔밭과 조당마을을 통해 바다와 호수를 구분하였다. 중경으로 경포호

겸재 정선의 경포대 그

진경산수화의 대가 정선
경포대와 함께 스승이
물렀던 호해정을 화폭
남겼다.

를 원형으로 배치하고 멀리 송림 속에 언덕 위에 자리하고 있는 경포대와 호해정을 사실적으로 정밀하게 그렸다. 특히 소나무의 묘사에서 몇 개의 짧은 횡선과 하나의 굵게 내려 긋는 사선으로 소나무의 생김새를 간략하면서도 들어맞게 그리는 그만의 특색을 그대로 보여 준다. 반면 북쪽에서 남쪽으로 달리고 있는 태백산맥의 원경은 간결하고 활달한 모습으로 약간은 과장되게 표현하였다. 이중으로 된 산을 표현하면서 앞의 산은 미점으로 표현하고 뒤 쪽의 더 먼 산은 윤곽선만으로 표현하여 원근감을 나타내었다.

이 그림의 또 다른 특징은 경포대와 함께 호해정을 그리고 있다는 점이다. 정선이 경포대 그림에서 호해정을 중요시한 것은 1년간 호해정에 머물러 있었던 그의 스승 김창흡 때문이다. 호해정은 곧 김창흡을 연상시키는 것이다. 정선은 김창집, 김창흡과 이웃하고 살면서 김창흡을 스승으로 모시고 학문에 정

진하였다. 그리고 어려서부터 그림을 잘 그렸기 때문에 김창집의 추천으로 도화서에 들어가 관직에 나아가게 되었다. 당시 최고의 세력가였던 안동김씨와 깊은 인연을 맺으면서 정선의 앞길은 순조롭게 풀려나가 화가뿐만 아니라 종2품 동지중추부사의 관직에까지 오를 수가 있었다. 따라서 정선은 경포대를 그리면서 호해정을 함께 표현함으로써 그의 스승에 대한 깊은 은혜를 표현한 것으로 판단된다.

『관동십경關東十境』 시화첩 내에 경포대 그림이 있다. 시화첩 『관동십경』은 강원도 관찰사로 부임한 김상성金尚星이 1746년(영조 22) 봄에 강원도 내 여러 고을을 순시할 때 화원에게 경치를 그리게 하고, 그 그림첩을

鏡浦臺

김홍도의 경포대 그림

김홍도는 정조의 어명
받들어 금강사군첩 60폭
그리면서 경포대를 그렸

친한 이들에게 보낸 후 시를 받아 1748년(영조 24)경에 완성한 것이다. 강원도
의 아름다운 경치를 시와 그림, 글씨로 표현해 놓은 관동십경첩은 현재는 서울
대 규장각에 보관되어 있다.

　시화첩 그림은 경포대와 호수를 높은 곳에서 바라보는 부감법으로 표현하였
다. 경포호는 경포대를 경계로 하여 내호와 외호로 구분되어 있으며, 호수에는
낚시질을 하는 어옹漁翁과 갈매기의 한가로운 모습을 소담스럽게 그리고 있다.
호수 한가운데 있는 새바위에는 갈매기가 한 마리 자리하고 있고, 경포대 옆에
는 한 마리의 새가 날갯짓을 하고 있어서 한가한 호수의 모습을 느끼게 한다.
호수와 바다가 경계되는 곳에는 백사장과 함께 현재의 죽도봉이 그려져 있고,
초당과 경포대 뒤쪽에는 소나무 사이로 꽃들이 만발하여 봄날의 정취를 느끼
게 한다. 멀리 강문江門 너머로 보이는 동해 바다에는 아침 해가 떠오르는 일출

모습과 함께 햇살을 받으며 바람을 타고 흘러가는 돛단배가 정겹다.

김홍도의 「금강사군첩」에 경포대 그림이 있다. 「금강사군첩」은 60폭으로 알
려져 있는 진경산수 화첩이다. 본래 이 화첩은 김홍도가 관동지방의 해산승경
海山勝景을 그려 오라는 정조의 어명을 받들어 찰방 김응환과 함께 영동 아홉 개
군으로부터 명승지를 두루 노니면서 매번 지나가는 곳마다 그 뛰어난 경치를
그린 것이다. 김홍도 나이 44세인 1788년 가을에 왕명을 받들어 금강산을 비
롯한 관동지방의 해산승경을 70폭 그림으로 그려 바쳤고, 정조는 이를 5권의
화첩으로 만들어 왕실에 보관하였다. 그 뒤 1809년(순조 9)에 순조가 이 화첩을
매제인 홍현주에게 하사하였다.

김홍도의 경포대 그림은 진경산수의 대표적인 작품이다. 경포대와 호수를
높은 위치에서 내려다 보며 그리는 방식인 부감법을 사용하였다. 김홍도의 경

포대 그림은 다른 그림과는 달리 경포호 가운데 내호를 제외하고 외호를 중심으로 그렸다. 이는 외호에 자리한 경포대 그림에 이어서 내호에 있는 호해정을 따로 분리하여 그렸기 때문으로 생각된다. 화폭 한가운데 경포호를 배치하고 그 호수 주변의 경관들을 그림으로써 상대적으로 경포호수의 거대함을 표현하였다. 근경으로 한 가운데 경포대를 배치하고 양팔로 호수를 끌어 안듯이 좌우로 연안을 표현하였다. 중경으로 자리잡은 호수 안에는 새바위와 함께 홍장암이 그려져 있고, 호수 한가운데 유람선이 한가로이 노닐고 있다. 유람선 안에는 뱃사공 이외에 세 사람이 자리하고 있으며, 특히 지붕 아래 자리한 선비는 조용히 경포대를 비롯한 호수 주변을 감상하고 있다. 원경으로 백사장과 죽도봉 너머로 동해 바다가

강문동 진또배기 일출

강문동에 자리한 솟대 또배기에 수많은 사람들이 소원을 빈다.

보인다. 수평선에는 두 척의 돛단배가 돛을 수평선 위로 내밀고 있다. 죽도봉 아래에는 강문마을이 보이고, 오른쪽 솔밭에는 초당마을이 보인다.

경포대를 그린 그림은 전통회화 이외에 민화가 많이 남아 있다. 민화 산수화는 병풍의 형태로 집안 장식용으로 이용되었다. 특히 소재로 금강산과 관동팔경이 가장 많이 애용되었기 때문에 관동팔경의 하나인 경포대는 반드시 한 폭을 차지하고 있었다. 민화 산수화는 실경을 그리는 전통산수화와는 달리 환상적이고 관념적으로 표현하고 있는 것이 특징이다. 경포대는 민화를 통해 민중 속으로 들어가 우리 모두의 경포대가 되었다.

참고문헌

강릉문화원, 『강릉의 누정자료집』, 강릉문화원, 1997
국립춘천박물관, 『경포대』, 그라픽네트, 2012
김기설, 『경포호수와 그 주변의 문화』, 강릉시, 2001
박영주 외, 『강릉문화 이야기』, 강릉문화재단, 2012
방동인, 『영동지방 역사기행』, 신구문화사, 1995
장정룡 외, 『경포대와 경포호의 문화산책』, 새미, 2009
홍순욱, 「강릉 경포대 小考(1)」, 『임영민속연구』 제3호, 1998

선교장

선교장

아름다운 사람, 아름다운 집

　강릉 선교장은 아름다운 사람이 사는 아름다운 집이다. 사람과 집은 하나다. 사람을 보면 그 사람이 사는 집이 보이고, 집을 보면 그 집에 사는 사람의 모습이 느껴진다. 특히 우리나라에서는 집 안에 사는 사람뿐만 아니라 집도 하나의 인격체라고 인식하여 집과 사람을 하나로 간주하였다. 따라서 선교장의 역사는 선교장이라는 건축물의 역사일 뿐만 아니라 선교장에 살았던 사람의 역사이다.

　선교장의 색깔은 푸른색이다. 뒷산이 푸르고, 집 앞의 호수가 푸르고, 사람들의 마음이 푸르다. 선교장 뒷산에는 수백년을 지켜온 노송들이 가득하다. 노송들은 비바람이 불고 눈보라가 몰아쳐도 푸른빛을 잃지 않는다. 선교장 앞은 맑고 푸른 경포호수였다. 그래서 선교장은 배를 타고 건너 다니는 집, 곧 배다리집이 되었다. 푸른 산과 푸른 호수 속에서 살아온 선교장 사람들은 그래서 마음까지 푸르다.

　선교장에는 향기가 있다. 솔향과 연향, 그리고 사람의 향기이다. 솔향은 강릉의 향기이며 소나무는 강릉을 대표하는 나무이다. 선교장 뒷산에 멋들어지게 자리한 소나무에서 언제나 강릉의 향기인 솔향이 퍼져 나간다. 연향은 배다리골의 향기이다. 여름 활래정 연못에는 우아한 자태의 연꽃이 핀다. 연꽃에서

흐르는 은은한 향기는 배다리골을 가득 채워 넘치게 한다. 사람의 향기는 선교
장의 향기이다. 따사로운 인심에서 나오는 선교장 사람들은 솔향, 연향과 어울
려 선교장 사람만의 독특한 아름다움을 만들어 간다.

우리나라 최고의 살림집

선교장은 우리나라의 전형적인 양반 상류주택으로 그 규모가 전국에서 가장
크다. 현재 남아 있는 본채의 규모는 건물 9동에 총 102칸이며, 건평은 318평
에 이른다. 배다리골에 있었던 부속건물과 별채, 초가까지 포함하면 선교장은
대략 300칸에 이르는 대장원이었다.

선교장의 규모가 이처럼 클 수 있었던 것은 당시 주인이 '만석꾼'이라는 소리를 들을 정도로 대지주였기 때문이다. 선교장은 영동지방은 물론 강원도 일대의 땅 상당 부분을 소유하고 있어서 일년 수확물도 세 곳에 나누어 저장할 정도였다. 이 집을 중심으로 지역을 남북으로 나누어 주문진 북쪽에서 생산되는 수확은 북촌北村(주문진 일대)에 저장했고, 강릉 남쪽으로부터 들어오는 수확은 남촌南村(묵호 일대)에 저장하였다. 다만 선교장 부근의 정동亭洞(경포 일대)을 중심으로 한 강릉지역에서 생산되는 수확만을 본가에 저장하였다. 선교장이라는 집 이름은 경포호수가 지금보다 훨씬 넓었을 때 이 집 앞에까지 배를 타고 건너다닌 데서 유래한다. 지금 경포호의 둘레는 4km에 불과하지만 선교장이 지어질 당시 경포호수는 둘레가 지금의 3배에 달하는 12km였다. 그때 선교장 활래정 바로 앞까지 물이 차서 나루터가 있었고, 나루터에서 다리를 건너 선교장에 닿을 수 있었다. 그래서 선교장으로 드나들 때 배를 타고 건너다닌다고 하여 '선교장船橋莊' 혹은 '배다리집'이라고 불렀다.

선교장이라는 집 이름에 '장莊'을 붙인 것은 장원莊園이라는 의미이다. 조선시대 상류주택의 택호에는 '당堂' '헌軒' '각閣' 등을 붙이는 것이 일반적이다. 그런데 유독 선교장에만 '장莊'을 붙인 것은 그 규모가 현존하는 일반적인 상류주택과는 달랐기 때문이다. 일반주택이 가족만을 위한 공간이었던 것과는 달리 선교장은 가족을 위한 살림 공간뿐만 아니라 전국에서 방문하는 손님과 친족을 위한 접객공간, 집안일을 돌보는 이들이 거주하는 농막과 부속공간 등 대규모의 장원을 형성하고 있었다. 따라서 선교장은 안채와 사랑채, 가묘, 행랑채뿐만 아니라 동구 밖의 정자, 주변의 초가, 경포호숫가의 방해정까지를 포함하는 대저택이었다.

활래정 전경

선교장은 여러 대에 걸
지어졌기 때문에 각각
건물이 건축 당시의 주
을 닮아 있다.

주인을 닮은 집

집은 그 주인을 닮는다. 집은 그곳에 살고 있는 주인의 의지에 따라 지어지고
고쳐지기 때문에 집이 주인을 닮는 것은 어쩌면 당연한 결과이다. 선교장은 어
느 특정시기에 건축된 집이 아니다. 선교장은 1760년대에 처음 지어진 이래로
200여 년 동안 적어도 네 차례 대대적인 확장과 고쳐짓기를 거듭해 왔다. 그리
고 선교장의 주인도 선교장을 처음으로 지은 이내번을 1대(代)로 한다면 현재 선
교장을 지키고 있는 이강백은 9대(代)에 해당한다. 역대 선교장의 주인은 자신의
의지와 경제적인 배경, 그리고 시대적 변화를 바탕으로 여러 차례 확장하고 고
쳐 왔다. 특히 선교장의 획기적인 변화는 1대 이내번李乃蕃, 3대 이후李垕, 6대 이
근우李根宇, 9대 이강백李康白이 주인이었을 때이다.

이내번(1693~1781)은 강릉 입향조로서 선교장을 창건하였다. 이내번은 전주 이씨 효령대군의 11세손으로 그의 아버지 이주화李胄華 대代까지는 충주에 살았다. 그의 아버지가 죽고 나서 이내번은 어머니 권씨와 함께 외가쪽 연고가 있는 강릉으로 이주하였다. 지금의 경포대 주변인 저동에 자리잡은 이내번 모자는 착실하게 재산을 모았다. 이를 바탕으로 새로운 터전을 물색하던 중 나루터가 있어 교통이 편리하고, 넓은 들이 있어 영농에 편리한 곳인 지금의 선교장 자리에 집을 짓고 뿌리를 내리게 되었다.

당시 이내번이 지은 집은 口자형의 주택으로 안채와 사랑채, 아래채 등이 하나의 구조물로 연결되고 폐쇄된 안마당을 갖고 있는 강릉 일대에서 흔히 볼 수 있는 전형적인 상류주택이었다. 당시 선교장의 규모는 이내번 내외, 자녀들로 이루어진 직계가족이 생활하기에 적절한 것이었다.

이후(1773~1832)는 이내번의 손자로 현재 선교장의 기본 틀을 마련하였다. 즉 보통 상류주택 수준의 선교장을 경제적·건축적 측면에서 대규모 저택으로 바꾸어 놓았다. 즉 안채의 아래채를 증축하고, 사랑채인 열화당과 서별당을 지었으며, 열화당 뒷산에 팔각정과 동구에 활래정을 조성하였다. 이후가 이처럼 선교장의 규모를 크게 늘린 이유는 당시의 대가족을 부양해야 하는 의무감과 풍류의 생활을 이상으로 여기는 은둔처사적隱遁處士的 생활방식 때문이었다.

이후는 직계가족뿐만 아니라 지손支係의 가족까지 부양해야 하는 의무를 실천하기 위해 선교장의 규모를 확대하였다. 이후는 부친이 죽은 13세 때부터 어린 나이에도 불구하고 두 동생 승조와 항조를 키웠으나, 둘 다 어린 조카들을 남긴 채 일찍 세상을 떠났다. 따라서 그는 자신의 두 아들뿐만 아니라 두 동생의 가족까지 분가시키지 않고 한 집안에 어울려 살게 하면서 대가족을 부양하였다. 그때까지도 낯선 땅 강릉에서 일가붙이라고는 단 3형제뿐이었는데 두 동생마저 일찍 세상을 떠나 혼자 남게 된 이후는 가족을 최우선으로 생각할 수밖에 없었다. 이후는 안채의 아래채를 증축해 승조의 가족을 거처하게 했고, 열화당을 지어 항조의 가족들을 거처하게 하였다. 그 앞에는 '작은 사랑채'를

안채와 동별당

안채와 동별당은 이내█
의해 선교장에서 가장█
저 지어졌으며, 동별█
이후 중수되었다.

지어 집안의 젊은이들로 하여금 사용하게 하였다.

한편 이후는 후손들에게 '처사공處士公'으로 불려지게 될 만큼 이 집안에서 은 둔처사의 표본적인 인물이었다. 과거에 응시하였으나 낙방한 이후는 일체 중 앙정계 출입을 금하고 가사 경영에 전념하면서 선비들과 어울려 시문詩文을 즐 기는 풍류의 생활을 이상으로 삼았다. 그래서 팔각정과 활래정과 같은 풍류의 장소를 마련하였다. 즉 열화당 뒷산에는 '팔각정'을 지어 송림松林 속에서 동리 를 굽어볼 수 있게 하였다. 동네 어귀에는 네모난 연못을 파고, 가운데 섬을 만 들었다. 연못에는 연꽃을 심고, 섬 위에는 활래정이라는 작은 정자를 만들었다.

이근우(1877~1938)는 이내번의 6세손으로 한말에서 일제시대까지 격변기에 선교장의 주인이 되어 선교장을 하나의 장원으로 성장시켰다. 이근우는 격변 기 속에서도 대범하고 적극적인 성품으로 다방면에서 활동하였다. 그는 영동 지방 최고의 부자로서 수많은 소작인을 통제하고 위세를 떨친 봉건적 대지주 이면서도, 배다리골에 '동진학교'를 세워 쓰러져 가는 나라의 인재를 양성하고 자 했던 선각자인 동시에 애국자였다. 그리고 집 앞에 버젓이 '소실댁'을 지어 둘째 부인을 들어 앉힌 대담싱을 보이면서, '활래정'을 중건하여 중앙정계를 비롯한 전국의 유명인사들과 교류하는 사회성을 보여주기도 하였다.

이근우는 활래정活來亭을 지금의 모습으로 중건하여 전국적인 정치가, 명망가, 시인묵객들과 교류하였다. 한말에는 영의정 조인영에서부터 러시아 영사에 이르기까지 당시 최고 관료들과 교류하였으며, 근대기에는 이시형과 여운형 등 거물급 정치인들과 교류하였다. 그리고 당시 최고의 문인들과 서화가를 초청함으로써 집안 곳곳에 그들이 남긴 문학작품과 서화작품을 남기게 하였다. 한편 우리나라 사학私學의 효시인 동진학교東進學校를 세우고 여운형 등 유수한 인물을 초빙하여 인재를 양성하기도 하였다.

이근우는 안채의 일부를 헐어내고 현재의 동별당을 앉혔으며, 행랑채 대문 밖에 번듯한 소실댁을 세웠다. 그리고 배다리골 안에 여러 부속 농막들을 건립함으로써 선교장의 영역을 행랑으로 구획된 건물 안에서 배다리골 전체로 확장시켰다. 뿐만 아니라 경포호 전체를 이씨가의 별장으로 활용하기 위해 방해정을 중수하고 그 옆의 대규모 솔밭을 중심으로 '이가원李家園'이라는 정원을 조성하기도 하였다. 이로써 선교장은 주택住宅의 개념에서 장원莊園의 개념으로 바뀌게 되었다.

활래정

활래정은 이후에 의해 처음 건립되었으며, 이근우에 의해 현재의 모습으로 중건되었다.

독창적인 사대부 상류주택

선교장은 조선후기 양반가의 전형적인 상류주택이면서도 매우 예외적인 존재이다. 선교장은 일반 사대부의 집들과는 다른 특징을 가지고 있다. 첫째 주택이 아닌 장원莊園이다. 선교장船橋莊이라는 집이름의 '장莊'이라는 글자에서 알 수 있듯이 일반 주택의 개념이 아닌 장원莊園의 개념을 가지고 있었다. 장원은 경

제적으로 대규모의 토지를 소유하고 주인이 정치적·사회적 지위를 가지고 있어야 한다. 아울러 이에 상응하는 건축적 공간이 마련되어 있을 때 장원이라고 부를 수 있다. 즉 장원은 경제적·정치사회적·건축의 복합체인 것이다.

선교장은 경제적으로 만석꾼이라는 이름에 걸맞는 많은 토지와 재산을 소유하고 있었을 뿐만 아니라 수백 명에 달하는 소작인 조직, 지역별로 설치된 곡물창고를 가지고 있었다. 이같은 선교장의 경제력은 장원 운영의 경제적 토대

안개 낀 활래정
활래정은 우리나라 최고의 정으로 전국에서 숱한 인묵객들이 모이는 교류 장소였다.

가 되었다. 그리고 당대의 정치 실세들, 최고의 예술가들, 심지어 외교사절들과도 교류함으로써 선교장은 전국적인 범위의 정치·사회적 중심지가 되었다.

한편 선교장은 이에 걸맞는 건축적 공간을 마련하고 있었다. 직계가족을 위한 안채 영역과 함께 전국에서 모여드는 손님과 식객을 접대하기 위한 열화당 영역, 활래정 영역, 방해정 영역 등을 가지고 있었다. 열화당悅話堂은 공식적인 접객장소인 동시에 수많은 손님들끼리의 교우 장소로써 비교적 개방적이고 공공적인 접객공간이었다. 반면 활래정活來亭은 주인과 친분이 두터운 손님들만의 반공공적인 접객장소로써 이용할 수 있는 사람의 자격도 엄격하였으며, 그 수도 제한되어 있었다. 안채 영역의 동별당東別堂은 통상적인 사랑채였다. 여기서는 집안 식구들 간의 교류는 물론 가문의 친족들이 모여서 가문의 일을 상의했던 사적인 접객공간이었다. 배다리골에 설정된 이 세 공간과는 별도로, 경포호수 옆에 마련된 방해정放海亭은 장기 체류하는 귀한 손님들이 사용할 수 있는 일종의 별장이었다.

둘째, 선교장은 가족을 위한 사적공간과 외부 손님을 위한 공적공간의 집합체이다. 대가족이 사는 주택과 외부 손님을 위한 주택, 두 부분으로 이루어진 독특한 집이다. 동쪽 안채와 동별당이 가족용 주택이라면, 서쪽 열화당 부분은 외부 손님을 위한 주택이다. 열화당은 사랑채가 아니라 손님을 위한 공간이다. 사랑채는 안채 옆의 동별당이다. 동별당과 안채는 그 자체로 완결된 하나의 주택이며, 열화당 부분은 또 다른 주택이다.

이 두 영역 사이에 서별당 영역이 삽입되어 있다. 서별당 영역은 서별당과 연지당으로 구성되어 있다. 서별당은 집안의 아이를 모아서 교육하는 서재의 역할을 하였다. 그리고 연지당은 주로 여자 하인들이 기거하면서 외부 손님들의 동태를 살피고, 서별당의 아이를 돌보는 기능을 하였다. 그런데 서별당 영역은 마루를 통해서 은밀하게 연결되어 있다. 또한 줄행랑에는 두 개의 대문이 있는데 동쪽 안채쪽 대문은 평대문으로 가족용 대문, 서쪽 열화당 쪽의 대문은 솟을대문으로 손님용 대문이다.

대문

셋째, 선교장은 건물의 배치 구성면에서 분산형分散形으로 분류된다. 한국 주택의 배치 구성은 집중형과 분산형 두 가지로 나눌 수 있다. 선교장은 그 중 분산형 배치를 한 집으로 안동지방의 집중형 주택과는 또 다른 묘미가 있다. 통일감과 짜임새는 조금 결여되었으나 다른 상류 주택에서 볼 수 없는 인간미가 넘치는 활달한 공간 구조를 가지고 있다.

일반적으로 상류주택은 평면의 형상에 따라 일日자형, 월月자형, 구口자형, 용用자형 등의 길상문자형吉祥文字形의 공간구조를 가지고 있다. 그러나 선교장은 다른 주택에서 보이는 이같은 유교적 규범이나 허세가 전혀 보이지 않는다. 전체적으로 일반 사대부집과 달리 일정한 법식에 구애받지 않고 자유스러우면서도 유기적으로 연결되어 있음을 알 수 있다. 이는 선교장을 한 번에 일괄적으로 지은 것이 아니라 거의 200여 년에 걸쳐 점진적으로 확장해 왔기 때문이다.

넷째, 선교장은 추운 지방의 폐쇄성과 따뜻한 지방의 개방성이 공존하고 있다. 우리나라의 살림집은 대개 지역적인 특성이 있다. 춥고 눈이 많이 오는 산

행랑채와 솟을 대문

행랑채는 23칸으로 우리라에서 가장 큰 규모이가운데 남자들이 출입하솟을 대문이 있다.

골짜기 집과 따뜻하고 넓은 들판에 자리 잡은 남쪽 집의 성질이 판이하게 다르다. 남쪽지방으로 내려갈수록 개방공간인 마루나 대청의 분포가 많아진다. 북쪽지방은 추위를 막기 위해 폐쇄적인 공간배치를 하는데 강릉지방의 특징은 안채 부분은 양통집 구조로 안방이 田자형을 이루고 있다.

그런데 선교장은 북쪽지방 유형인 이중 온돌에 서울을 중심으로 한 중부지방의 한옥 양식인 ㄱ자형 '안뜰', 그리고 이 지방 특유의 담과 담지붕 등이 혼용되어 있다. 선교장 사랑채의 높은 마루와 넓은 마당은 아주 시원한 느낌을 주며, 안채의 낮은 마루와 아늑한 분위기는 사랑채와 대조를 이룬다. 이처럼 선교장은 여러 지방의 특색을 혼용하여 지은 것이 특징이다.

다섯째, 선교장은 조선시대 각 신분별 생활상을 극명하게 보여준다. 조선시대 주택은 신분에 따라 양반의 상류주택, 중인의 중류주택, 평민과 노비의 서민주택으로 구분된다. 선교장에는 상류계급인 선교장 주인의 호화로운 주택과 더불어 소작농 및 노비들의 서민주택인 초가들이 공존하고 있어 조선시대 각 계급별 생활상을 피부로 느낄 수 있다.

본채인 선교장으로 들어서기 전, 행랑채 바깥에 몇 채의 초가들이 남아 있다. 이들 초가는 선교장의 소작인과 노비들이 거주하는 집이다. 이들 초가는 마당에 있는 수십평의 연못에 정자의 온갖 멋을 살려 만든 호화로운 활래정과 100칸이 넘는 본채와 비교할 때 초라하기 이를 데 없다. 이로써 우리는 조선시대 각 신분별 생활상의 극명한 대조를 보게 된다.

열화당과 활래정

선교장을 대표하는 건축물은 열화당과 활래정이다. 열화당과 활래정은 건축적으로 가장 뛰어난 건물인 동시에 선교장 정신을 상징하는 건물이다. 열화당이 가족을 소중하게 여기는 가족중심주의 사상을 보여주는 건물이라면, 활래정은 진취적이고 개방적인 선교장의 기상을 보여주는 건물이다.

열화당은 큰사랑으로 대주大主가 머무는 건물답게 사랑 마당보다 1.5m 높은 곳에 자리하고 있다. 열화당에 앉아서 마당을 내려다보는 내주를 마당에 있는 사람들이 올려보도록 하여 대주의 권위를 건축적으로 표현하였다. 대주는 이곳에서 선교장을 총괄하였으며, 손님들을 접대하고 친척들과 환담하였다. 따라서 열화당은 선교장의 건축물 가운데 가장 핵심이 되는 건물이다.

열화당悅話堂이라는 집 이름은 중국 진晉나라의 시인 도연명陶淵明의 귀거래사歸去來辭에서 차용하였다. 열화당을 건립한 이후는 귀거래사의 '친척들과 정다운 이야기를 즐겨 나눈다悅親戚之情話'는 구절처럼 전원에 묻혀 가족, 친척들과 따사로운 대화를 나누며 즐거움을 얻고자 하였다. '일가친척이 늘 열화당에 모여 정담을 나누고 싶다'는 열화당이라는 집 이름은 선교장의 가장 소중한 가치가 되었다.

열화당은 큰 대청과 온돌방, 그리고 작은 대청으로 구성되어 있다. 큰 대청은 여름철 많은 손님들이 모여 시회詩會 등을 열던 곳으로 대들보가 T자형으로 되어 있는 것이 특징이다. 흔히 볼 수 없는 T자형 대들보는 목재가 주는 질감과 크기가 우리나라 건축의 또 다른 아름다움을 느끼게 한다. 큰 대청은 특히 여름철에 문짝을 전부 떼어 걸어 놓으면 전후좌우가 통풍이 될 뿐만 아니라 주변의 경치를 건물 안으로 끌어들여 자연의 정취를 만끽할 수 있다. 뒷산에 있는 노송과 열화당 옆에 있는 계화나무, 뒤뜰에 서 있는 수백 년 수령의 백일홍 등이 열화당에서 바라보는 아름다움이다. 반면 작은 대청은 몇몇 사람들이 정겨운 이야기를 나누는 오붓한 공간이다.

열화당 앞의 차양遮陽은 러시아 공사가 선물한 것이다. 선교장의 초청을 받은 러시아 공사가 감사의 표시로 러시아제 동판 차양을 선물하였다. 사각형의 돌 초석 위에 팔각기둥을 세우고, 연꽃모양을 장식한 다음에 동판을 올려 차양시 설을 하였다. 이같은 모양의 차양은 창덕궁 연경당 선향재善香齋의 차양을 모방 한 것으로 우리나라 살림집에서 흔히 볼 수 있는 것은 아니다. 여기서 선교장 주인의 진취성을 엿볼 수 있다.

활래정은 주자朱子를 흠모하며 지은 정자이다. 당시 유학자들은 중국의 주자 가 무이산 무이구곡武夷九曲에 건립한 무이정사武夷精舍를 최고의 이상향으로 삼았 다. 따라서 정자 이름도 주자의 시 〈관서유감觀書有感〉에서 인용하여 활래정活來亭 이라 하였다.

열화당

화당은 큰사랑으로 선교
의 핵심적인 건물이다.

**열화당에서 바라 본
행랑채**

동판으로 만든 차양이
치되어 있는 열화당은
님들이 모여 시회를 열
곳이다.

작은 연못이 거울처럼 펼쳐져	牛畝方塘一鑑開
하늘과 구름이 함께 어리네	天光雲影共徘徊
묻노니 어찌 그같이 맑은가	問渠那得淸如許
근원으로부터 끊임없이 내려오는 물이 있음일세	爲有源頭活水來

활래정이라는 이름의 의미는 '끊임없이 활수活水가 흘러 들어오는 정자'라는
뜻이다. 실제 활래정에는 서쪽의 태장봉으로부터 끊임없이 맑은 물이 이 연못
으로 흘러 들어오도록 되어 있다. 그리고 전국 최고의 풍류객이 모이는 풍류공
간이 되었으며, 한발 앞서 선진문물을 과감하게 수용하는 선교장의 진취적이
고 미래지향적인 모습을 상징한다.

활래정은 창덕궁 비원祕苑의 부용정을 닮았다. 연못 속에 돌기둥을 받쳐 누형

식으로 지어져 있어 건물의 일부가 물 가운데 떠 있는 형상이다. 연못 속에 세워진 네 개의 돌기둥도 원형圓形이 아닌 네모난 방형方形으로 다듬어 세움으로써 물 위에 정자가 비칠 때 기둥의 선이 보다 선명하게 보이도록 하였다. 기둥 모양 하나에서도 세심한 배려를 하는 궁실건축의 화려하고 치밀함이 활래정에 그대로 적용되고 있음을 알 수 있다.

활래정에서 바라보는 경치는 선경仙境이다. 사방에 벽이 없으며, 문으로만 둘러져 있다. 그리고 돌아가면서 난간이 있는 툇마루를 설치하여 개방성을 강조하였다. 문을 모두 열어놓으면 정자 속에 앉아 있어도 주변의 자연을 방안 가득히 끌어들여 인간과 자연이 일체가 될 수 있다. 활래정 누마루에서 시인 묵객들이 모여 연회가 벌어지면 주변의 풍경과 소리는 시정詩情이 된다. 활래정에서 받은 감동이 숱한 시詩·서書·화畵가 되어 벽에 걸려 있다.

실리·상생·나눔의 경영철학

선교장은 조선후기를 대표하는 부잣집이었다. 부자가 존경을 받기 위해서는 세 가지 조건이 필요하다. 첫째 재산을 모으는 방법이 정당해야 한다. 둘째 재산을 행사하고 유지함에 있어서 구성원에게 원망을 듣지 않고 남에게 피해를 주지 않아야 한다. 셋째 재산을 사용함에 있어서 사회적으로 유익한 가치가 있어야 한다. 만석꾼으로 불리우며 대장원을 경영하였던 선교장은 그들만의 경영철학이 있었다. 실리경영, 상생경영, 나눔경영이 그것이다.

선교장은 양반이라는 명분보다는 경제적 이익이라는 실리를 선택하였다. 선교장은 과감하게 염전의 운영을 통해 부를 축적하였다. 강릉지역의 토호들이 명분 때문에 의도적으로 멀리한 염전업을 시작하였다. 소금과 염업은 인간의 생명유지와 국가의 존립과 직결될 만큼 중요한 것이었다. 그리고 새로운 농업기술을 적극적으로 도입하면서 개간開墾을 통하여 새로운 농지를 확대하였다. 당시 개간은 세금이 면제되는 등 매우 경제적이었다. 이처럼 선교장은 명분과 체면을 중요시하는 사회적 논리가 아니라 실질적으로 이익을 가져다 주는 경제적 논리를 바탕으로 대장원을 경영하였다.

선교장은 과욕을 경계하며 공생의 원칙에 따라 상생경영을 하였다. 선교장을 만석꾼의 대장원으로 성장시킨 이후는 스스로 과욕을 경계하였다. 스스로 자신의 이름을 면조冕朝에서 후厚로 바꾸었다. 과욕을 스스로 경계하기 위해 모

든 것이 가득찼다는 의미로 이름을 두터울 후厚로 바꾼 것이다. 지나친 부의 축적은 오히려 재앙이 될 수 있다는 경계를 자신과 후손들에게 보여주기 위한 사대부 가문에서 반드시 지키는 것이 일반화되어 있는 항렬자의 사용을 포기하면서까지 이름을 바꾼 것이다.

그리고 나눔을 통하여 공생할 것을 천명하였다. 이후는 자손들에게 바른 방법으로 재산을 일으켜 그것을 나눌 것을 유언으로 남겼다. 즉 '사람들이 재산을 일으키는 데 있어 올바른 도리에 따르면 일어나고 도리에 거스르면 망한다. 사람이 나누지 않으면 하늘이 반드시 나눌 것이다. 만약 하늘이 나눈다면 먼저 화를 내릴 것이다'라며 스스로 나누어 공생할 것을 강조하였다. 이같은 상생경영 철학은 선교장 운영의 기본 원칙이 되었다.

강릉 선교장의 토지 경영은 철저하게 인정人情을 바탕으로 소작인小作人과 공

생共生하는 방식을 채택하였다. 소작인의 선정과 경영에 있어서 가장 중요한 기준은 소작인의 생활 안정과 경제적 독립이었다. 소작인을 선정함에 있어서 소작인의 입장에서 그들의 생활이 안정될 수 있도록 하였다. 소작인의 교체는 그들이 원하지 않으면 하지 않는 것을 원칙으로 하였다. 선교장이 소유하고 있었던 만인솔萬人率은 소작인에 대한 선교장의 배려를 상징한다.

선교장은 토지를 매입하여 농지를 확대하면서 무리한 방법을 절대 사용하지 않는 것을 원칙으로 하였다. 스스로 농지를 구입하기 위해 적극적으로 나서기보다는 농지를 팔고자 하는 사람이 찾아올 때만 그들의 농지를 매입하였다. 농지 구입을 적극적으로 추진하면 농민들의 원성을 들을 수 있기 때문이다. 그리고 농지를 매입할 경우 소유주가 자신이

판 농토를 소작하고자 하면 허락하는 것이 관례였다. 흉년 등으로 농지를 팔지 않으면 안되는 불가피한 상황으로 몰린 농민이 농지를 팔지만 그 이후 생계 대책은 막막한 경우가 대부분이었기 때문이다.

선교장은 공익을 우선하여 선교장을 경영하였다. '돈을 버는 것은 기술이고, 돈을 쓰는 것은 예술이다'라는 말처럼 돈을 사용하는데 공익을 우선하는 원칙을 지켰다. 개인보다는 공익을 우선함으로써 '노블레스 오블리주' 즉 높은 신분에 상응하는 도덕적 의무를 실천하였다. 공익경영은 공공의 이익이 곧 선교장의 이익이라는 인식에서 비롯되었다. 나라의 이익, 지방민의 이익, 문화 예술인의 이익이 곧 부메랑이 되어 다시 선교장의 이익으로 돌아왔다.

선교장은 나라를 우선하는 경영을 하였다. 한말 나라가 위기에 처했을 때 나라를 회생시킬 방안으로 근대학교인 동진학교東進學校를 설립하였다. 신식교육을 통해 쓰러져 가는 나라를 다시 일으켜 세울 인재를 양성하고자 하였다.

활래정 전경

선교장은 실리경영, 상영, 나눔경영을 통해 과 소통하였다.

선교장 별채
교장은 소작인에 대해
정에 바탕을 둔 공생을
구하였다.

그리고 한일합방 이후에는 나라의 광복을 위해 독립자금을 지원하였다.

　그리고 선교장은 지역 빈민들을 적극적으로 구제하였다. 가뭄, 홍수, 풍해, 설해 등으로 백성들이 엄청난 고통을 받을 때마다 창고에 있는 곡식을 풀어 지역의 빈민들을 적극적으로 구제하였다. 이의구는 통천군수로 재직하면서 흉년이 들어 백성들이 굶주리자 선교장 창고에 있는 수천석의 쌀을 내어 백성들을 구휼하였다. 중앙정부의 진휼 재원이 이미 바닥난 상황에서 이의구는 자신의 개인 창고를 열어 지역 빈민을 구제하는 선정善政을 베풀었고, 그 명성은 마침내 선교장을 '통천댁'이라고 부르게 되었으며, 창고를 열어 백성을 구제하는 것이 선교장의 전통으로 자리하게 되었다.

　선교장은 전국 최고의 문화공간으로 전국 최고의 풍류객이 모여들었다. 활래정과 같은 풍류공간을 만들고 과객들에게 후한 대접과 함께 여행에 필요한

편의를 제공하면서 관동팔경과 금강산을 여행하는 풍류객들이 선교장에 머무르게 되었다. 이들이 남긴 문화 예술품은 당시 최고 수준이었으며, 이들을 통해 중앙과 소통할 수 있는 길도 열리게 되었다. 그리고 선교장은 전국 최고의 문화공간을 지역 문화 예술인들에게 개방하고 가난한 문화 예술인에게 후견인 역할을 하였다. 문화 예술인이 자신들의 창작에 몰두할 수 있도록 숙식을 무한정으로 제공하였다. 아울러 그들이 경제적인 제약을 받지 않도록 후원을 아끼지 않았다. 문화 예술인들은 선교장에서 전국 최고의 문화 예술인과 교류하면서 오직 자신의 창작활동에만 전념할 수 있었다.

장서와 출판의 인문정신

선교장은 독서, 저술, 출판의 가장 모범적인 책 문화를 실천하였다. 조선시대 사대부가에서 선비들이 해야 할 일은 독서하고, 저술하고, 출판하는 것이었다. 선교장은 서울의 유명한 장서가들과 교류하면서 서적의 구입, 감별, 수장법 등을 배워 강원도 최고의 장서가가 되었다. 선교장의 장서는 3천 4백여 권에 이르는데, 위로 경사자집經史子集으로부터 아래로 패관소설, 의복醫卜, 종교 서적에 이르기까지 갖추지 않은 것이 없었다.

선교장은 장서를 문중은 물론 지역사회에 개방하였다. 서적은 공물公物이며, 사사로이 차지할 수 없는 것이라는 인식에서 모든 사람들에게 장서를 이용할 수 있도록 개방하였다. 선교장의 장서는 비록 개인 도서관이지만 일반인들에게 개방함으로써 선교장을 학문과 문화의 공간으로 만들었다. 최신 정보와 지식을 접할 수 없는 지방의 한계를 극복할 수 있도록 선교장은 중앙의 벌열가문들과 마찬가지로 다양한 서적을 소장함으로써 지방민들에게 최신정보와 지식을 제공하였다. 이같은 선교장의 전통은 최근 열린 도서관으로 부활하였다.

대문 선교유거 현판

장은 문화 예술인을
하였다. 선교유거는 소
희수가 쓴 글씨이다.

선교장은 선대의 문집을 직접 인쇄하여 출판하였다. 선교장은 석판인쇄기를 구입하여 설치하고 기술자를 고용하여 활래정에서 직접 인쇄하고 발간하였다. 조선후기 목활자를 개인이 소유하여 개인문집을 발간하는 예는 서울의 벌열가문에서 간혹 찾아 볼 수 있다. 그러나 석판인쇄를 개인이 직접 한 경우는 선교장이 최초이다. 선교장이 직접 석판인쇄를 하게된 것은 동진학교 교재 제작과 선대의 시문집을 간행하기 위해서 였다.

선교장의 출판문화는 열화당 출판사로 계승되었다. 후손 이기웅은 사랑채의 당호 '열화당悅話堂'을 그대로 빌려와 출판사를 만들었다. 책을 소중하게 여기며, 직접 책을 인쇄하여 출판하는 선교장의 전통을 이어받은 것이다. 인간을 존중하고 인간을 사랑하는 책을 만드는 선교장의 책 문화는 한국의 책 문화로 성장하였다.

대대로 내려오는 손맛

활래정은 우리나라 최고의 다정茶亭이다. ㄴ자형의 활래정은 온돌방과 누마루 그리고 그 사이에 차실茶室이 있다. 온돌방과 누마루를 연결하는 복도 한 켠에 한 평 남짓한 작은 방이 바로 찻물을 끓이고 차를 우려내는 차실이다. 선교장 활래정活來亭은 차실을 따로 가지고 있는 우리나라 유일의 다정茶亭이다.

　선교장에는 대대로 전해 내려온 다구茶具가 남아 있다. 손때 묻은 야외용 차통 등 귀중한 다구 97점도 전해져 내려오고 있다. 활래정에서는 부속 차실에서 우려진 차를 차동茶童이 차상에 차려 내오면 주인은 그것을 손님에게 대접하며 시와 서화를 중심으로 하는 풍류를 즐겼다.

　활래정에서 즐긴 대표적인 차는 연꽃차다. 여름이면 활래정 연못에 연꽃이 가득 피었다. 연꽃은 낮이면 꽃잎을 활짝 열고 피었다가 저녁이면 닫는다. 선교장에서는 아랫사람을 시켜 작은 모시 주머니를 만들어 그 주머니에 차를 넣어 꽃잎이 오므라드는 저녁에 꽃심에 넣어 둔다. 차를 품은 연꽃이 밤새 별빛과 달빛, 이슬을 머금으며 연꽃의 향기를 차에 배어들도록 한다. 연꽃이 꽃잎을 여는 아침에 차 주머니를 꺼내 차를 달인다. 연못 안 작은 섬의 소나무에서 밀려오는 솔바람 소리와 연잎에 떨어지는 빗소리는 연꽃의 향을 더욱 진하게 하였다.

　선교장에는 대대로 내려오는 손맛이 있다. 선교장의 종부는 때를 가리지 않고 찾아오는 손님 접대를 위해 언제나 긴장하고 있다. 대대로 이어져 내려오는 종가의 내림음식에 대한 내훈內訓은 두 가지다. 첫째, 음식을 만들 때는 예술품을 창조하듯 하라는 것이다. 선교장의 음식은 대대로 내려오는 내림 음식을 전수하는 것에 그치지 않고 새로운 것을 개발하도록 하였다. 언제나 새로운 문화에 개방적인 자세

선교장 소나무
선교장 뒷산 소나무는
교장 역사와 전통, 문
상징이다.

를 가지고 있었던 선교장의 전통이 음식에서도 예외는 아니었다. 음식을 만드는데 항상 예술품을 창조하듯 최선을 다함과 동시에 긍지와 자부심을 가지고 일했다.

둘째, 정성된 마음과 제철의 재료, 음식에 맞는 그릇으로 삼위일체가 되어야한다는 것이다. 음식을 만드는 데 가장 중요한 것은 만드는 사람의 정성이다. 상상을 초월할 정도로 많은 손님을 접대해야 했던 선교장이지만 음식을 장만하는 정성에는 흐트러짐이 없었다. 그리고 음식 재료는 반드시 제철 것을 사용하였다. 음식을 담는 그릇의 선택은 음식 접대의 마지막이다. 음식에 어울리는 그릇을 마련하여 그것을 담아냄으로써 마지막까지 최선을 다하였다. 선교장에 9첩 은 반상기가 백 벌이나 되었고, 그에 따르는 은신선로도 백여 개가 넘었다. 선교장의 음식 수준을 상징적으로 보여주는 것이다.

선교장 음식 가운데 주목되는 것은 연으로 만든 연잎감주와 연엽주, 연실떡, 연근정과 등이었다. 연꽃이 피면 연꽃으로 연꽃차를 만들고, 연꽃이 지면 연잎

과 연근으로 감주와 술, 떡 그리고 정과를 만들었다. 연잎감주는 여름철 상비
약으로 더위에 지친 손님을 위한 접대용으로 애용되었다. 활래정에서 선교장
의 향기인 연향과 강릉의 향기인 솔향을 느끼면서 마시는 연엽주는 맛과 멋의
극치를 이룬다. 선교장 음식은 맛과 멋 그리고 효능까지도 감안한 것이었다.

참고문헌

이기서, 『강릉 선교장』, 열화당, 1996
김봉렬, 『한국건축이야기 2, 앎과 삶의 공간』, 돌베개, 2006
조용헌, 『5백년 내력의 명문가 이야기』, 푸른역사, 2002
차장섭, 『선교장, 아름다운사람 아름다운 집 이야기』, 열화당, 2011
성기희, 「선교장의 유래」, 『관동』 12집, 관동대, 1981
김영봉, 「강릉 선교장」, 『한옥문화』 겨울호, 2011

객사문

강릉관아와 객사문

정체성을 되찾는 관아 복원

강릉 읍성과 관아는 일제에 의해 훼손되었다. 일본은 조선을 합병하고 우리 문화를 말살하는 정책을 시행하였다. 신작로新作路를 만든다는 구실로 서울에 있는 도성都城과 각 고을에 있는 읍성邑城 대부분을 파괴하고 국가와 왕실의 상징인 경복궁을 헐고 조선총독부 건물을 건설하였다. 지방 정부의 치소治所인 읍성 안의 관아官衙를 헐어내고 식민통치 기관인 군청과 경찰서, 우체국, 학교 등을 건립하였다.

일제가 각 고을의 읍성과 서울의 도성을 헐어낸 이유는 만약에 있을지도 모를 반란에 대비하기 위한 것이었다. 읍성이나 도성과 같은 성곽시설은 독립을 위한 반란이 있을 경우 투쟁 거점이 될 가능성이 매우 컸다. 방어시설인 성곽을 완전히 없애 버림으로써 그같은 여지를 남기지 않으려 했던 것이다.

궁궐이 국가의 상징이라면 관아는 지방 정부의 상징이다. 궁궐과 관아가 조선 독립운동의 구심점이 될 것을 우려한 일제는 궁궐을 훼손하고 관아를 헐어버림으로써 조선의 통치기구를 제거하고자 하였다. 그리고 그 자리에 그들의 식민통치에 필수적으로 필요한 기관을 설치하였다. 군청은 식민통치의 행정적인 업무 기관이었으며 경찰서는 무력으로 독립운동을 진압하고 감시하는 기관이었다. 우체국은 원활한 식민지배를 위한 통신망이었고 학교는 식민지 교육의 산실이었다.

이같은 정책의 영향으로 강릉읍성과 관아도 1910년 한일합방이 되면서 헐리게 되었다. 그리고 그 자리에 군청과 우체국이 설치되었다. 다만 칠사당은 일본군 수비대와 강릉군수의 관사로 사용하기 위해 남겨놓았고 강릉 관아의 객사인 임영관은 강릉공립보통학교로 사용되었다. 그러나 1929년 문화말살 정책의 일환으로 운동장 확장 공사라는 미명하에 본채 건물을 철거하고 객사문만 남겨 놓았다. 고려 말에 건축된 객사문은 차마 손대지 못한 것이다.

현재 강릉관아는 단계적으로 복원되고 있다. 객사인 임영관은 복원을 미쳤고 현재 관아의 복원작업이 진행중이다. 일제의 식민지배로 우리 문화는 많은 부분이 파괴되고 왜곡되었다. 강릉 관아의 복원은 단순히 역사적인 건물을 복원하는 것이 아니라 왜곡된 식민지 문화를 바로잡고 우리 문화를 제자리로 가져다 놓아 우리문화의 정체성을 확립하는 일이다.

영동의 중심, 강원도 최고의 고을

강릉은 고대국가 예濊국으로부터 시작되었다. 예국은 고조선에 복속되었다가 중국 한나라가 설치한 한사군 가운데 임둔군이 되었다. 삼국이 형성되면서 하서량河西良이라는 명칭으로 고구려에 속해 있었다. 신라 지증왕이 512년에 하슬라주를 설치하고 이사부를 군주로 파견함으로써 신라의 확고한 통치영역이 되었다. 그리고 선덕여왕은 639년에 북소경北小京을 설치하고 사찬沙飡 진주眞珠로 하여금 지키게 하였다. 태종무열왕은 658년에 하슬라 지역이 말갈靺鞨과 맞닿아 있어 백성이 편안하지 못하다는 이유로 소경을 폐지하여 주州를 설치하고 도독을 두어 지키게 하였다. 통일신라시대에는 신라 9주州 가운데 하나인 하서주河西州를 설치하였으며, 757년(경덕왕 16)에는 명칭을 명주溟州로 개칭하고 9군郡 25현縣을 관할함으로써 강릉은 명주의 치소治所로써 명실공히 영동지방의 중

객사문 전경

심지 역할을 하였다.

통일신라 원성왕 때는 태종무열왕의 직계손인 김주원이 강릉으로 낙향하여

명주군왕에 봉해졌다. 선덕왕宣德王이 아들 없이 세상을 떠나자 상대등으로 있

던 김주원을 왕으로 옹립하였다. 그러나 그의 집은 알천閼川 북쪽에 있어 폭우

로 하천물이 갑자기 불어서 건널 수가 없었다. 이에 왕실에서는 김주원을 왕으

로 세우는 것을 하늘이 허락하지 않는 것이라며 상대등 김경신을 왕으로 추대

하였다. 왕위계승전에서 실패한 김주원은 강릉으로 낙향하여 명주군왕溟洲郡王

에 봉하여졌다. 그리고 신라말기에는 강릉의 호족 왕순식이 고려 태조 왕건을

도와 후삼국을 재통일하는데 혁혁한 공을 세웠다.

고려시대에 들어와 강릉은 936년(고려 태조 19)에 동원경東原京이라 고쳐 부르

고 임영관臨瀛館을 건립하였다. 986년에는 명주도독부溟州都督府라 개명하였으며

1910년대 강릉

992년(성종 11)에는 목牧으로 삼았다. 1268년(원종 9)에 공신 김홍취金洪就의 고향이라 하여 경흥도호부慶興都護府로 격상되었다. 1308년(충렬왕 34)에 강릉부江陵府로 고쳤고 1389년(공양왕 원년) 강릉대도호부로 승격하였다. 강원 영동지방의 행정적 군사적 중요성 때문에 강원 영동의 거진巨鎭의 의미로 강릉대도호부로 읍격을 정하였던 것이다.

조선 개국 후 군현제를 개편할 당시에도 강릉은 대도호부의 읍격을 유지하였다. 특히 여말선초의 전환기에 공신의 반열에 올랐던 김광을金光乙, 함전림咸傳霖 등의 출사와 고려 초에 왕씨 성을 사성賜姓 받았던 세력이 김씨 성으로 복귀할 수 있었던 데서 알 수 있듯이 당시 강릉지방은 조선을 개창한 중앙 세력과 밀접한 관계를 맺고 있었다. 이것은 강릉이 대도호부의 읍격을 유지할 수 있었던 하나의 배경이 되었다.

예국고성에서 시작된 강릉읍성

강릉은 영동지역의 중심지라는 지위에 걸맞게 행정, 경제, 군사의 중심지인 읍성邑城이 있었다. 읍성은 지방행정의 중심지인 치소지治所地에 축조한 성곽으로 성안에는 관아와 민간 거주지가 있었다. 외침으로부터 주민의 생명과 지방관아를 보호하기 위한 읍성은 강원도의 경우 특히 왜구나 양인의 침입이 잦았던 동해안에 발달하였다. 강릉의 읍성은 세 번의 시기에 걸쳐 역사적 변천을 하였다. 고대 예국고성은 현재의 옥천동 일원에, 통일신라 말기 명주성은 성산면 금산리에, 고려시대부터 조선시대에 이르는 강릉읍성은 지금의 명주동 성내동에 위치하였다.

관아 전경
은 조선 개국 이후에
H도호부의 읍격을 유
였다.

예국고성瀛國古城은 강릉지역에서 가장 오래된 성곽이다. 축성 시기는 기원전 후한 시기부터 약 3세기까지로 강릉에 예국이 있었던 시기와 일치한다. 흙으로 만든 토성으로 둘레가 3,484척에 이르렀다. 후대의 명주성이나 강릉읍성보다 규모가 월등히 컸고 넓게 트인 들과 남대천을 끼고 있어 옛 도읍의 도성都城 역할을 하기에 충분하였다.

강릉에서 가장 오래된 관아유적인 예국고성은 조선후기까지는 토성의 흔적이 남아 있었으나 1900년대부터 급속히 파괴된 것으로 추정된다. 현재는 시가지로 변하여 흔적조차 확인힐 방법이 없다. 다만 1920년 경 만들어진 지적도를 통하여 대략적인 윤곽을 확인할 수 있다. 지적도를 살펴보면 지목이 '성城'으로 표기된 것이 있다. 이것을 따라서 성벽이 있었을 것으로 추정된다. 강릉여자고등학교 동측 도로, 남대천 북안 강변로, 옥천동과 성남동, 금학동, 임당

동헌
강릉읍성은 고려시대 부가 있었던 읍치소에 정적인 성격으로 축. 성곽이다.

동, 교동이 경계를 이루는 지역으로서 현 옥천동 지역 전체가 예국고성의 범주로 추정된다. 다만 남대천을 가로질러 시내를 관통하는 철길 가운데 남대천에서 구 터미널 사거리에 이르는 높이 3~6m의 시가지보다 높게 축조된 토축 부분이 예국고성 성벽의 흔적으로 생각된다.

명주성溟州城은 명주군왕 김주원이 도읍으로 정한 곳으로 짐작되며 성산면 금산리 산 7번지에 위치한 토석혼축성土石混築城으로 장안성長安城이라고도 한다. 성산면 금산리는 자연부락 장안동長安洞, 제동堤洞, 성하城下 마을로 이루어져 있으며 서남쪽으로 남대천이 연접해 있다. 금산리는 해발 158.5m 정봉의 서쪽에 제동마을과 구동마을이 있으며 동쪽으로 해발 100m 내외의 구릉을 따라 명주성이 있다. 이 성을 끼고 동남쪽 마을이 장안동이고 성의 북쪽 아래에 성하城下 마을이 있다. 성의 동쪽으로 낮은 곳에 영동대학이 있으며 장안동마을 입구에 '명주군왕고도기념비'가 있다. 마을의 자연 부락명을 살펴보아도 명주군왕 김주원이 이곳에 도읍을 정한 것으로 짐작된다.

명주성은 금산리 장안동 북쪽 구릉을 정점으로 그 남동방향의 골짜기를 둘러싸는 토석혼축성이다. 골짜기의 고도는 해발 100m 미만의 낮은 지역이지만 그 입구가 좁고 성벽의 바깥부분은 대부분 급사면을 이루고 있다. 남동쪽 방향에는 남대천 북변 충적지가 북동에서 남서로 발달되어 있다. 성내에는 여러 개의 건물터가 있으며 고려시대의 것으로 보이는 자기파편과 많은 기와조각이 출토되었다. 이는 신라말기에서 고려초기에 이르는 동안 명주성이 한 시대의 관아유적임을 알려주는 것이다.

강릉읍성

강릉읍성은 고려시대 강릉부가 있었던 읍치소에 축조된 성곽이다. 고대의 예국고성, 명주성, 조선시대의 강릉읍성의 과정을 거쳐 변천해왔다. 이 중 가장 이른 시기의 예국고성이 강릉읍성보다 규모면에서 훨씬 넓고 크다. 이것은 예국고성이 낮은 평지 지역에 위치하고 성내에 주민 거주지가 포함되어 있었기 때문이다. 이후의 강릉읍성은 읍성 내에 주민 거주지라기보다는 관아에 딸린 관속들의 주거와 관아 시설들만 배치되었으므로 규모가 축소되었다고 생각된다. 예국고성이 방어성격을 띠고 넓은 성곽 내에 주민들을 수용하였던 데 비하여 강릉읍성은 행정적 성격이 강화되고 관아 중심의 읍성으로 변화된 것이다.

강릉읍성은 고려 말기인 1389년(공양왕 1) 강릉이 대도호부大都護府로 승격하면서 그에 걸맞는 읍성이 축조되었을 것으로 추정된다. 명주성은 구릉지대에 자리하고 있어서 군사적인 성격이 강하다. 따라서 주민들이 거주하는 평지에 관아를 중심으로 하는 행정적인 성격의 읍성을 새롭게 축조하였다. 강릉읍성이 축조되면서 이전까지 읍치소로 사용하던 명주성은 외적 침입을 방어하기 위한 군사적인 성곽으로 활용하였다.

강릉읍성의 둘레는 1,826m에 이른다. 남대천 북쪽 읍성이 위치했던 지역은 해발 표고 70m 미만의 낮은 평지지역이다. 읍성의 지형은 대체로 북쪽이 남쪽보다 높으며, 서쪽보다 동쪽이 높은 형상을 하고 있다. 이같은 자연적인 지형을 적극적으로 활용하면서 남쪽과 동쪽에 성곽을 축조한 것으로 생각된다. 조

임영관 전경
강릉읍성은 1910년대 말지 그 모습을 유지하였다.

선초기에는 흙을 쌓아 만든 토성土城으로 외침에 대항하기에는 취약한 점이 있었다. 이런 점을 보완하여 1512년(중종 7)에 돌을 이용한 석성石城으로 고쳐 쌓았다.

현재 강릉읍성은 시가지로 변하여 옛 모습은 거의 찾아볼 수 없다. 다만 1910년대 말 처음으로 제작된 지적도면상에 강릉읍성은 남북으로 마름모꼴로 나타나 있다. 구 강릉시청사와 임영관지가 그 중심에 위치하고 있으며, 북측은 현 농협용강지소, 남측은 옛 명주초등학교 앞 삼거리, 동측은 현 강릉농협 건너 동보성 앞, 서측은 강릉여중 서북편이다. 성체는 이 네 곳을 연결하여 정남북으로 마름모꼴 형상이었을 것으로 추정된다. 현재 성벽의 흔적으로 짐작되는 곳은 읍성의 동북쪽 성벽에 해당하는 천주교 임당성당 동쪽에 15m 가량이 남아 있을 뿐이다.

강릉읍성은 동서남북에 가해루, 망신루, 어풍루, 빙허루의 문루를 갖추고 있었다. 동쪽 문인 가해루駕海樓는 6칸 크기였고 남쪽 문인 어풍루馭風樓 역시 6칸 크기였다. 서쪽 문 망신루望宸樓와 북쪽 문 빙허루憑虛樓는 각각 1칸 크기였다. 규

임영관 중대청
제는 중대청을 비롯한
〇아는 헐어내고 그 자리
군청. 경찰서 등 식민통
기관을 건립하였다.

모나 중·개수 기록 등을 통하여 큰 대문으로서 역할은 남문과 동문이었다는 것을 알 수 있다. 그리하여 옛 지도에도 이 두 문만을 그려놓은 것이 대부분이다. 특히 동문인 가해루에는 금종金鍾을 매달아 놓고 아침, 점심, 저녁으로 시간을 알리는 종을 쳤다.

강릉읍성 대문의 이름은 강릉의 자연적인 환경을 반영하고 있다. 동쪽 문의 가해루駕海樓는 '바다를 잘 제어하여 바른 길로 나아가게 하는 누각'이라는 뜻으로 바다가 잔잔해져서 풍어를 기원하는 의미를 담고 있다. 남쪽 문인 어풍루馭風樓는 '바람을 잘 제어하여 바른 길로 나아가게 하는 누각'이라는 뜻으로 바람의 피해를 줄여줄 것을 기원하는 의미를 가지고 있다. 서쪽 문인 망신루望宸樓는 '임금이 계시는 대궐을 바라보는 누각'이라는 뜻으로 당시 국왕을 사모하고 그의 부름을 고대하는 간절한 소망이 담겨 있다. 북쪽 문 빙허루憑虛樓는 '사실이 아닌 누각'이라는 뜻으로 문은 문이지만 문으로서의 역할은 없었음을 의미한다. 일반적으로 북쪽 문은 죄인이나 시신이 출입하는 문이었기 때문이다.

강릉 관아

조선시대의 지방행정조직은 전국을 경기, 충청, 전라, 황해, 함경, 평안, 강원, 경상의 8도로 나누고, 그 아래에 부府, 대도호부大都護府, 목牧, 도호부都護府, 군郡, 현縣을 두었다. 지방관은 외관外官으로서 각 도에 종2품인 관찰사觀察使가 1명씩 있었고, 그 밑에 지방 수령守令인 부윤府尹, 대도호부사大都護府使, 목사牧使, 도호부사都護府使, 군수郡守, 현령縣令, 현감縣監 등이 업무를 관장하였다.

강릉은 강원도에서 가장 큰 고을로 유일하게 대도호부사가 파견되었다. 그리고 이吏·호戶·예禮·병兵·형刑·공工의 6방을 두고, 향리鄕吏로 하여금 사무를 맡게 하였다. 이밖에 지방의 양반들로 조직된 향청이 있어서 수령을 보좌하고 풍속을 바로잡고 향리를 규찰하는 임무를 수행하였다.

조선시대의 관아官衙는 지리적으로 물산의 유통을 고려하여 중앙으로 통하는 교통요지에 풍수지리의 논리에 따라 터를 잡았다. 고을의 자생력, 군사적, 행정적 관점을 감안해서 대부분 읍성 내에 위치하였다. 지방관아에는 왕권을 상징하는 객사客舍, 중앙에서 파견된 수령의 집무처인 동헌東軒과 수령의 생활공간인 내아內衙, 지방민을 대표하여 수령을 보좌하는 향청鄕廳, 그리고 창고와 감옥인 옥사獄舍, 기타 지방 통치에 필요한 건물들로 이루어진다.

대도호부에 걸맞은 규모를 갖추고 있었던 강릉관아는 남아 있는 유구와 당시의 기록, 읍지도邑地圖 등을 통하여 당시의 모습을 추정해 볼 수 있다. 1830년경에 편찬된 『관동지關東誌』 강릉대도호부 공해조公廨條의 기록에 의하면 강릉객사는 전대청殿大廳 9칸, 중대청中大廳 12칸, 동대청東大廳 13칸, 즉랑卽廊 6칸, 월랑月廊 31칸, 삼문三門 6칸 등이 있었다. 강릉관아의 아사衙舍는 내아內衙 17칸, 익랑翼廊 16칸, 칠사당七事堂 16칸, 신민당新民堂 9칸, 전랑前廊 20칸, 공수公須 10칸, 관청官廳 33칸, 향청鄕廳 22칸, 장관청將官廳 18칸, 군관청軍官廳 18칸, 군기고軍器庫 16칸, 작청作廳 18칸, 부사府司 12칸, 사령방使令房 8칸, 관노방官奴房 8칸 등이 있었다.

강릉관아는 한일합방 이전까지는 온전히 남아 있었으나 일제시대를 지나면서 급속히 파괴되어 객사문과 칠사당만 남아 있다. 일제는 식민통치에 필요한 관공서 건물을 건립한다는 구실로 관아를 철저하게 파괴하였다. 관아터 한가운데로 도로를 개설하고 현재의 한국은행 자리에 있던 군기청을 헐어내고 강릉군청을 건립하였다. 그리고 동헌과 내아를 철거하고 경찰서를 지었으며, 현재 농협이 있는 곳에 자리하고 있었던 작청과 부사를 헐고 우편국을 설치하였다. 단오제의 중심이었던 대성황사가 있던 곳에는 신사神社를 지어 그들의 신앙

의운루에서 본 객사
강릉객사는 객사문인 심□ □과 중대청, 전대청과 동□ 청 서헌 등으로 구성되□ 있었다.

을 강요하였다. 한편 객사는 식민지 교육을 위한 강릉공립보통학교를 설치하면서 객사문만 남기고 완전히 헐어 버렸다.

역사 속으로 사라졌던 강릉관아는 100여 년이 지나 복원을 시작하였다. 2001년 12월 강릉시청사가 옛 관아터에서 홍제동으로 이전하면서 관아의 복원 작업이 본격화되었다. 관아의 전체적 모습은 재건될 수 없겠지만 천년의 강릉읍성 역사를 간직했던 옛 관아는 이제 조금씩 제 모습을 찾아가고 있다.

객사와 객사문

객사客舍는 읍성의 중심에 자리한 가장 격식이 높고 으뜸되는 건축물이다. 왕을 상징하는 전패殿牌와 궁궐을 상징하는 궐패闕牌를 봉안하고 수령이 부임하면 이곳에서 의식을 치른다. 초하루와 보름날에는 향궐망배向闕望拜하는 의식을 치루어 중앙에서 멀리 떨어져 있는 지방에서도 왕의 시책을 충실히 시행하고 있다

객사문
릉관아 건축물 가운데 장 오래된 객사문은 우나라에서 가장 오래된 조 건축물 가운데 하나다.

는 것을 상징하는 기능을 가지고 있다.

객사는 전패와 궐패를 안치한 주사主舍와 옆에 연결된 익사翼舍로 구분된다. 객사의 가운데 자리한 주사에는 정청正廳을 두고 그 좌우에 익사를 두었다. 정청에서는 왕과 궁궐을 상징하는 전패殿牌와 궐패闕牌를 모시고 하례를 올렸다. 이러한 기능을 반영해서 건물 형태는 옆으로 긴 一자형을 이룬다. 가운데 정청은 지붕이 좌우 익사보다 한단 높은 맞배지붕이다. 그 평면 역시 중앙이 조금 크고 좌우에 폭이 약간 좁은 건물이 대칭으로 놓인 형태이다.

익사翼舍의 기능은 외국의 사신이나 중앙의 관리들을 접대, 수행하고 온돌방을 두어 이들의 숙소로 사용하였다. 평상시의 객사는 외부에서 온 사신이나 관리들의 숙소로도 이용되던 건물로써 우진각 지붕으로 주사와 구분하였다. 서익사西翼舍보다 동익사東翼舍가 격이 높았다. 따라서 신분이 높은 관리가 동익사에 묵게 되며 여기서 주로 연회를 열었다. 그 때문에 동익사 주변에 연못을 마

중대청
객사의 중대청은 태조 성계의 영정을 봉안하였 집경전으로 추정된다.

련하거나 수목을 조성하여 좋은 경관을 꾸미는 것이 보통이었다.

그리고 객관이 있는 곳에는 대개 누각이 세워졌다. 고을 수령이나 읍내 유력 인사들이 누각에 올라 고을을 내려다보거나 경치 좋은 곳을 감상하면서 휴식을 즐겼다. 다른 지방의 손님이 왔을 때 접대하는 장소로도 이용되었다. 누각은 객관과 인접한 곳에도 세우지만 고을 곁을 흐르는 강가 높은 언덕에 세워 경관을 돋보이게 하거나 성문 위에 세워 성문의 위용을 높이기도 하였다.

강릉 객사는 고려 936년(태조 19년) 강릉의 별호를 따서 임영관臨瀛館이라는 이름으로 총 83칸이 건축되었다. 객사문인 삼문을 들어서면 중대청이 있고 뒤에 전대청과 동대청, 서헌이 일자형으로 자리하고 있었다. 그리고 담장처럼 월랑이 객사를 둘러싸고 있었다.

객사문客舍門은 객사의 정문으로 일제시대 객사가 헐릴 때 유일하게 보존되었던 건축물이다. 규모는 세 칸으로 비록 작으나 고려시대 주심포 건축의 정수로써 정연하고 아름다운 비례와 구조를 지니고 있어 한국 건축의 대표적인 작품으로 일컬어진다. 국보 제51호로 지정되어 있는 객사문은 봉정사의 극락전, 부석사 무량수전, 수덕사 대웅전 등과 함께 고려시대의 드문 건축물이다. 다른 건축물은 사찰인데 비해 관아 건축물로서는 유일한 고려시대의 것이다.

객사문을 도로 쪽에서 바라보면 기단은 비교적 높고, 정면에 돌계단이 있으며 옆과 앞면은 잡석으로 석축을 만들었다. 원래는 지금과 같은 석축 기단이 없었으나 일제 때 객사문 앞쪽으로 도로를 내면서 흙을 깎아 내려 층이 생겼다. 화강석 주초 위에 덤벙주초를 놓고 전면과 배면 열에 배흘림 원기둥을 세우고 가운데 열에는 각기둥을 세워 문을 단 구조이다.

정면 3칸 측면 2칸의 단순하면서도 강렬한 단층 맞배지붕 집이며 화려하면서도 날카로운 첨차구성이 뛰어나다. 주두와 소로에 굽받침이 있으며, 공포에는 살미형 첨차를 두드러지게 사용하였고, 단장혀로 외목도리를 받게 하였다. 초석은 일률적인 형태를 갖지 않고 몇 가지 형태로 다양하게 이용하였다. 기둥은 가운데 기둥에 3칸 판문을 달고 앞뒤로 기둥을 또 세웠다. 앞 뒤줄 기둥에는 배흘림을 이용하였고, 판문이 달린 가운데 줄은 민흘림의 사각기둥을 이용하였다. 독립된 앞뒤의 기둥에 강한 배흘림을 주어 시각적으로 안정감을 주는 효과를 내고 있다. 기둥 높이의 3분의 1 되는 지점이 가장 굵고 여기서 위 아래 방향으로 차츰 줄어들어 위쪽에서 가장 가늘게 표현되는 배흘림 기둥은 우리나라 목조건물 기둥 가운데 최고로 평가받고 있다.

중대청中大廳은 객사문과 전대청 사이에 자리하고 있다. 정면 3칸, 측면 4칸의 맞배지붕이며 고려 건축양식의 건물이다. 용도는 정확하게 알려져 있지 않으나 태조 이성계의 영정을 봉안하였던 집경전集慶殿으로 추정된다. 임진왜란 당시 경주에 있던 조선 태조의 영정을 이곳 임영관지 내에 집경전을 건립하여 봉안하였다. 1628년 집경전에 모셨던 영정의 채색을 고친 일도 있으나 1631년 화재로 불탔다. 그 후 1633년 강릉부사 유대화柳大華가 중대청中大廳이라는 이름의 건물로 다시 중수하였다는 기록이 남아 있다. 따라서 강릉객사의 중대청은

전대청
전대청은 객사의 정청으
궁궐을 상징하는 전패
궐패를 모시고 있다.

태조의 영정을 모시고 있었던 건물로 생각된다.

전대청殿大廳은 객사의 정청正廳이다. 건물의 규모는 정면 3칸, 측면 3칸으로 좌우의 동대청과 서헌에 비해 지붕이 한 단계 높게 되어 있다. 이것은 궁궐을 상징하는 전패殿牌와 궐패闕牌를 모시고 부임하는 날이나 초하루와 보름날에 향궐망배向闕望拜하는 의식을 치루는 신성한 곳이기 때문이다. 전대청에는 공민왕의 친필로 전해지는 임영관臨瀛館이라는 현판이 걸려 있다. 공민왕이 1366년(공민왕 15) 낙산사의 관세음보살에게 후사後嗣를 빌기 위해 신돈과 함께 가는 길에 비를 만나 강릉에서 10여 일간 머물게 되었다. 이 때 공민왕이 친히 「임영관」이라는 현판을 썼다고 전해진다.

동대청과 서헌은 전대청 좌우에 익사의 형태로 자리하고 있다. 전대청의 동쪽에 자리한 동대청東大廳은 정면 4칸, 측면 3칸으로 온돌방과 마루로 구성되어 있으며 서헌보다는 위계가 높다. 전대청의 서쪽에 있는 서헌西軒은 정면 3칸, 측면 3칸으로 온돌방과 마루로 구성되어 있으며, 동대청에 비해 하급관료가 숙식하였던 장소이다.

한편 강릉 객사에는 부속 시설로 운금루雲錦樓와 연당蓮塘이 있었다. 객사는 중앙에서 오는 사신과 관리를 위한 건물이었기 때문에 각종 의식과 더불어 유흥을 즐길 수 있도록 해당 지방에서 가장 경치가 좋은 곳에 세워졌다. 강릉 객사의 동남쪽에 누정을 짓고 남쪽에 연당을 만들었다. 연당에는 연을 심고 못 가운데 있는 섬에는 대나무를 심었다. 연꽃은 화중지왕花中之王으로 선비를 의미하며, 대나무는 선비의 절개를 상징하였기 때문이다. 그리고 누정의 이름을 운금루라 하였다. 운금루雲錦樓라는 이름은 북송시대 시인 소식蘇軾이 연꽃을 노래한 하화시荷花詩의 '하늘 베틀에 구름같은 비단天機雲錦'이라는 구절에서 인용한 것이다.

동헌

동헌은 지방 수령이 일상
행정과 재판 등을 행하는
정청이다.

동헌과 칠사당

동헌東軒은 지방 수령이 일반행정 업무와 재판 등을 행하는 정청政廳이다. 동헌
이란 이름은 지방 수령이 생활하는 공간인 내아內衙, 즉 서헌西軒의 동쪽에 있다
고 하여 붙여진 이름이다. 수령의 집무처 동헌은 지방 관아의 대표적인 건물로
읍성의 북쪽에 위치하며 동·서쪽에는 향교와 사직단이 자리한다. 이는 한양의
경복궁 주변에 종묘와 사직단이 놓이는 좌묘우사左廟右社의 배치를 그대로 따르
고 있는 것이다. 일반적으로 지방관아는 입구에 홍살문을 세우고 이를 지나 관
아문인 아문衙門이 문루형으로 세워진다. 그 뒤로 중문을 두고 집무를 보는 공
간인 동헌이 자리한다.

 강릉 관아의 동헌은 외동헌과 내동헌으로 구분된다. 외동헌外東軒은 궁궐의
정전正殿과 같이 대외적인 행사와 의식, 재판을 진행하는 곳이다. 그리고 내동
헌은 궁궐의 편전便殿과 같은 역할로 수령이 일상적인 행정 업무를 보는 곳이
다. 강릉관아는 외동헌 16칸을 비롯하여 별당 8칸, 전랑 20칸, 문루 3칸, 공해

10칸으로 구성되어 있었다. 외동헌은 관아의 중심적인 건물로 관아문과 중문을 지나 관아의 가장 북쪽에 자리하고 있었다.

한편 강릉관아의 내동헌은 칠사당七事堂이다. 칠사당은 1725년경 강릉부사 김정金政이 기존의 내동헌으로 있던 매죽헌을 철거하고 그 재목으로 수각과 칠사당을 창건하였다. 회인현감을 지낸 입재立齋 강재항姜再恒이 「명주칠사당기溟州七事堂記」에 '옛날 시사청(내동헌)으로 있던 매죽헌梅竹軒이 낮고 허물어져 공이 이를 철거하고 그 재목으로 수각水閣을 짓고, 그 터에는 16칸의 집을 짓고 시사청으로 삼아 헌軒을 이름하여 찰미헌察眉軒이라 하고, 당을 칠사당이라 하였다. 헌은 정情을 논하고 당은 일事을 논하는 곳이라 하고서, 그 위에 칠사지목七事之目을 각자刻字하여 특별히 교유하는 말로 삼고 아침저녁으로 출입할 때 그 밝은 명을 생각하도록 하였다'고 기록하고 있다.

칠사당이라는 당호의 '칠사七事'는 조선시대 수령이 향촌을 다스림에 있어서 가장 기본적으로 해야 할 일곱 가지 일, 즉 수령칠사守令七事를 말한다. 수령칠사는 농상성農桑盛 · 호구증戶口增 · 학교흥學校興 · 군정수軍政修 · 부역균賦役均 · 사송간詞訟

칠사당

칠사당은 강릉관아 내동헌으로 정면 7칸, 측면 4칸 건축물이다.

簡·간활식奸猾息을 말한다. 즉 농업생산의 증대, 인구 증가를 위한 정책시행, 교육진흥, 군정의 엄정한 시행, 백성의 부역 균등, 공정한 재판으로 민생을 도모, 사회풍속을 정화하는 것이 칠사七事이다.

칠사당은 일제시대 강릉관아가 훼손될 때 유일하게 남아 있던 건축물이다. 1725년경에 창건된 이래 1866년(고종 3년)에는 진위병의 진영으로 쓰였으며, 이듬해 화재를 당한 것을 강릉 부사 조명하가 중건하였다. 일제 때는 일본 수비대가 사용하다가 강릉 군수의 관사로 사용되었다. 한국전쟁 당시에는 미국 민사원조단CACK이 임시로 사용하였으며, 1958년부터는 강릉 시장 관사로 이용하다가 1971년 지방 유형문화재 제7호로 지정되었다. 당시 관사로 사용하면서 많은 변형이 생긴 것을 1980년에 옛 모습대로 복원하였다.

칠사당은 ㄱ자형의 건물로 정면 좌측에 높은 마루가 있는 정면 7칸, 측면 4칸의 건축물로 측면 1칸은 퇴칸(벽이 없이 기둥만으로 이루어진 칸)으로 하였다. 기둥의 둥근 주초석은 전면(63cm)의 것이 제일 높고 그 외의 기둥들은 높이에

각각 차이를 두고 있다. 누마루 부분의 네 기둥과 퇴주(벽이 없는 만들어진 기둥)
는 원주로 되어 있고 공포 두 개는 익공 형식이다. 겹처마 팔작기와지붕으로
되어 있고 3면에 3분합(3분의 1 공간에 문을 만듦) 띠살문을 달고 마루의 연결부
분에 다락방을 두고 있다. 본채의 좌측은 온돌방이고 기둥 사이에는 쌍분합 띠
살문을 달았다. 중앙에 대청마루가 있고 우측 온돌방 앞에는 툇마루를 놓아 대
청마루와 높이를 달리하면서 연결되어 있다. 대청의 천장은 우물천장+연등천
장으로 되어 있고 벽체는 회벽 마감이다. 대청마루는 대청과 툇마루가 맞붙은
형식이나 특이하게도 두 마루 사이에 기둥이 없어 경계가 불분명하다. 대청마
루의 우물천장과 기둥 위에도 단풍잎을 등에 진 물고기를 조각 장식해 놓았는
데 눈여겨볼 만하다.

내아와 의운루

내아內衙는 지방 수령이 생활하는 관사로 내아, 익랑, 행랑으로 구성되어 있다. 내아는 수령의 내실이고 익랑은 내아에 붙어 있는 사랑채이다. 행랑은 수령의 권속들이나 권속을 돕는 노비들의 주거공간이다. 따라서 내아의 평면구성은 사대부가의 안채와 같은 모습이다. 즉 안방, 대청, 건너방, 부엌, 찬방 등으로 구성되며 주위에는 곳간 등의 부속채가 딸려 있다.

강릉 관아의 내아는 내아 17칸, 익랑 16칸, 행랑 17칸으로 구성되어 있었다. 그러나 현재 내아의 위치는 정확하게 알 수 없다. 다만 일제시대 내아가 헐린 자리에 강릉 금융조합 사무소가 있었던 것으로 알려져 있으며, 해방 이후 강릉 시청이 신축되면서 시청 부지에 편입되었다. 따라서 내아는 동헌의 서쪽이 아닌 동쪽에 자리하고 있었던 것으로 생각된다.

의운루依雲樓는 관아 안에 있던 누각이다. 운금루雲錦樓가 객사 동쪽에 있었던 반면 의운루는 객사의 남쪽 관아 안에 자리하고 있었다. 의운루의 건립시기는 정확하게 알수 없다. 다만 『신증동국여지승람新增東國輿地勝覽』에 의운루의 위치가 객사 남쪽에 있으며, 제사를 지냈다는 기록이 남아 있다. 이로 미루어 적어도 1530년 이전에 6칸 규모로 건립되었을 것으로 추정된다. 이후 의운루는 네 차례에 걸쳐 중수되었으며, 1889년에 편찬된 강릉읍지에 의운루를 폐하였다는 기록이 있어 그 이전에 폐한 것으로 생각된다.

의운루는 최근의 발굴을 통해서 위치가 파악되어 동서 2칸, 남북 3칸 규모로 복원되었다. 팔작지붕에 공포는 익공의 형태를 띠고 있다. 문창은 완전히 개방되어 있으며 난간을 설치하였다. 한편 건물의 남쪽에서 석조유구가 발굴되었다. 이곳에 바로 연못이 있었다는 것을 알 수 있다.

향청과 향현사

향청鄕廳은 그 지역출신의 양반들이 수령의 업무를 감시 또는 보좌하는 자치기
구이다. 재지세력의 대의기구로서 조선전기에는 유향소留鄕所로 불리었다. 향
청은 향촌 교화를 위하여 그 고을에 사는 유력한 자를 선발하여 좌수座首와 별
감別監의 향직을 주었다. 이들은 면과 리 향임들의 인사권을 가지고 각종 송사
를 처리하며 환곡을 취급하는 등 그 지역 민생의 안위를 좌우하는 중요한 임무
를 띠고 있었다. 향청을 고을 관아에 버금간다고 하여 이아貳衙라고도 하였다.

향청은 읍성 밖에 배치하였다. 향청은 재지사족의 귀의처로 고을 사족들은
향안鄕案을 마련하여 이를 폐쇄적으로 운용하면서 향촌사회의 주도적 위상을
확립하였다. 향회를 통하여 형성된 공론을 바탕으로 자신들의 자치적인 성향
을 지방 행정에 적극적으로 반영하였다. 따라서 자치적인 성향을 갖는 재지사
족과 수령을 정점으로 하는 관부와는 협조적이면서 긴밀한 관계를 견지하고
있었다.

강릉관아의 향청은 22칸으로 좌수 1명과 별감 3명의 업무 공간이었다. 그런데 강릉관아의 향청은 읍성의 동문 밖에 배치되어 있었으며, 더욱이 향현사와 인접하여 배치하였다. 이같은 향청의 위치는 재지사족과 수령권의 관계를 상징적으로 나타내고 있는 것이다. 14칸 규모의 향현사는 향청 앞에 있었다. 향현사鄕賢祠는 강릉 지방의 스승이 될 만한 역사적 인물 12향현의 영정이나 위패를 모신 사당이다.

1645년(인조 23)에 창건하던 당시에는 최치운崔致雲, 최응현崔應賢, 박수량朴遂良, 박공달朴公達, 최수성崔壽峸, 최운우崔雲遇 등 6현을 배향하였다. 그 후 1682년(숙종 8)에는 최수崔洙를, 1759년(영조 35)에는 이성무李成茂, 김담金譚, 박억추朴億秋를, 1808년(순조 8)에는 김윤신金潤身, 김열金說을 배향하였다. 강릉의 향청과 향현사는 강릉 지방 사족의 상징이었다.

작청과 기타 관아

작청作廳은 향리들의 집무소였다. 향리는 수령을 보좌하는 행정 실무자들로 아전衙前이라고 하였다. 향리는 대체로 호장戶長, 기관記官, 색리色吏로 구분되었다. 호장은 향리의 수장으로서 수령을 도와 지방 행정에 종사하였으며, 기관은 지방관부의 6방 즉 이방·호방·예방·병방·형방·공방을 담당하여 실무 행정에 종사하였다. 색리는 주로 관아에서 금전, 곡물의 출납과 간수를 맡아 보았다. 강릉관아의 삭청은 동헌의 동쪽에 18칸 규모로 배치인원은 아전 60명과 지인 20명이었다. 그리고 작청 뒤에 부호장들의 집무공간인 부사衙司 12칸이 있었다.

사령방使令房은 훈동와 별차에게 속한 사령이 거처하는 곳이다. 그 규모는 8칸이었으며, 사령 21명이 배치되어 있었다. 관노방官奴房은 관아에 소속된 관노나 기생들의 거처로 과방果房이라고 하였다. 규모는 8칸이었으며 관노 20명, 관비 6명, 기생 15명이 배치되어 있었다. 대동청은 대동세와 관련된 업무를 담당하는 곳이었다.

장관청과 군관청은 지방 하급장교와 군관들이 머무는 곳이며, 군기고는 무기고의 역할을 담당하였다. 장관청將官廳은 18칸으로 중군 1명, 별장 1명, 파총 2명, 초관 5명, 집사 9명이 업무를 수행하던 곳이다. 군관청軍官廳은 18칸으로 행수군관 1명, 입번군관 30명, 토포행수군관 1명, 병방군관 2명이 있었다. 군기고軍器庫는 16칸으로 감관 2명이 있었으며, 각종 군수물자를 보관하였다. 이밖에 객사 앞에는 도시都試 때 무사들이 시험보는 장소인 사대射臺와 형옥, 성황당이 있었고, 객사 동북쪽에는 빙고가 있었으며 책실은 내아와 외아 사이에 있었다.

참고문헌

강원문화재연구소, 『강릉 관아지』, 강릉시, 2005

강원문화재연구소, 『강릉 임영관지』, 강릉시, 2008

강원고고문화연구원, 『강릉 임영관지』, 강릉시, 2012

김흥술, 「강릉지역의 성곽연구」, 관동대학교 석사논문, 2000

김흥술, 「강릉읍성의 도시사적 검토」, 『도시역사문화』 3, 2005

김흥술, 『강릉의 도시변천사 연구』, 강원대학교 대학원 박사논문, 2006

방동인, 『영동지방 역사기행』, 신구문화사, 1995, 135쪽

남진천, 「천년 역사의 임영관」, 『솔향강릉』 7호, 2011. 9

김종달, 「옛 사진에 담긴 이야기, 임영관」, 『솔향강릉』 9호, 2012. 3

임호민, 「조선조 강릉대도호부 읍성 및 관아의 조성과 특징」, 『지방사와 지방문화』 15권 1호, 2012

향교 은행나무

강릉 향교

문향文鄕과 예향禮鄕의 고을

강릉은 문장과 덕행이 뛰어난 인물을 많이 배출한 문향文鄕이다. 『신증동국여지승람』 풍속조에 의하면 '강릉의 자제들은 어려서부터 책을 끼고 스승을 따라 글을 배우는데 글 읽는 소리가 마을에 가득 찼고 배움에 게으른 자는 함께 나무라며 꾸짖는다'고 하였다. 강릉은 '강릉산수갑천하江陵山水甲天下'라는 말처럼 우리나라 산수 가운데 최고라고 칭할 만큼 아름다운 경치를 가지고 있어서 많은 풍류 문인들이 찾아 들었다. 이같은 분위기는 강릉 사람들의 성품을 풍요롭게 길러 주어 율곡 이이를 비롯한 많은 문인을 배출시켰다.

실제 강릉은 문향이라는 이름에 걸맞게 많은 인물을 배출하였다. 조선시대 문과급제자의 출신지를 분석해 보면 강릉이 강원도에서 가장 많은 문과급제자를 배출하였다. 조선시대 문과 급제자 12,792명 가운데 강원도는 309명으로 2.42%에 불과하다. 그러나 강원도의 문과 급제자 가운데 강릉출신은 126명으로 강원도에서 가장 많을 뿐만 아니라 강원도 전체의 거의 절반에 가까운 수이다. 이는 율곡 이이 선생의 학문적 전통을 계승한 문향으로서 당연한 결과다.

강릉은 예법을 숭상하며 나라에 충성하고 부모에게 효도하는 미풍양속이 일반화된 예향禮鄕이다. 강릉부사를 지낸 우복 정경세는 『강릉향교지』에서 '강릉 고을에는 선비들이 번성하고 풍속의 아름다움이 강원도에서 제일이다'라고 하였다. 최백순은 『동호승람』에 '강릉은 본래 장수하는 고을로 90세 이상의 사람이 많고 80세, 70세, 60세 이상의 사람은 그 수를 알지 못할 정도이며, 100세를 넘겨 천수를 다한 사람도 있어 다른 고을에는 없는 일이다'고 하였다. 이같이 장수하는 인물이 많은 것은 어른을 공경하는 경로사상이 뿌리를 내리고 있었기 때문이다.

예향으로서 강릉은 옛날부터 예禮와 의義를 실천한 충신과 효자·효부가 많은 고장으로 소문이 나 있다. 충신들은 자신의 직무에 최선을 다하였고 '불사이군 不事二君'의 의식을 가지고 있었으며 아울러 모두 효자였다. 부모님을 위해서라면 관직까지도 버리고 달려오고 출사를 거부하였으며 모든 정성을 다하였다. 아내들도 역시 시부모와 남편의 뜻을 받들기라도 하듯 부모님과 남편을 위해 몸과 마음을 다 바치고 때로는 귀중한 생명까지도 바쳤다. 오늘날까지 강릉사

람이 효성스럽고 부부지간과 가정이 화목한 것도 이들이 남긴 교훈이요 자취
이다. 이처럼 강릉을 문향과 예향으로 이끈 중심에 강릉 향교가 있었다.

700년 역사의 강릉 향교

강릉 교육의 중심은 향교였다. 홍귀달洪貴達은 「향교중수기」에서 '강릉에는 풍
습이 문학을 숭상하여 그들 자제가 겨우 부모의 품을 벗어나게 되면 곧 향교에
들어가 배웠으며 시골 구석구석 마을에까지 선비들이 위엄 있고 엄숙한 태도
와 조용한 몸가짐을 하고 있었다. 이는 모두 글을 읽는 사람 때문이다' 라고 하
였다.

향교鄕校는 지방의 관립학교이다. 향교는 지방민을 교화시키고 인재를 양성
할 목적으로 고려 중기부터 조선에 이르기까지 전국 각지에 설립된 제향祭享과
교육敎育의 두 가지 기능을 담당해 온 지방 교육기관이다. 특히 조선시대에 들

어와 인재양성을 위해 중앙에는 국가의 최고 교육기관인 성균관과 사학을 두고 지방에는 향교를 두어 교육을 담당하도록 하였다. 조선시대 학제는 초등 교육기관인 서당書堂, 중등 교육기관인 중앙의 사학四學과 지방의 향교鄕校, 고등교육기관인 성균관成均館이 있어서 서당 → 사학과 향교 → 성균관의 3단계로 편성되어 있었다. 그러나 이들 교육기관은 오늘날의 교육제도처럼 계통적으로 연결된 것이 아니라 각각 독립된 교육기관이었다.

서원書院은 우리나라의 선현을 배향하고 유생들을 가르치던 조선의 대표적인 사학 교육기관이다. 서원은 선현을 모시고 유생들을 교육시킨다는 점에서 성균관, 향교와 성격이 같다. 조선후기에 접어들면서 서원은 지방 교육을 전담하였고, 상대적으로 향교는 위축되었다. 강릉에도 오봉서원과 송담서원 등이 건립되었다. 그러나 강릉은 다른 지역과 달리 향교가 지역 인재를 양성하는 교육의 중심축 역할을 담당하였다.

강릉 향교는 현재 우리나라 340여 개 향교 가운데 가장 오래된 향교이다. 『강릉향교실기江陵鄕校實記』에 의하면 1127년(고려 인종 5)에 내외향교가 있었는데 병화로 불탄 후 200년이 가깝도록 중건되지 못하였다고 기록되어 있으나 국가 공식 역사기록에서는 확인할 수가 없다. 따라서 강릉 향교의 공식적인 창건은 『증보문헌비고增補文獻備考』에 기록된 1313년(고려 충선왕 5)이다. 강릉존무사 김승인이 강릉시 화부산 기슭 현재의 자리에 대성전을 갖추어 향교를 재창건하여 2013년에 창립 700주년을 맞이하였다. 강릉 향교의 역사가 곧 우리나라 향교의 역사인 것이다.

조선시대에 들어와 강릉향교는 1411년(태종 11)에 화재로 불탔으며, 1413년(태종 13) 강릉대도호부판관 이맹상이 옛터에 다시 건립하였다. 1485년(성종

석전대제
성현을 모시는 봉사의 [ ]으로 석전대제와 함께 [ ]분향제를 지내고 있다.

16)에는 강원도 관찰사로 부임한 홍귀달이 향교의 확장을 추진하여 대성전 9칸, 동·서무 12칸, 명륜당 24칸, 동·서재 12칸, 고사 6칸, 전사청, 교수위, 유사방들을 중건하였으며 1488년 강릉부사 이평이 남루 20칸, 전향청의 중건을 통해 총 70칸의 웅장하고 화려한 향교를 만들었다. 이후 현대에 이르기까지 수많은 보수와 중수가 이루어졌다.

봉사와 교육, 그리고 교화의 기능

향교는 봉사奉祀와 교육敎育의 두 가지 기능을 가지고 있다. 봉사 기능은 봄가을로 열리는 석전대제釋奠를 지내는 것이다. 대성전大成殿에서 공자를 중심으로 그 제자들과 한국의 유학자 설총薛聰·최치원崔致遠 등 명현의 위패를 모셔놓고 기념

위패
강릉 향교는 전국 향교에 가장 많은 131위의 위패를 모시고 있다.

석전을 행한다. 제를 지내는 날짜는 음력 2월과 8월의 첫째 정일丁日이며, 영신례迎神禮·전폐례奠幣禮·초헌례初獻禮·공악空樂·아헌례亞獻禮·종헌례終獻禮·음복례飮福禮·철변두徹籩豆·송신례送神禮·망료望燎의 순서로 진행된다.

강릉 향교는 강릉시장을 초헌관으로 하는 석전대제를 봉행함과 동시에 매달 두 번씩 분향제를 지내고 있다. 분향제는 전교가 헌관이 되어 유림인사들과 장의들이 모여 지내는 것으로 다른 지역 향교는 서울 성균관의 지시로 분향제를 폐지하였다. 그러나 강릉 향교는 전통을 계승 발전시킨다는 취지 아래 옛날 모습 그대로의 음력 초하루와 보름날에 분향제를 봉행하고 있다.

교육기능은 사학인 서원이나 서당에서 공부를 마

친 서생들이 생원이나 진사가 되기 위해 사마시에 응시할 자격을 얻고자 관학
인 향교에서 한 차원 높은 학문을 공부하였다. 향교의 교과내용은 시문詩文을
짓는 사장학詞章學과 경전을 공부하는 경학經學으로 구분된다. 경학에는 경전뿐
만 아니라 사서史書도 함께 공부하였다. 향교의 교생들이 주로 배웠던 교재는
『소학小學』과 사서오경을 비롯하여 『근사록近思錄』, 『심경心經』, 『가례家禮』 등이
었다.

한편 향교는 이외에도 지방민을 교화하는 기능을 가지고 있었다. 향교에서
는 지방민의 교화를 위해 양로연이나 향음주례를 베풀거나 향사례를 실시하였
다. 양로연養老宴은 매년 8월에 덕망이 있는 사람으로서 80세 이상이 된 노인을
초대하여 잔치를 베풀던 행사이다. 향음주례鄕飮酒禮는 매년 10월에 학문과 덕
행을 겸비한 노인을 초대해서 술자리를 베풀어 장유유서의 예를 배우도록 하
였다. 향사례鄕射禮는 매년 봄(3월 3일), 가을(9월 9일) 두 차례에 걸쳐 효孝·제悌·
충忠·신信·예禮에 뛰어난 자를 초청하여 술과 음식을 베풀고 연회가 끝나면 편
을 갈라 활쏘기를 거행하던 행사이다.

전학후묘의 구조

강릉 향교는 전학후묘前學後廟의 구조이다. 관학인 향교는 크게 제향공간과 강학공간으로 나뉜다. 제향공간祭享空間은 공자를 모신 대성전을 중심으로 양쪽에 공자의 제자와 우리나라의 성현을 모신 동무와 서무가 있다. 강학공간講學空間은 강의실인 명륜당과 학생들의 기숙사인 동재와 서재가 있다.

강학공간과 제향공간의 위치에 따라 향교의 구조는 전묘후학前廟後學, 전학후묘前學後廟 그리고 병립식竝立式이 있다. 이들 가운데 제향공간인 묘廟가 강학공간인 학學보다는 상위에 있다. 향교가 건립되는 지형에 의해 그 위치가 결정된다. 일반적으로 평지일 경우는 앞쪽이 상위인 반면 경사지일 경우는 높은 뒤쪽이 상위이다. 따라서 평지 향교일 경우는 전묘후학의 구조이며, 경사지 향교일 경우 전학후묘의 구조이다. 화부산을 배경으로 경사지에 건립된 강릉 향교는 상위의 제향공간이 뒤쪽 높은 곳으로 가고 강학공간은 앞쪽 낮은 곳에 자리한 전학후묘의 구조이다.

명륜당
릉 향교는 강학공간인
륜당이 앞에 있고 제향
간이 뒤에 있는 전학후
의 구조이다.

현재 강릉향교에는 대성전, 명륜당, 동·서무, 동·서재, 교직사, 재방, 제기고, 화장실 등의 건물과 일각문, 협문, 진학문 등의 문이 있으며 강릉향교묘정비 등 비석 2기가 남아 있다. 교직사 앞에 연못 천운지가 있다. 특히 입구에 있는 은행나무는 향교의 상징이다. 향교에 은행나무가 있는 것은 공자가 제자들에게 글을 가르치던 곳이 은행나무가 있는 단, 즉 행단杏壇이었기 때문이다.

명륜당과 동재, 서재의 강학공간

강학공간은 명륜당과 동재, 서재로 구성되어 있다. 향교 전면에는 중앙의 일각문과 좌우 협문 등 세 개의 문이 있다. 협문은 일상 출입에 이용하고 중앙의 일각문은 행사 때 사용한다. 문을 들어서면 전면 11칸의 기다란 누각 형식의 명륜당이 있다. 명륜당明倫堂은 유생들이 수업을 하는 교실이다. '명륜明倫'이란 인간사회의 윤리를 밝힌다는 뜻으로, 『맹자』 등문공편滕文公篇에 '학교를 세워 교육을 행함은 모두 인륜을 밝히는 것이다.'라 한 데서 유래한 것이다.

명륜당明倫堂은 정면 11칸 측면 2칸의 세로로 길쭉한 평면 건물이다. 규모면에서 전국 향교의 명륜당 가운데 가장 크다. 명륜당의 규모가 1623년(인조 1)의 기록인 「향교중수기」에는 44칸 누각형식의 건물이라고 되어 있다. 이때부터 현재와 같은 규모였던 것으로 추정된다. 지붕은 맞배지붕이며 바닥은 마루로 되어 있다. 명륜당 출입은 동재 쪽으로 연결된 마루를 통해서 하고 있으며 동쪽 퇴칸 1칸 반은 누방樓房을 두어 온돌시설을 하였다.

가로 방향으로 길고 긴 명륜당은 향교 후면의 나지막하고 길게 늘어선 구릉과 어울리며 전체적으로 수평성을 강조하고 있다. 명륜당 하부는 출입이 가능하도록 벽체로 막지 않고 개방되어 있다. 명륜당 마당을 사이에 두고 좌우로 동·서재가 마주 보고 있다. 길고 단순하게 지어진 명륜당은 깊이 있고 장중한 느낌을 준다. 특히 숲속에 있던 원래의 모습으로 도열해 있는 기둥들은 명륜당

명륜당

의 또 다른 아름다움이다.

동재東齋와 서재西齋는 향교의 유생들이 기거하는 기숙사이다. 명륜당 마당을 사이에 두고 동재와 서재가 좌우로 마주 보고 있다. 동재는 양반의 자제들의 기숙사였으며, 서재는 향리를 비롯한 중인의 자제를 수용하였다. 동·서재는 정면 5칸 측면 2칸 규모의 방형 평면 건물이다. 향교의 동·서재는 일반적으로 숙식을 위한 온돌방과 툇마루가 만들어진 유형이 일반적이지만 강릉 향교에서는 툇마루가 생략된 형태이며, 지금은 온돌이 아닌 마루로 마감하였다.

대성전과 동무, 서무의 제향공간

제향공간은 대성전과 동무, 서무로 구성되어 있다. 대성전大成殿은 제향영역의 중심이다. 대성전은 정면 5칸, 측면 3칸의 당당한 품격을 지닌 건물이다. 기둥도 직경이 굵은 부재를 사용하였으며, 기둥 위에만 공포를 얹은 주심포 형식이다. 지붕은 맞배지붕으로 측면에는 풍판을 대었다. 단청은 대들보 등 주요 부재의 끝에 중점적으로 그려진 모로단청을 하였다. 특히 기둥의 하부에는 흰

대성전과 내부
제향공간은 대성전과 동무, 서무로 구성되며, 대성전은 제향영역의 중심이다.

색과 검은색으로 장식하는 독특한 방식을 채택하였다. 그리고 건물 내부는 벽돌형식의 전돌 대신 화강석 박석을 깔아 마감하였다.

대성전에는 남향으로 공자를 가운데 주향主享하고 안자顔子와 자사子思를 동쪽에, 증자曾子와 맹자孟子를 서쪽에 배향하였다. 그리고 동서쪽 벽면에는 공자의 제자 10인 즉 공문십철孔門十哲과 송나라의 6현인 즉 송조육현宋朝六賢을 각각 8위씩 배향하였다.

대성전 앞의 동·서무의 건물은 정면 5칸, 측면 1칸의 방형으로 대성전의 기단 아랫면과 같은 높이에 자연석 주초석 위에 건립하였다. 동무東廡와 서무西廡에는 우리나라 18현과 중국의 97현의 위패를 모셔 놓았다. 동무에는 홍유후, 설총을 비롯한 58위를, 서무에는 문창후, 최치원을 비롯한 57위를 봉안하고 있다.

이처럼 강릉 향교는 전국 향교에서 가장 많은 131위의 위패를 모시고 있다. 1961년 서울 성균관 유도회에서 전국 향교의 동무 서무에 봉안된 115위 가운데 우리나라 18위는 종전대로 봉안하되 중국 명현 97위는 철폐하도록 결정하였다. 그러나 강릉향교는 조선시대 양식 그대로 131위의 위패를 모시면서 동무와 서무를 유지하고 있다. 다만 우리나라 명현을 상위에 봉안하고 중국명현을 하위에 봉안하는 형식으로 위패의 위치를 바꾸고 공자기원이 아닌 단군기원의 연도를 사용하여 우리나라의 주체성을 강조하였다.

강릉 교육의 산실

한편 강릉 향교는 강릉 교육의 산실이었다. 1894년(고종 31) 갑오개혁으로 과거제도가 폐지되면서 향교의 유생儒生들의 인적사항을 기록한 명부인 청금록靑衿錄도 함께 폐지되었다. 이후 강릉 향교에서는 대한제국 말기인 1909년(순종 3) 명륜당에 화산학교花山學校를 건립하였다. 근대 지식을 갖춘 인재를 양성하

천운지
10년 강릉 부사 김륵이
륜당 앞에 연못을 파고
운지'라 명명하였다.

여 나라와 고향을 지키겠다는 것을 목표로 유림 지도자들에 의하여 근대학교로 설립되었다. 향교 재산을 교비로 충당하여 운영하였으나 한일 합방 다음 해인 1911년 폐교되어 양잠전습교로 변신되면서 본래의 설립 정신과 거리가 멀어졌다.

1928년에는 향교의 명륜당에서 강릉공립농업학교(구 강릉농고)가 개교하여 비로소 현대식 중등교육이 실행되는 계기가 되었다. 1938년에는 강릉공립상업학교가 향교에서 개교하였으며, 1940년에는 강릉공립여학교가 개교하여 이듬해 현 위치로 옮겨갔다. 1941년에는 옥천국민학교가 역시 향교에서 개교하여 1944년 현재의 위치로 옮겼다. 그리고 해방 후인 1949년에는 강릉향교 재산으로 사립학교인 명륜중고등학교를 구내에 설립하였다. 그리고 본래 강학공간이었던 명륜당을 개방하고 유교이념으로 교화선도에 매진하는 한편 충효교육원을 신축하여 시민의 교화기관으로서 그 기능을 다하고 있다. 이처럼 강릉향교는 강릉 교육의 산실이었다.

강릉 향교는 전국 최고의 향교이다. 건축적인 측면에서 우리나라 향교 가운데 가장 규모가 클 뿐만 아니라 대성전은 조선초기 건물로 보물 214호로 지정될 만큼 유구한 역사를 자랑한다. 그리고 제향의 측면에서 강릉 향교는 앞에서 살펴본 바와 같이 전국 향교 가운데 가장 많은 성현聖賢의 위패를 모시고 있다. 그리고 교육적인 측면에서 15세기 이후 서원을 중심으로 하는 사학私學의 발달로 전국의 향교들이 그 기능을 상실하였음에도 불구하고 강릉 향교는 여전히 강릉교육의 중심 역할을 하면서 강원도에서 가장 많은 문과 급제자를 배출하였다. 그리고 끊임없이 시대정신을 반영하는 교육기관으로서의 변신을 통해 여전히 지역 교육의 중심인 강릉 향교는 과거에 존재하였던 박제화된 역사가 아니라 강릉 교육을 선도하는 미래이다.

참고문헌

강릉향교, 『강릉향교지江陵鄕校誌』, 강릉향교, 1996

김중일, 「강릉향교 700년」, 『솔향강릉』 13호, 2013. 3

박도식, 『강릉의 역사와 문화』, 눈빛한소리, 2004

방동인, 『영동지방 역사기행』, 신구문화사, 1995

이성자, 「강릉향교 연구」, 강릉대 교육대학원 석사학위논문, 1999. 8

이원명, 『조선시대 문과급제자 연구』, 국학자료원, 2004

차장섭, 「강릉향교의 아름다움」, 『솔향강릉』 13호, 2013. 3

5 수향의 **민속**

壽鄕

길놀이

강릉 단오제

우리나라 최고의 축제

강릉 단오제는 현재 우리나라에서 치뤄지는 향토 축제 가운데 가장 역사가 깊고 규모가 큰 제전이다. 천년이 넘는 역사와 전통으로 마을을 지켜주는 대관령 산신에게 제사를 지내며, 풍년을 빌고 마을의 평안과 집안의 태평을 기원한다. 모든 시민들이 함께 즐기는 음악과 춤과 연극이 어우러진 한마당 놀이문화이다. 강릉 단오제는 1967년 중요무형문화제 13호로 지정되었다.

강릉 단오제는 세계무형문화유산이다. 세계유산으로 선정된 특징은 네 가지로 요약된다. 첫째, 강릉 단오제는 전통적인 명절인 '단오'를 전승하는 축제이다. 단오는 중국에서 시작되고 아시아 전역에서 공유하는 명절이지만 중국, 일본과는 다른 종합적인 축제 문화를 전승하고 있다. 둘째, 강릉 단오제는 공동체적인 가치를 중요시 하는 축제이다. 우리나라 문화적 전통에 바탕을 둔 농촌, 어촌, 산촌의 놀이가 함께 하는 신명나는 축제이다. 셋째, 우리민족 전통 민속축제의 원형성을 간직하고 있다. 원시 종합 예술적 공연문화가 온전하게 계승 발전된 축제이다. 넷째, 무속을 바탕으로 다양한 종교를 포용하는 종합의 례적인 축제이다. 이같은 강릉 단오제의 특징으로 2005년 '인류구전 및 무형유산걸작'으로 선정되어 전 세계의 인류가 보존해야 할 문화유산이 되었다.

양기陽氣가 가장 강한 날, 단오

단오端午는 음력 5월 5일이다. 예로부터 3월 3일, 5월 5일, 6월 6일, 7월 7일, 9월 9일 등 월과 일이 겹치는 날은 양기陽氣가 가득 찬 길일吉日로 쳤다. 그 가운데 5월 5일은 가장 양기가 센 날이라고 해서 으뜸 명절로 지내왔다. 동양에서 홀수는 양의 수라 하고 짝수는 음의 수라 하였다. 5는 홀수 가운데 가장 중간에 있는 수로 양의 기운이 가장 강한 수이다. 그래서 단오는 가장 강한 수 5가 겹치기 때문에 일년 가운데 양陽의 기운이 가장 왕성한 날이다. 태양이 극점에 도달하는 때라 하여 천중절天中節이라고도 한다.

우리나라에서는 설날, 한식, 단오, 추석을 4대 명절로 일컫는다. 이 가운데 단오와 추석은 농경사회에서 5월의 파종기와 10월의 수확기와 관련된다. 수

확을 마친 후 신에게 감사를 드리는 날이 추석이라면 단오는 파종을 하고 모를 낸 후 약간의 휴식이 준비되는 시점이다. 이 날 하루 마음껏 놀이를 즐긴다. 단端은 시작이라는 의미와 함께 으뜸이라는 의미를 가지고 있다. 그리고 단오를 우리말로 수릿날이라고도 하는데 수리란 말은 고高·상上·신神을 의미한다. 따라서 단오는 1년 중 최고의 날이라는 뜻이며 명절 가운데 으뜸 명절이라는 의미이다.

단오는 우리 한민족 고유의 수릿날 전통을 계승하고 있다. 농경사회였던 삼한시대부터 하늘에 제사지내는 수릿날이 있었다. 씨를 뿌리고 나서 풍년을 기원하며 하루를 즐기는 축제의 날이었다. 우리 고유의 수릿날이 중국의 단오 명절과 만나면서 단오端午가 되었다. 반면 중국의 단오는 초나라의 충신 굴원고사에서 비롯되었다. 중국 초나라 굴원屈原이라는 신하가 간신들의 모함에 자신의 지조를 보이기 위하여 멱라수汨羅水에 투신자살하였는데, 그날이 5월 5일이었다. 굴원이 강물에 몸을 던져 죽은 후 이 소식을 듣고 비통함을 느낀 많은 사람들이 몰려와 배를 타고 시신을 찾아 나섰다. 그러나 끝내 찾지 못하자 대나무

단오제 길놀이
강릉 단오제는 세계무형문화유산이다

통에 찹쌀밥 쫑즈粽子를 강물에 던지며 넋을 기리고 용주龍舟를 저어서 물고기를 쫓아내 굴원의 시신을 먹지 못하도록 하였다. 그 후 해마다 단오절에 굴원을 위하여 제사를 지내고 용주 경기와 쫑즈를 만들어 먹는 풍속이 생겼다. 이처럼 우리나라의 단오와 중국의 단오는 이름만 같을 뿐 내용은 완전히 다른 것이다.

천년의 신바람 축제

강릉단오제는 천년의 역사를 가지고 있다. 우리나라의 단오는 성읍국가 시절 하늘에 제사지내는 제천의식祭天儀式에서 비롯되었지만 강릉단오제의 시작은 정확하게 고증하기 어렵다. 일반적으로 통일신라 말 고려 초기 대관령에서 제사

길놀이

강릉 단오제는 신바람 는 마을축제이다.

를 지낸 것에서 그 시원을 잡는다. 고려시대 명주장군 왕순식이 태조 왕건을 돕기 위해 대관령을 넘으면서 제단을 쌓고 기도를 올렸다. 이것이 연례적인 제사로 정착하고 변화를 거치며 오늘날 범일국사를 모신 '대관령 국사성황당'에 제사를 지내는 강릉 단오제가 시작되었다.

조선시대에 들어오면서 강릉 단오제의 주신主神은 범일국사梵日國師에서 김유신金庾信으로 바뀌었다. 조선초기 숭유억불정책의 영향으로 선승禪僧인 범일국사를 단오제 주신으로 존속시키기에는 많은 어려움이 있었다. 그러다가 조선후기에 들면서 강릉단오제의 주신은 다시 범일국사로 환원되었다. 조선 경종 무렵에 만들어진 강릉의 향토지『강릉지江陵誌』풍속조에 의하면 '대관산신탑산기大關山神塔山記에 왕순식이 고려 태조를 따라서 남쪽으로 정복하러 나섰을 때 꿈에 승속僧俗 두 신이 병사를 이끌고 와서 구해 주었다. 꿈에서 깨어 보니 싸움에 이

길놀이
강릉단오제는 신과 인간이 하나되는 축제이다.

대관령국사여성황신
대관령국사여성황신은
릉에 살던 정씨 처녀기
랑이에게 물려가 대관령
여자 성황신이 되었다.

겼으므로 대관령에 사우를 지어 제사를 올렸다'라고 하였다. 이 기록에서 승려
僧侶는 국사성황당의 주신 범일국사이며, 속인俗人은 대관령 산신 김유신을 말
한다.

한편 조선후기에 들어와 강릉 단오제는 향리들이 주관하면서 마을축제로 변
화하였다. 숙종조 이후 주관하는 집단이 양반 사대부에서 호장을 중심으로 하
는 향리 계층으로 바뀌었다. 주관자의 변화는 단오제의 변화를 가져왔다. 먼저
단오제의 주신이 김유신에서 다시 범일국사로 바뀌었다. 대관령국사여성황이
모셔지고 관노가면극이 공연되기 시작하였다. 엄격한 신분질서의 유지를 지향
하는 양반사회에서 양반의 허구성을 풍자하는 관노가면극은 일반서민들과 보
다 친숙해지는 계기가 되었으며, 이로써 강릉 단오제는 마을축제로 자리매김
하게 되었다.

인간과 신이 하나 되는 축제

강릉 단오제는 인간과 신이 하나되는 축제이다. 많은 신들은 설화를 타고 인간 세상으로 내려왔다. 강릉 단오제의 주신으로 대관령국사성황당에 모셔진 범일국사와 대관령 산신각을 지키는 김유신, 그리고 대관령국사여성황당을 지키는 대관령국사여성황신 정씨 처녀가 그들이다. 이들은 모두 설화를 타고 인간 세상에 내려왔다는 공통점을 가지고 있다.

범일국사는 굴산사가 있었던 구정면 학산에서 태어났다. 태어날 때부터 보통사람과는 달랐다. 『조당집祖堂集』에 의하면 어머니 문씨가 아이를 가질 때 해를 두 손으로 떠받드는 태몽을 꾸었으며, 아이를 잉태한 지 열석 달만에 출산하였다고 기록되어 있다. 또 다른 범일의 출생과 관련한 설화는 강릉읍지인 『중수 임영지增修臨瀛誌』에 기록되어 있는 것으로 강릉시 구정면 학산리에 전해지는 탄생설화가 더 알려져 있다.

학산마을에 사는 한 처녀가 석천石泉에서 바가지로 물을 뜨니 물속에 해가 떠 있었다. 물을 버리고 다시 떴는데도 여전히 해가 있었다. 그 물을 마신 뒤로 처녀는 잉태하여 13개월만에 옥동자를 낳았다. 아비가 없는 자식이라 마을 뒷산 학바위 밑에 아이를 버렸다. 그런데 아이를 낳은 처녀가 잠을 이루지 못하고 이튿날 그곳에 다시 가보니 뜻밖에도 학과 산짐승들이 모여 젖을 먹이고 있었다. 이 광경을 보고 아이를 비범히 여겨 데려다 키웠다. '해를 뜬 물을 마시고 태어난' 그 아이가 바로 범일梵日이었다.

대관령 산신이 된 김유신 장군 설화는 홍길동전의 저자 허균이 쓴 『성소부부고惺所覆瓿藁』에 전해진다. 허균은 34세인 1603년(선조 36)에 어머니와 함께 외가인 강릉 사천 애일당에 4개월간 머물면서 단오제를 보았다. 그리고 「대령산신찬병서大嶺山神贊并書」를 썼다.

신주 빚기
강릉의 단오제는 신주
기에서 시작된다.

계묘년(1603) 여름이었다. 나는 명주(지금의 강릉)에 있었는데, 고을 사람들
이 5월 초하룻날에 대관령신을 맞이한다 하기에 그 이유를 관리에게 물었더
니 이렇게 말하였다. '대관령신은 바로 신라 대장군 김유신입니다. 공이 젊
었을 때 명주에서 공부하였는데, 산신이 검술을 가르쳐 주었고, 명주 남쪽
선지사禪智寺에서 칼을 주조하였는데, 90일 만에 불속에서 꺼내니 그 빛은 햇
빛을 무색하게 할 만큼 번쩍거렸답니다. 공이 이것을 차고 화를 내면 저절로
칼집에서 튀어 나오곤 하였는데, 마침내 이 칼로 고구려를 물리치고 백제를
평정하였습니다.

죽어서는 대관령의 산신이 되어 지금도 신령스럽고 기이한 일이 있기에 고
을 사람들이 해마다 5월 초하루에 천을 길게 늘여 뜨려 만든 괫대와 향기가
나는 꽃을 갖추어 대관령에서 맞아다가 명주부사에 모십니다. 그리하여 닷
새 되는 날에 잡희로 신을 기쁘게 해드립니다. 신이 기뻐하면 하루 종일 괫
대가 쓰러지지 않아 그 해는 풍년이 들고 신이 화를 내면 괫대가 쓰러져 그

해는 바람과 가뭄의 피해가 있다고 합니다.

대관령국사여성황신의 설화는 강릉에 살던 정씨 처녀가 호랑이에게 물려가 대관령의 여자 성황신이 되었다는 이야기이다. 호랑이에게 피해를 입은 호환 설화虎患說話를 통해서 대관령국사성황신과 대관령국사여성황신이 혼인하는 것 으로 극화하였다.

강릉헌에 정씨 성을 가진 미모의 규수가 살고 있었다. 하루는 그녀의 아버지 가 꿈을 꾸었는데, 대관령국사성황신이 나타나 딸을 달라고 간청하였다. 그 러나 아버지는 '인간이 아닌 신을 사위로 삼을 수 없다'는 말로 단호하게 거 절하였다. 그러자 얼마 후 대관령국사성황신은 자신이 부리던 호랑이를 시 켜 규수를 물어오게 하여 배필로 삼았다. 이 사실을 알게 된 가족들이 부랴 부랴 대관령까지 쫓아가서 딸을 찾았다. 그런데 육체는 생전 그대로였지만 영혼은 이미 빠져나간 뒤였다. 결국 그녀는 대관령국사여성황신이 되었다. 그날이 바로 4월 15일이었다.

대관령국사성황신과 여신의 만남은 조선후기 숙종 연간에 이루어졌다. 동래 부사를 역임한 초계 정씨 정현덕의 후손들 사이에 전해오는 설화이다. 강릉읍 성 남문 밖에 대관령국사여성황신의 친정인 정씨가鄭氏家로 전해지는 민가가 있 었다. 이 민가를 후일 강릉지방의 부호였던 최씨 일가에서 매입하였으며, 단오 가 되면 최씨 일가에서 이 설화에 근거하여 영신행차迎神行次 제사를 지내고 많 은 음식을 제공하였다.

8단오로 진행되는 강릉 단오제

강릉 단오제는 제례의식을 중심으로 준비되고 진행되었다. 강릉 단오제는 음력으로 행사날짜가 고정되어 있으며, '8단오八端午'의 과정으로 진행되었다. 1967년 중요무형문화재로 지정될 당시의 8단오는 음력 3월 20일 신주빚기로 시작하여 음력 5월 7일 소제燒祭와 봉송奉送으로 마무리되었다. 근 50여 일에 걸쳐서 축제가 준비되고 시행되었다. 그러나 최근에는 신축적인 운영으로 단오제가 30여 일간 진행된다.

음력 4월 5일(초단오) : 신주빚기

음력 4월 15일(재단오) : 대관령 산신제. 대관령 국사성황제, 국사여성황사
봉안제

신주빚기

신주빚기는 시민들의 헌□
와 제관들의 정성, 무당□
축원으로 이루어진다.

음력 5월 1일(삼단오) : 남대천 가설 성황사터 고사

음력 5월 3일(사단오) : 영신제, 영신행차

음력 5월 4일(오단오) : 조전제, 단오굿, 관노가면극

음력 5월 5일(육단오) : 조전제, 단오굿, 관노가면극

음력 5월 6일(칠단오) : 조전제, 단오굿, 관노가면극

음력 5월 7일(팔단오) : 단오굿, 관노가면극, 송신제, 소제

강릉 단오제의 제례의식은 유교식으로 관원에 의해 이루어졌다. 복식과 홀기, 축문을 갖추고 헌관과 집사들이 산신제 성황제, 영신제, 봉안제, 조전제, 송신제를 거행한다. 제전행사의제물은 도가에서 정성껏 마련하며 신주는 칠사당에서 제관들과 무당이 주관하여 빚는다. 제례진행은 강릉시장을 비롯한 각급 기관장과 사회단체장 등이 제관이 되어 지역민의 안녕과 풍요를 기원한다. 민民과 관官이 함께 하는 전통을 계승한 것이다.

신주빚기

을 빚는 제관은 부정을 ㅣ 않기 위해 말을 하지 ㅏ도록 입에 흰 천을 물 ㅣ다.

강릉 단오제는 신주빚기로 시작된다. 신주근양神酒謹釀은 신에게 바칠 술을 빚는 의식으로 음력 4월 5일에 거행된다. 신주빚기는 강릉 관아였던 칠사당에서 이루어진다. 일주일 전부터 미리 금줄을 치고 황토와 소금을 뿌려 부정한 일을 막는다. 당일에는 칠사당 대청마루에서 무당이 부정굿을 한다. 사방에 있는 부정과 제관을 따라온 부정함 등 온갖 부정을 깨끗하게 제거하는 굿으로 신칼을 휘두르고 사설을 통해 재액을 몰아낸다.

신주는 시민들의 헌미와 제관들의 정성, 무당의 축원으로 이루어진다. 신주는 시장이 건네준 관미官米와 시민들이 봉정한 헌미獻米로 빚어진다. 시장이 제주미祭酒米를 건네는 것은 예전에 강릉부사가 관미를 내어 제주를 빚게 한 것을 재현하는 것이다. 그리고 특히 시민들은

단오제에 사용될 신주와 떡을 빚기 위해 쌀을 봉헌한다.

술은 제관들에 의해 빚어진다. 목욕 재계를 하고 의복을 갖추어 입은 제관들은 부정을 타지 않기 위해 말을 하지 못하도록 입을 흰 천으로 감싼다. 시장이 보낸 관미 두 되와 시민이 보낸 헌미에 누룩, 솔잎을 버무려 단지에 넣고 정화수를 붓는다. 제주 단지는 한지로 덮고 금줄로 잘 묶어 칠사당 호장청의 아랫방에 둔다. 이때 무당은 장단을 울리면서 술이 잘 숙성되기를 기원하는 축원가를 부른다.

신과 인간의 만남, 제례

대관령산신제와 대관령국사성황제는 음력 4월 15일에 대관령에서 지낸다. 대관령 능경봉에서 선자령으로 이어지는 능선 아래 재궁골에 강릉단오제의 주신들이 모셔져 있다. 이곳에는 국사성황 범일국사를 모신 성황사, 산신 김유신을 모신 산신각, 그리고 기도처인 칠성당과 샘물 용정이 모여 있다.

대관령산신제를 먼저 지내고 음복을 한 다음 이어서 아래쪽에 있는 대관령국사성황제를 지낸다. 그리고 신목 모시기는 국사성황신이 하강하신 신체로 여겨지는 신목을 베는 행사이다. 신장부와 무당들이 국사성황이 강림한 것으로 믿는 단풍나무를 신목神木으로 모시고 내려온다. 이것을 '국사國師 행차'라고 한다. 이 때 사람들이 종이나 천을 신목에 걸고 기원하거나 음식을 장만하여 무당들을 위로하였다.

구산서낭제는 옛날 역원驛院이 있었던 구산 서낭당

산신제

음력 4월 15일 대관령
궁골에서 산신제, 대관령
사성황제를 지낸다.

에서 지낸다. 대관령의 관문인 이곳 마을 서낭당에 모신 신은 대관령국사성황
신의 아들 성황신이라고 한다. 국사행차가 대관령 아흔아홉 굽이를 내려오면
수많은 사람들이 횃불을 들고 나와 길을 밝히며 신을 영접한다. 소나무 관솔로
만든 횃불에 청색, 흑색, 적색의 헝겊을 달고 행진하면서 '산유가'를 불렀다.

꽃밭일레 꽃밭일레 사월 보름날 꽃밭일레

어얼싸 기화자자 영산홍

명산일레 명산일레 대관령이 명산일레

기화자자 영산홍

일 년에 한 번밖에 못 만나는 우리 연분

기화자자 영산홍

신목과 소원적기
성황신이 하강한 신목
소원을 적은 천을 메달
복을 기원한다.

영신제

영신제는 대관령국사성
신과 대관령국사여성황
의 신위와 신목을 단○
제단으로 모셔가는 ○
이다.

보고파라 가고지고 어서 바삐 가자서라

기화자자 영산홍

예전에는 대관령에서 걸어 내려왔기 때문에 구산에서 하룻밤을 지냈다. 그
러나 지금은 차로 내려오기 때문에 구산에서 점심을 먹는다.

이어서 국사행차는 구정면 학산의 서낭당에서 학산서낭제를 지낸다. 구정면
학산은 국사성황신 범일국사가 탄생한 곳이다. 범일국사의 어머니가 샘물을
마셨다는 석천石泉, 아이를 버렸던 학바위, 그리고 굴산사지가 있는 곳이다. 국
사행차가 이곳에서 학산서낭제를 지내기 시작한 것은 1999년부터이다.

봉안제奉安祭는 국사성황신을 국사여성황사에 모시는 제례이다. 국사행차는
위패와 함께 홍제동에 있는 대관령 국사여성황사에 도착하여 단오제 본제가
시작되는 날까지 함께 봉안한다. 국사성황신과 여성황신이 만나는 음력 4월
15일은 바로 국사성황신이 정씨 처녀를 데려다가 혼인한 날이기 때문이다. 대

관령국사여성황사에서 행해지는 봉안제는 일 년에 한 번 만나는 인연을 만드는 의식이다.

영신제迎神祭는 대관령국사성황신과 대관령국사여성황신의 신위와 신목을 단오장 제단으로 모셔가는 의례이다. 음력 5월 3일 여성황사에서 두 내외분을 맞이하는 영신제가 올려진다. 오후 5시 단오제위원회 위원장이 초헌관을 맡아 유교식 제례를 지내고 무녀는 굿을 한다. 굿은 부정굿, 여성황굿, 그리고 국사성황신 내외분을 남대천 가설굿당으로 모셔가기 위한 대맞이의 순서로 이루어진다. 대맞이 무당은 삼제관을 앞세우고 무녀가 서낭님을 모시러 왔으니 신목잡이를 통해 대에 내려오시라고 축원한다.

영신행차
신행차는 영신제를 마친
위와 신목을 앞세우고
오장 제단으로 가는 행
이다.

영신행차迎神行次는 영신제를 마친 신위와 신목을 앞세우고 단오장 제단으로 가는 행차이다. 영신행차는 단오장으로 가는 길에 여성황신의 친정 정씨가로 알려진 경방댁에 들러 집에서 준비한 제상을 받고 굿을 한다. 정씨가에서의 제례는 영신행차의 노제路祭로 진행된다. 제단 위에 위패를 모셔놓고 부정굿과 축원굿을 한다.

영신행차는 국사성황신 내외분을 모시고 강릉 시내를 한 바퀴 돌아 남대천 가설굿당으로 향한다. 영신행차는 신위와 신목이 제일 앞에 서고 그 뒤로 제례, 단오굿, 관노가면극 보존회 회원들이 춤과 음악을 연주하며 뒤따른다. 이어서 강릉지역 각급 기관장과 지역유지, 외부인사 등을 포함하는 수많은 시민들이 손에 단오등端午燈을 들고 뒤따른다. 영신행차가 지나가는 거리

곳곳에는 신주를 빚을 때 시민들이 낸 헌미로 만든 신주와 수리취떡을 준비하고 시민들과 함께 신을 맞이하는 거리축제가 열린다. 최근 이를 '신통대길神通大吉'로 명명하였다.

조전제朝奠祭는 단오제가 열리는 음력 5월 4일부터 7일까지 매일 아침 남대천 가설굿당에서 열린다. 단오제가 강릉과 영동지역 일대의 풍년과 태평을 기원하는 의례인 만큼 강릉지역 기관 단체장들이 헌관을 맡아 제례를 올린다. 그리고 남대천 가설굿당에서는 단오굿이 펼쳐진다.

송신제送神祭는 강릉단오제의 마지막 제례로 국사성황신과 국사여성황신을 떠나보내는 의례이다. 강릉단오제가 끝나는 음력 5월 7일 저녁에 신위를 원래의 위치로 돌려보내는 형식으로 진행된다. 제례가 끝나면 굿을 할 때 쓰던 위패, 신목, 연등, 지화, 기타 장식품 등을 모두 태우는 환우굿으로 단오제를 끝마친다.

그네뛰기
그네뛰기는 단오날에 행○는 민속놀이 가운데 대○적인 여성놀이이다.

단오 민속놀이

단오는 일년 중에서 가장 양기가 왕성한 날이라 해서 큰 명절로 생각하여 여러 가지 풍속과 행사가 행해졌다. 여자들은 '단오장端午粧'이라 하여 창포뿌리를 잘라 비녀로 만들어 머리에 꽂아 두통과 재액災厄을 막고, 창포를 삶은 물에 머리를 감아 윤기를 더하게 하였다. 또 단옷날 새벽 상추밭에 가서 상춧잎에 맺힌 이슬을 받아 분을 개어 얼굴에 바르면 버짐이 피지 않고 피부가 고와진다고 한다. 남자들은 단옷날 창포뿌리를 허리에 차고 다니는데, 이는 벽사의 효험을 기대하는 믿음에서 비롯되었다.

　단옷날 오시午時(오전 11시~오후 1시)를 가장 양기가 왕성한 시각으로 생각하여 약쑥을 뜯어 처마 밑에 걸어서 말렸다가 몸이 아프면 삶아 마시고, 뜸을 뜰 때 사용한다. 또한 연한 쑥을 뜯어서 쑥떡과 쑥국을 끓여 먹는다. 또한 단오 아침에는 이슬 맞은 익모초 즙을 짜서 저녁에 이슬을 맞힌 다음 물과 혼합한 후에 마시면 소화에 좋다고 한다. 속병이 있거나 생목이 올라올 때 마시면 효험을 본다. 배가 아플 때나 산후에도 사용하는데 익모초는 여자에게 좋으나 남자는 양기가 부실해진다고 먹지 않는다. 그리고 대풍년을 기원하는 풍습으로 대추나무 사이에 돌을 끼워 넣는 대추나무 시집보내기를 하였다. 강릉지방에서는 감나무나 밤나무 사이에 돌을 끼워 일년 농사와 과일의 풍년을 기원하였다.

　단오의 대표적인 놀이로 그네뛰기와 씨름을 들 수 있다. 그네뛰기는 단옷날 여성들의 대표적인 놀이이다. 조선후기의 화가 신윤복의 '단오풍정'을 보면 한복을 차려입은 부녀자들이 치마폭을 바람에 날리며 하늘로 치솟는 모습을 볼 수 있다. 이와 쌍벽을 이루는 대표적인 남성들의 놀이로 씨름대회가 있다. 씨

씨름

름은 단오날에 펼쳐지
대표적인 남성들의 놀이
다.

름대회에서 이기는 사람에게는 관례로 황소를 상품으로 주는데, 경기방식은 요즘과 같이 토너먼트식이 아니라 도전자들을 모두 이겨 상대자가 없게 되면 우승을 하게 된다.

단오에는 부채를 선물하였다. 부채는 더위를 식히기 위한 도구로 단오 무렵부터 더위가 찾아오기 시작한다. 이날 부채를 만들어 왕에게 진상하였는데 이것을 '단오선端午扇'이라고 하였다. 전통사회에서 단오의 세시풍속은 더운 여름철의 건강을 유지하는 지혜와 신체단련을 위한 놀이, 재액을 방지하기 위한 습속, 풍농을 바라는 의례가 주를 이루고 있다.

강릉 단오제는 시민들과 함께 하는 신명나는 축제로 지정문화재 행사, 민속행사, 경축행사, 야간공연, 예술행사, 체육대회 등 다양한 행사가 진

행된다. 지정문화재 행사는 제례를 비롯하여 단오굿, 관노가면극, 농악 등의 무형문화유산 공연이 있으며, 민속행사는 한시백일장, 향토민요경창대회, 전국시조경창대회, 줄다리기대회, 씨름대회, 그네뛰기, 강릉사투리경연대회, 궁도놀이, 투호대회 등이다. 경축행사는 불꽃놀이, 단오등 띄우기, 각종 전시회 등이다. 야간공연은 국악공연, 연극공연, 사물놀이 등이며, 예술행사는 전국사진공모전, 단오제풍물전시회, 학생사생대회, 미술전시회, 교산백일장, 동화구연대회 등이다. 체육행사는 상농정기 축구대회, 테니스대회, 탁구대회, 태권도대회, 게이트볼 대회, 역전마라톤대회 등이다. 이같은 행사는 강릉단오장에 마련된 어울마당, 놀이마당, 대동마당, 그리고 단오문화관에서 진행된다.

강릉 단오제의 핵심은 제례와 함께 관노가면극과 단오굿, 농악이다. 관노가면극은 단오날 강릉부에 속해 있던 관노들이 여러 서낭당을 돌아다니며 놀았

던 가면극이다. 관노가면극의 내용은 양반에 대한 풍자, 소매각시를 통한 정조관의 강조, 토속적인 노경의식, 마을의 안녕과 풍농·풍어의 기원, 무속적 제의로 요약될 수 있다. 극의 형식은 춤과 동작 위주로 진행되며 국내 유일의 무언극이다. 강릉단오제 행사기간 동안은 여러 단체들이 매일 공연을 한다.

신을 만나는 소리와 몸짓, 단오굿

강릉 단오제는 인간과 신이 만나는 축제로써 단오제의 꽃은 단오굿이다. 신과 인간의 만남이 굿에서 가장 중요한 것이고 그 둘을 이어주는 중간자가 바로 무당이다.

강릉 단오굿은 규모가 가장 큰 고을굿이다. 굿은 규모에 따라 분류한다. 가장 작은 것은 집안에서 행해지는 재수굿이 있고, 마을을 단위로 공동체의 안녕

단오굿
릉 단오제의 꽃은 신과
간이 만나는 단오굿이다.

과 생업의 풍요를 기원하는 당굿이 있다. 그리고 당굿보다 더 큰 규모가 고을
굿이다. 강릉 단오굿은 서낭신을 모시는 의미에서는 당굿에 속하지만 규모나
형태면에서 고을굿에 해당한다.

강릉 단오굿에서 무당은 신과 인간이 만나 하나 되도록 하기 위해 세 가지
방법으로 굿을 구현한다. 이야기 중심의 장편 서사무가와 신을 흉내내고 또 일
상을 보여주는 춤, 그리고 연극적인 놀이가 그것이다. 그리고 굿은 열려 있는
의례이기 때문에 누구든지 굿판에 끼어들어 신과 만남을 갖고 자신의 신명을
풀 수 있다.

강릉 단오굿은 남대천 가설굿당에서 이루어진다. 대관령 재궁골이 특정지역
에 고정된 신성공간이라면 가설굿당은 일상의 공간에 신성공간이 생겨난 것이
다. 인간의 영역으로 이동한 신이 인간을 만나는 곳이다. 때문에 굿당은 신의
공간이지만 인간을 위한 공간이기도 하다. 굿당의 공간은 제단과 굿마당으로
나눌 수 있다. 제단은 제물을 진설하기 위해 만든 공간으로 대관령 방향, 즉 서
쪽에 있다. 제단 중앙에는 신목과 위패가 있고, 좌우에는 연봉을 비롯한 지화紙

단오굿
강릉 단오굿은 가장 규
가 큰 마을 굿으로 인간
신이 하나가 된다.

花와 지등紙燈이 화려하게 장식되어 있다.

굿당을 장식하는 지화와 지등은 각종 문양으로 상징화한다. 지화가 나타내는 가장 보편적인 상징은 아름다움이지만 무속에서는 생명이다. 또한 번영과 풍요, 존경과 기원의 매개물, 사랑, 재생, 영생불멸 등의 의미를 가지고 있다. 무당들은 꽃에 의한 재생을 믿으며, 사람을 살려내는 생명의 원천이라고 믿는다. 그리고 굿당에 걸려 있는 지등은 호개등, 탑등, 용선, 수박등, 초롱등 등이 있다. 호개등은 신들이 굿당을 찾아오도록 하는 등이며 탑등은 부처님을 뜻한다. 탑은 부처님의 무덤에서 유래했기 때문에 탑은 곧 부처님을 상징한다. 용선은 신들이 타고 다니는 것으로 환우 때 국사성황신이 타고 돌아가는 등이다. 초롱등은 밤길을 오가는 신들을 위하여 길을 밝히는 등이다. 그리고 수박등은 죽은 사람이 수박 덕에 이틀을 더 살았다는 이야기에 근거한 것으로 신들이 가지고 갈 저승과일이다.

강릉 단오굿은 단오제 기간 동안 펼쳐지며 대략 20여 가지 굿을 한다. 무속 세계에서 여러 신들을 불러 집안의 평안과 생산의 풍요로움을 빌고, 무병장수

단오굿
오굿은 지화, 지등으로
려하게 장식한 남대천
설굿당에서 이루어진다.

와 조상신의 숭배, 영혼의 천도 등을 빌었다. 강릉 단오굿에서 행해지는 굿의 내용과 순서는 해마다 다소 차이가 있는데 그것은 참가한 무당의 시정과 관련된다.

부정굿은 부정을 물리치는 굿이다. 본격적인 굿을 하기 전에 여러 신을 맞이하기 위해 부정한 것을 깨끗하게 하는 굿이다. 음력 4월 5일 신주빚기와 대관령국사성황제, 봉안제 그리고 단오본제가 시작되는 음력 5월 4일 단오 제단에서 부정굿을 한다. 요란한 무악과 함께 무당은 신 칼로 바가지의 물을 제단 주변에 뿌리는 의식을 한다.

청좌굿은 부정굿을 하고 나서 단오제의 주신인 범일국사성황신을 모신 후에 무속에서 신앙하는 다른 모든 신들을 청하여 단오장의 제단에 좌정시키는 굿이다. 조심조심 정성을 다하여 준비하였으니 아무쪼록 와서 동참해 주시고 인간들의 소원을 들어달라는 내용이다. 이 굿을 서낭굿이라고도 한다.

조상굿은 여러 집안의 조상을 모시는 굿으로 모든 조상신을 청하여 한을 풀어주고 염불로 저승에서 편안하기를 기원하는 굿이다. 자손이 잘 되게 기원하

단오굿

강릉 단오굿은 단오제 간 동안 대략 20가지의 을 한다.

며, 진행되는 동안 중타령과 놀이굿을 같이 한다.

세존굿은 생산을 관장하는 신인 세존과 당금애기의 결합과정을 그린 무속신화를 구연하는 것이다. 가정에 자식이 없는 집은 자식을 점지하게 하고, 자식이 많은 집은 수명장수를 기원하며 모든 자손들이 하는 일 모두가 잘 되게 해 달라고 기원한다. 이 굿은 무녀가 활옷을 입고 머리에는 고깔을 쓰고 목에는 염주를 걸어 스님 모양새로 꾸미는 것이 특징이다. 승려들의 세계를 풍자한 중도독잡기 놀이가 함께 연희된다. 불교적 색채가 짙은 신을 위한 것이다.

축원굿은 발복發福을 기원하는 굿이다. 축원굿은 신주빚기, 대관령국사성황제, 여성황봉안제, 정씨댁제 그리고 단오본제 때 여러 굿 사이사이에 계속한다. 이 굿은 단오굿의 주신이 되는 국사성황신과 국사여성황신을 모시고 태평을 축원하는 굿이기 때문에 성황굿이라고도 한다.

화해굿은 화해동참굿이라고도 한다. 이 굿은 여러 신들로 되어 있는 성황님 부부가 화해하시라는 내용을 담고 있다. 즉 국사성황신과 국사여성황신이 평소에는 대관령과 강릉시내에 서로 떨어져 있지만 굿을 하는 동안은 두 분이 화해하여 한 몸, 한 마음이 되어 굿을 받으시라는 것이다. 아울러 모든 신들이 남대천 굿당에 동참하여 서로 다툼없이 주어진 신들의 역할을 다하기를 기원하는 것이다.

천왕굿은 자손들의 학업이 잘 되기를 축원하는 것으로 불교적인 색채가 짙다. 천왕은 천상계통의 신으로 무신의 하나이다. 이 신가는 학업의 기원뿐만 아니라 공덕을 열심히 쌓아서 극락왕생하기를 기원하는 내용으로 되어 있다. 한편 천왕굿이 끝나면 원님놀이를 하였기 때문에 원님굿이라고도 한다.

산신굿은 전국 각처 명산名山의 산신을 청하고 대관령 산신을 모신 다음 발복發福을 기원하는 굿이다. 대관령의 안전행로를 기원하며 여러 산신께 축원을 올린다.

군웅장수굿은 군웅굿, 장수굿 또는 놋동이굿이라고도 한다. 군웅은 무신으로 외부에서 들어오는 액을 막아주는 신이다. 그리고 나라와 마을을 지켜준 장군들과 전쟁에서 죽은 영혼을 위로하는 굿이기도 하다. 이 굿은 단오날 정오에 하는 것으로 단오제의 핵심이라 할 수 있는 건강 기원과 벽사의 의미를 담고 있다. 무가의 구연이 끝나면 무당은 무거운 놋동이를 입에 물어 올려 신의 위력을 보여준다. 이는 장군신의 힘과 용맹, 그리고 위엄을 나타낸다.

심청굿은 판소리 심청가의 내용과 거의 같은 것으로 안질예방의 목적이 있다. 심청의 넋을 불러 그를 달래면 눈병을 미리 막을 수 있다하여 부르는 무가이다. 이 굿은 눈이 밝아 고기를 잘 잡고 심청이와 같은 딸을 낳게 해달라는 의미를 가지고 있다. 마지막에 장님이 들어와 점을 치고 눈을 뜨는 대목이 촌극처럼 행해진다.

성주굿의 성주는 각 집을 관장하는 주신이다. 집안의 재운과 행운을 관장하는 성주굿은 성주풀이, 성주축원, 성주드리는 말문이라고도 한다. 안동에서 태어난 성주가 집을 짓는데 네 귀에 주춧돌이 반듯한 큰 집을 잘 지은 후 온갖 세간을 늘려 주고 곳간도 풍성하게 채워 잘 살게 해준다는 내용이다. 성주굿은 무가가 다채롭고 재미있어 인기가 있는 굿이다.

손님굿의 손님은 홍역과 천연두를 말한다. 손님신은 시기도 잘 하고 심술도 많은 신으로 알려져 있다. 서사무가의 형식으로 주인공 김철영은 그의 아버지가 손님을 푸대접함으로써 죽게 된다는 비극적인 내용이다. 손님굿 뒤에는 손님 배송놀이가 이어진다. 짚으로 말을 만들어 음식을 실어 놓고 축원한 다음 멀리 버리는 것이다.

용왕굿은 비와 물을 관장하는 용왕을 모시는 굿이다. 단오에 파종이 끝난 후 곡식 성장을 비는 의례의 성격이 강하다. 농경사회의 의식을 잘 반영한 굿이다. 가뭄 극복과 풍부한 수량을 기원하는 기우제의 성격을 띠고 있다. 동해안 어민들의 풍어를 기원하는 내용으로 전개되며 우리나라 강들의 용왕과 사해의 용왕을 청하여 물과 관련된 풍년과 풍어를 기원한다.

제면굿은 무당의 조상으로 알려진 제면 할머니의 넋을 청하여 접대하는 것이다. 제면 할머니를 잘 대접하는 집은 자손에게 장원급제를 시켜주고 복을 주지만 홀대하면 아이들에게 병을 준다. 무당은 구경꾼들에게 제면떡을 나누어 준다. 제면 떡은 들에 가면 종자씨이고, 집으로 가면 자손들 씨앗을 상징한다.

꽃놀이굿은 무녀들이 나와 꽃 두 개를 양손에 갈라쥐고 꽃풀이를 하면서 춤을 추고 노래를 한다. 꽃은 죽은 이의 영혼으로 생각되며 또한 굿당의 꽃들은 신들의 세계를 상징적으로 보여 준다. 꽃놀이굿은 단오굿이 끝나는 후반부에 한다.

뱃노래굿은 굿당에 매어 놓았던 용선을

환우굿
강에서 사용되었던 신목, 호개, 위패 등을 태우는 제의식이다.

환우굿

흔들면서 무당이 노래를 부른다. 용선은 죽은 사람이 저승으로 타고 가는 배이며, 신이 신의 공간으로 돌아가는 수단이다. 단오굿이 끝날 때쯤 대관령쪽으로 바람이 분다고 하는데 신이 본래 있었던 곳으로 돌아가는 것을 의미한다.

등노래굿은 탑등굿이라고도 한다. 굿당에 매달아 놓았던 커다란 탑등을 내려서 등굿을 한다. 석가여래가 사월 초파일 하늘에서 탑등을 타고 내려 온 것을 상징한다. 여러 등의 이름을 짓고, 등에는 복이 있다 하여 여러 사람에게 나누어 준다. 마지막에는 탑등을 돌리면서 춤을 춘다.

환우굿은 굿당에 사용되었던 신목, 꽃, 호개, 위패 등을 태우는 소제의식이다. 환우는 강림했던 신이 다시 하늘로 올라가는 상천上天을 뜻한다. 이 때는 남대천 단오제당에서 나와 멀리 서쪽인 대관령쪽으로 올라가서 의식을 행한다. 이 소제의식을 끝으로 단오제는 대단원의 막을 내린다.

신명나는 강릉농악

강릉 단오제를 신명나게 하는 것은 농악이다. 특히 국가 중요무형문화재로 지정된 '강릉농악'의 춤과 풍물 그리고 소리는 신바람을 불러일으키고 흥을 돋군다. 남녀노소, 상하귀천의 구별 없이 모두 흥겹게 열린 축제의 장場으로 어우러져 공동체의 단합과 그 힘을 과시할 수 있게 한다.

강릉농악은 다른 지역의 농악과는 구별되는 영동지역 고유의 특징을 가지고 있다. 첫째, 마을굿으로 당굿은 별로 하지 않고 지신밟기가 성행하며, 두레 농악이라 할 수 있는 김매기 농악과 질먹이기가 있다. 그리고 타 지역에서는 볼 수 없는 달맞이굿과 횃불놀이(다리밟기)가 있으며, 단오날 대관령 성황제를 비롯한 길놀이 농악이 있다.

둘째, 악기 및 편성은 나발이 없으며, 소고와 법고를 따로 구분한다. 따라서 사물과 소고, 법고, 무동 등 4분화로 되어 있으며, 구성 인원이 36명 이상 50

농악

농악은 강릉 단오제를
명나게 하는 것이다.

여 명으로 전국에서 규모가 가장 크다. 무동을 제외한 모든 잽이들의 복색은
흰 바지저고리다. 쇠꾼들은 벙거지에 종이 상모를 달고 징, 장고, 큰북, 소고는
길이가 짧고 목이 넓은 방망이 상모를 쓴다. 그리고 법고는 벙거지에 짧은 상
모를 단다. 무동들은 치마 저고리에 남색 쾌자를 입고 손에는 수건을 들고 머
리에는 댕기를 달고 고깔을 쓴다. 고깔에 달린 꽃의 수가 40개나 되어 우리나
라 농악 가운데 꽃이 가장 많다.

셋째, 강한 가락에 맞추어 투박한 남성이 춤을 추는 소고춤과 무동춤은 강릉
농악에서만 볼 수 있는 특유의 몸짓, 곧 춤사위다. 예쁘고 고운 춤사위가 아니
라 남성들의 거칠고 억세고 힘찬 춤사위가 강릉농악 춤의 특징이다. 이처럼 강
릉농악의 춤은 고달픈 삶의 응어리를 한 번에 풀어내는 감동의 예술세계이다.

강릉농악은 강릉 단오제 전체 행사의 분위기를 이끌어간다. 강릉은 오랜 옛

농악

릉농악의 춤과 풍물, 그
고 소리는 신바람을 불
일으키고 흥을 돋운다.

날부터 단오제 행사를 성대하게 진행하고 있는데 농악이 전체 행사의 분위기를 북돋아 줄 뿐만 아니라 주민들 전체를 흥겹고 신명나게 해주며 친목과 화합의 기틀을 다지는데 큰 몫을 하고 있다. 특히 일제강점기 때 강릉 단오제가 위축되었다가 해방 이후 다시 부활되어 오늘날처럼 흥겨운 축제로 거듭날 수 있었던 바탕에는 강릉농악의 기능과 역할이 상당한 공헌을 하였다고 볼 수 있다. 그리고 강릉에서 전국 강릉농악경연대회가 30회째 열리고 있다.

축제속의 축제, 무형문화유산 공연

무형문화유산인 민속놀이는 옛부터 민간에서 즐기는 놀이로 남녀노소를 막론

하고 함께 향유한 전통적이고 향토색이 담긴 것이다. 강릉 단오제 기간 동안 강릉의 대표적인 무형문화유산이 공연된다. 강릉의 무형문화유산으로는 강릉 농악을 비롯해서 강릉 학산오독떼기, 강릉 사천하평답교놀이, 용물달기 등 다양하다.

강릉 학산오독떼기는 농사일을 하면서 불렀던 노동요이다. 신명나게 농사일을 할 수 있도록 기운을 돋우는 음악에는 농악과 농요가 있다. 농악은 악기를 사용하여 연주하는 것이고 농요는 사람이 직접 부르는 노래이다. 학산오독떼기는 강릉시 구정면 학산마을에 전승되고 있으며 강원도 무형문화재 제5호이다. 농업 노동요로 모심는 소리, 논매는 소리, 벼베는 소리, 벼터는 소리, 벼등짐 소리 등 농사와 관련된 다양한 곡조가 전승되어 오고 있다.

강릉 학산오독떼기는 한없이 느린 곡조에 끊길 듯 말듯한 가락으로 이어진다. 타작소리에서는 간간히 삶의 역동성을 느끼게 하는 가락도 있다. 한 소절을 노래하는데 1분 가까이 걸리는 긴 호흡을 가진 노래로 고음에서 다섯 번을 꺾어 넘겨 애처로움과 강렬함을 동시에 지니고 있다. 오독떼기의 '오'는 신성하고 고귀하다는 의미이며, '독떼기'는 들판을 개간한다는 의미이다. 조선초기 세조(世祖)가 동해안을 둘러보다가 오독떼기를 잘 부르는 사람을 뽑아 노래를 시키고 상을 주었다는 기록이 남아 있다.

강릉 사천하평답교놀이는 본격적인 농사가 시작되는 좀상날 강릉시 사천면 하평리와 사천진리 사이에 있는 다리를 두고 갖가지 싸움놀이를 벌이면서 풍년과 흉년을 점치는 의례적인 놀이이다. 좀상날은 좀생이별과 달의 거리로 그해 농사가 풍년이 될 것인지 흉년이 될 것인지를 점치던 날로 음력 2월 6일이다. 옛날부터 초승달은 어머니, 좀생이별은 어린이에 비유하였다. 초승달과 별 사이가 멀면 풍년, 가까우면 흉년이라고 하였다. 어린이가 먹을 것이 많아 배부르면 어머니를 멀리서 따라가고, 먹을 것이 없으면 어머니를 빨리 따라가 밥을 먹으려 하기 때문이다.

사천하평답교놀이
릉 사천하평답교놀이는
천면 하평리와 사천진리
이에 있는 다리를 두고
이는 싸움놀이이다.

두 마을은 먼저 다리를 차지하는 마을에 풍년이 든다는 속설에 근거하여 농악의 채싸움, 돌싸움, 횃불싸움 등을 벌이면서 치열하게 경쟁한다. 먼저 각 마을에서 솔문을 세워 부정을 막고 서낭제와 다리굿을 통해 신성성을 확보한 다음 격렬한 싸움을 통해 긴장을 해소하는 놀이이다. 그리고 마지막으로 다리 위에서 하늘에 풍년을 기원하는 제사를 올리고, 횃불을 태우면서 한바탕 놀이마당을 벌이는 신명나는 우리의 전통적인 놀이문화이다.

용물달기는 마을의 우물이 마르지 않고 가뭄이 들지 않기를 바라는 주술적인 의미를 가진 민속놀이이다. 정월 대보름 전날 저녁 짚으로 수신水神인 용을 만들어 마을의 동서남북 네 곳의 우물에 용을 잠시 담갔다가 자정 무렵에 꺼내어 임경당 우물로 옮기며 한 해의 풍년을 기원하는 것이다. 달과 물은 재생과 생산의 상징이므로 용물달기는 농경문화의 신앙이 내재된 무형문화유산이다.

한편 강릉 단오제에는 전국의 중요무형문화재를 초청하여 공연할 뿐만 아니라 외국의 전통문화도 함께 초청하여 공연한다. 이는 강릉이 유네스코가 선정하는 세계무형유산 축제를 보유하고 있는 유일한 도시이기 때문이다. 우리나라의 무형문화재뿐만 아니라 세계무형문화재를 함께 공연하는 것은 강릉이 강릉 단오제를 통해 유네스코 세계무형문화유산 도시로 거듭나기 위한 것이다.

부채 그리기
단오에는 부채를 선물한
부채는 단오 무렵부터
아오는 더위를 식혀준다

만남의 한마당, 난장

강릉 단오제의 난장亂場은 축제의 바탕이다. 강릉 단오제를 이끌어가는 양축 가운데 하나는 규칙과 순서에 따라 진행되는 제례 그리고 일탈성과 비일상적인 경험을 제공하는 난장이다. 난장은 무질서의 난장판이 아니라 흥청거림의 난장판이다. 우리나라 제천의식을 축제로 이끄는 것은 음주가무飮酒歌舞이며, 그것을 난장이 제공한다.

단오는 고단하고 억압받던 일상성으로부터 해방되는 날이다. 그리고 난장은 그동안 삼가왔던 삶의 응어리를 축제를 통해서 풀어내면서 남녀노소가 함께 즐길 수 있는 흥청거림의 공간이다. 강릉 단오제 기간 동안 강릉지역 상인은 물론 전국의 많은 상인들이 난장에 모여들어 전국 팔도 풍물시장을 형성하였다.

탈 그리기
ㄴ가면극의 탈 그림을
셔서 액운을 막는다.

난장은 먹고 싶은 것을 먹을 수 있는 곳이다. 난장에는 단오의 시절 음식인 수리취떡과 신주를 비롯해서 전국에서 맛있는 요리가 총집합한다. 덕분에 단오제 기간 중에 강릉의 계모임, 회식, 동문회 등이 단오장에서 열린다. 강릉지방에는 단오 용돈, 단오 가불, 단오 보너스라는 말들이 회자된다. 서울로 간 친구들도 단오에 맞추어 고향과 친구를 찾아온다.

난장은 사고 싶은 것을 살 수 있는 곳이다. 강릉 사람들에게는 '오월 단오날에 단오장터에서 물건을 하나라도 사야 그 해는 좋다'는 의식이 강하게 자리 잡고 있다. 난장에는 물건 값이 싸다. 질적인 문제는 접어 두고라도 가격은 시중과 비교가 되지 않는다. 더욱이 파장이 가까워오면 가격은 더욱 곤두박질친다. 어려웠던 시절 단오장은 서민들이 신상품을 보고 생필품을 조달하는 최적지였다. 특히 강릉은 손님 접대를 위해서 이불이 많이 팔린다.

난장은 놀고 싶은 것을 놀 수 있도록 한다. 강릉 단오장에는 어울마당, 놀이마당, 대동마당 등 여러 공연장이 있다. 그 곳은 공연을 감상하는 곳인 동시에 만남의 장소이다. 그동안 만나지 못했던 회포를 푸는 해방공간이다. 놀이를 통해서 일상생활의 스트레스와 삶의 무게를 털어내고 해방의 기분을 만끽한다. 특히 강릉사투리 경연대회장은 강릉인의 마음의 고향이다.

강릉 단오제는 난장으로 인하여 우리 모두의 단오가 된다. 단오에는 공연자와 구경꾼의 구분이 없으며 모두 주인되는 나의 축제이자 우리의 축제이다.

애드벌룬
강릉 단오제의 난장은
남의 장소인 동시에 해
공간이다.

참고문헌

강릉단오제위원회, 『수릿날 강릉』 1-6집, 2006~2011

강릉문화원, 『강릉단오제 백서』, 강릉문화원, 1998

강릉문화원, 『강릉단오제 유네스코 세계 인류구전 및 무형유산 걸작 선정 백서』,
강릉문화원, 2006

김선풍·김경남, 『강릉단오제의 연구』, 보고사, 1998

김흥술, 「강릉단오제」, 『동트는 강원』 69집, 2012

김흥술, 『강릉단오제』, 김영사, 2008

단오문화창조도시 추진단, 『강릉단오제 원형콘텐츠』, 강릉시, 2008

박영주·이규대 외, 『강릉단오제의 전승과 비전』, 고요아침, 2008

이한길, 「개정 강릉농악 연구사」, 『임영문화』 35집, 2011

임동권, 『강릉단오제 지정조사보고서』, 문화재관리국, 1966

장정룡, 『강릉단오민속여행』, 두산, 1998

장정룡, 『강릉단오제 현장론 탐구』, 국학자료원, 2007

장정룡, 『강릉단오제』, 집문당, 2003

장정룡, 『강릉단오천년사자료집』, 강릉시, 2006

관노가면극

관노가면극

탈을 쓰고 탈을 벗다

사람들은 탈을 쓰고 얼굴을 감추면 누구나 다른 사람이 된다. 고대인들은 신의 탈을 쓰고 신이 되었다. 고대인에게 탈은 신의 세계로 들어가는 문이다. 근대에 들어오면서 탈은 외형적인 자신을 숨기고 내면 속의 자신을 드러내는 역할을 하였다. 거짓과 가식을 탈로 가리고 자신의 진정한 모습을 드러낸다. 탈을 쓴다는 것은 신의 세계로 들어가든 자신 속의 진실을 드러내든 하나의 세상을 닫아 걸고 또 다른 세상을 열어 젖히는 것이다.

가면극은 가면을 쓰고 하는 연극으로 최근에는 가면극보다는 탈춤이라는 용어가 익숙하다. 따라서 가면극은 탈춤이다. 탈춤은 놀이꾼과 구경꾼이 함께 판을 짜는 대동놀음이다. 오랜 시기에 걸쳐 탈춤은 우리 민족의 중요한 놀이의 한 양식으로 전승되어 왔다. 탈춤은 생활 속에서 행해졌으며 탈춤 그 자체가 생활의 일부이거나 생활의 연장선상에서 이루어졌다. 연희의 공간과 시간은 실제 민중의 삶의 현장이며 현재의 삶인 것이다. 이런 의미에서 본다면 탈춤은 대동놀음으로의 축제판이라고 할 수 있다.

우리나라에 탈이 처음으로 보여지는 것은 선사시대로 거슬러 올라간다. 조개껍질에 두 눈과 입을 뚫어놓은 이 탈은 사용방법은 밝혀지지 않았으나 주술의 의미로 쓰여진 듯하다. 인간과 자연과의 관계를 주술적으로 해결하기 위한

굿에서 인간과 인간과의 관계를 예술적으로 표현하려는 극으로의 전환까지 굿
에 이용되었던 극적 요소들을 발전시켜 내며 탈춤은 생성되었다. 물론 초기 농
경사회에서는 민중과 지배자 간의 공동 행사로 탈춤이 거행되었지만 사회가
분화되면서 점차 민중들만의 행사로 변화되었다.

탈춤은 그 기원에서 볼 때 생산의 풍성함을 기원하는 원시 농요제이나 부락
의 안녕, 번영을 비는 부락굿 등이다. 목표하는 바는 제의를 통한 자연과 인간
의 소통, 화해인 것이다. 그러므로 현재 전승되는 탈춤에서 공통적으로 보여지
는 것은 축제적 전형성이라고 할 수 있다. 현대적인 탈춤의 전승은 약화된 구
성원의 결속을 강화시켜 주는 역할을 제공할 뿐만 아니라 사라져 가는 축제의
의미를 부활시킬 수 있다는 데서 그 중요한 의미를 가진다고 할 수 있다.

단오제에 공연된 강릉 관노가면극

관노가면극의 기원은 음력 5월 5일에 행해진 강릉 단오제이다. 강릉 단오제는
마을의 풍년과 안녕을 기원하는 일종의 마을굿 행사였다. 마을굿에는 농악대
가 하는 행사, 무당이 하는 행사, 제관이 하는 행사가 진행되었다.

농악대와 무당이 하는 행사는 굿이며, 제관이 하는 행사는 제※이다. 농악대
와 무당이 하는 굿은 악기를 연주하고 춤을 추며 노래하는 행사이다. 여러 사
람들이 어울려 떠들썩하게 소란을 피우는 하층문화이다. 반면 제관이 담당하
는 제는 소수의 담당자가 조용하고 엄숙하게 진행하는 상층문화이다. 마을의
풍년과 안녕을 기원하는 공통점은 있으나 제를 담당하는 제관은 제문을 짓고
읽을 수 있는 학식을 갖춘 상층 지식인이었다. 관노가면극은 농악대와 무당이
하는 굿놀이에서 시작된 민중문화이다.

관노가면극의 역사와 복원

관노가면극의 정확한 시작 시기는 알 수 없다. 허균이 쓴 『성소부부고惺所覆瓿藁』
의 「대령산신찬병서」 기록에 '단옷날에 대관령산신을 모시고 온갖 잡희雜戱를
베풀어 신을 즐겁게 하였다'라고 기록하였다. 여기의 잡희는 다양한 연희를 총
칭하는 말로 다양한 광대놀이가 공연되었음을 알 수 있다. 여러 광대놀이 가운
데 탈춤이 함께 추이졌을 것으로 추정된다.

   강릉읍지 『증수 임영지』에는 5월 5일 단오날에 전문 창우배들이 무당 일행
을 뒤따르며 잡희를 하였다는 기록이 남아 있다. 창우배倡優輩는 예인藝人 집단으
로 춤과 노래, 풍물, 온갖 놀이 등에 능숙한 광대집단이다. 이들에 의해서 가면
극이 공연된 것으로 생각된다.

관노가면극이 관노들에 의해 공연되기 시작한 것은 단오제를 주관하는 집단이 양반 사대부에서 향리로 바뀌면서 부터이다. 조선후기 숙종 연간부터 강릉 단오제를 주관하는 집단이 양반 사대부에서 호장을 중심으로 하는 향리계층으로 바뀌었다. 주관자의 변화는 단오제의 변화를 가져왔다. 향리들이 단오제의 제례를 주관하면서 관노가면극이 본격적으로 관노들에 의해 공연되기 시작하였다. 엄격한 신분질서의 유지를 지향하는 양반사회에서 양반의 허구성을 풍자하는 관노가면극은 일반서민들과 보다 친숙해지는 계기가 되었다.

그러나 관노가면극은 근대에 들어와 전승에 많은 어려움을 겪었다. 1894년 갑오경장으로 노비법이 혁파됨으로써 관노官奴들에 의해 공연되는 관노가면극의 전승이 위축되었다. 신분제의 폐지로 노비 신분이 없어졌음에도 불구하고 관노가면극이라고 호칭함으로써 그들의 신분이 공개되는 것을 염려하여 공연

양반 소매각시의 사랑
?과장으로 양반광대와
?각시는 서로 어깨를
?고 장내를 돌면서 사랑
?나눈다.

을 기피하였다. 더군다나 한일합방을 전후한 시기에는 우리나라 전통문화 활동을 금지시켰던 일제에 의해 관노가면극의 공연은 중단되면서 전승의 맥이 끊어졌다.

관노가면극은 민속학자 임동권 교수에 의해 1966년 복원되었다. 관노가면극을 마지막으로 공연하였던 김동하와 차형원의 증언으로 복원할 수 있었다. 처음에는 자신들이 관노가면극을 공연했다는 사실을 부인하였다. 자신이 관노가면극 공연자라고하면 스스로 관노였다는 사실을 고백하는 것이기 때문이다. 그러나 두 분은 사회적으로 받을 불이익을 감수하면서 자신들이 21세와 17세에 공연하였던 관노가면극을 증언함으로써 강릉 관노가면극이 복원되어 무형문화재 제13호로 지정될 수 있었다.

김동하(1884~1976)는 1965년에 추진된 관노가면극 재연에 상당한 공헌을

시시딱딱이의 훼방

제3과장으로 시시딱딱이가 양반광대와 소매각시의 사랑을 질투하여 훼방을 놓는다.

소매각시 자살소동

과장으로 소매각시가
혁을 증명하기 위해 권
ㅣ 상징인 수염에 목매
하는 시늉을 한다.

하였으며, 관노가면극에 대하여 소상하게 알고 있는 관계로 1967년에 예능보
유자로 지정되었다. 차형원(1890~1972)은 관노가면극에 대하여 매우 자세하
게 기억하고 있었으며, 그의 증언 내용은 오늘날 관노가면극의 원형을 복원하
는데 상당히 중요한 자료가 되고 있다. 1967년 예능보유자로 지정되었다.

　권영하(1918~1997)는 1993년 관노가면극 예능보유자로 인정받았다. 강릉시
지변동 출생으로 가면극 민간전승의 기틀을 마련하였다. 관노가면극에서 상쇠
와 양반광대역을 맡았다. 김종군(1942~)은 2000년에 관노가면극 예능보유자
로 지정되었다. 1984년 예능보유자 권영하씨로부터 양반춤을 전수받았다. 속
초에서 출생하여 10세 때 강릉 지변동으로 이주하여 농사를 지으면서 관노가
면극 전승에 애쓰고 있다.

관노가면극의 내용

관노가면극은 다섯 과장으로 이루어져 있다. 제1과장은 장자마리 개시이다. 탈놀이 시작과 함께 먼저 포대자루와 같은 포가면을 전신에 쓴 두 명의 장자마리가 연희를 개시한다. 요란하게 먼지를 일으키며 불룩한 배를 내밀면서 놀이 마당을 넓히기 위해 빙빙 돌아다닌다. 관중을 희롱하기도 하고 선 사람을 앉히기도 하며 성적인 행위를 상징하는 춤을 춘다. 옷의 표면에는 말치나 나리 등 해초와 곡식을 매달고 있으며, 옷 속에는 둥근 대나무를 넣어 배를 불룩하게 한다. 장자마리는 희극적인 시작을 유도하며 마당을 정리하고 해학적인 춤을 추며 분위기를 띄운다.

　　제2과장은 양반광대와 소매각시의 사랑이다. 양반광대와 소매각시는 장자

마리가 마당을 정리한 후 양쪽에서 등장한다. 양반광대는 뾰족한 고깔을 쓰고 긴 수염을 쓰다듬으며 점잖고 위엄있게 등장하여 소매각시에게 먼저 사랑을 구한다. 소매각시는 얌전한 모습의 탈을 쓰고 노랑저고리 분홍치마를 입고 수줍은 모습으로 춤을 추며 양반광대와 서로 뜻이 맞아 어깨를 끼고 장내를 돌아다니며 사랑을 나눈다.

제3과장은 시시딱딱이의 훼방이다. 시시딱딱이는 무서운 형상의 탈을 쓰고 양쪽에서 호방한 칼춤을 추며 뛰어 나온다. 양반광대와 소매각시의 사랑에 질투를 하며 훼방을 놓기로 모의하고 때로는 밀고 당기며 훼방하다가 둘의 사이를 갈라놓는다. 시시딱딱이는 무서운 채색 벽사 가면을 쓰고 작은 칼을 휘두르며 춤춘다.

제4과장은 소매각시의 자살 소동이다. 시시딱딱이가 양반광대와 소매각시 사이를 갈라 한쪽에서는 양반광대를 놀리고 다른 편에서는 소매각시를 희롱하며 함께 춤추기를 원하나 완강하게 거부당한다. 이를 본 양반광대는 크게 노하여 애태우나 어쩔 수 없이 분통해 하다가 시시딱딱이를 밀치고 나와 소매각시를 끌고 온다. 소매각시가 잘못을 빌어도 양반광대가 질책한다. 소매각시는 자신의 결백을 증명한다는 구실로 양반광대의 긴 수염에 목을 매려고 한다. 수염에 목을 매고 죽으려는 소매각시의 결백호소에 양반광대는 놀라고 측은한 생각으로 소매각시를 용서한다. 결국 소매각시는 결백을 증명한 셈이 된다. 권위의 상징인 수염을 잡아당기어 목에 감는 시늉으로 결백을 주장하는 내용은 해학적이면서도 죽음의식을 초월한 희극화된 표현이다.

제5과장은 양반광대와 소매각시의 화해이다. 수염을 목에 감고 자살을 기도하여 결백을 증명하려 했던 소매각시의 의도는 양반광대의 관용과 해학으로 이끌어져 서로 오해가 풀리고 결백함이 증명됨으로 놀이는 화해와 공동체의 흥겨운 마당으로 끝을 맺는다. 음악을 담당하던 악사들과 괫대, 구경하는 관중이 함께 어울려 군무를 하며 부락제 의의를 구현한다.

**관노가면극
단원 모습**

임영관은 관노가
면극의 고향이다.

양반 소매각시

탈에 표현된 각 인물의 성격

관노가면극의 등장인물들은 각기 나름대로의 캐릭터를 형성하고 있다. 관노가면극에는 양반광대 1명을 비롯하여 소매각시 1명, 시시딱딱이 2명, 장자마리 2명 등 총 6명이 등장한다. 장자마리는 독립적인 존재이며 양반광대, 소매각시, 시시딱딱이는 결합과 갈등을 통해 탈춤을 이끌어 나간다. 각 인물의 성격은 탈의 모습에 가장 잘 반영되어 있다.

양반광대는 흰 얼굴의 미남형이며 청색도포에 담뱃대를 들고 부채질을 하는 등 점잖은 모습이다. 무릎까지 내려오는 긴 수염은 헛된 권위를 상징한다. 하급 관리인 나장羅將들이 쓰는 꿩털을 단 검은 깔대기 모양의 전건戰巾을 쓰고 있는 것이 외적인 면에서 특이하다. 양반광대의 모자에 꿩털이 달려 있는 것은 신이 강림했다는 것을 상징한다. 농악대의 농기農旗에도 이같은 이유로 꿩털을 달기 때문이다. 따라서 관노가면극의 양반광대는 대관령 국사성황신으로 보고 있다.

양반광대는 극중에서 소매각시를 유혹하여 자신의 욕망을 채우려는 속물이며 소매각시의 자살 소동에 속는 바보스러운 인물로 비쳐진다. 하지만 극 전체를 이끌며 화합과 화해라는 강릉단오제의 이상을 실현하는 인물이다. 다른 지방 탈춤에서 양반은 허세를 부리고 무능하고 무지한 행동을 하며 아랫사람들에게 희롱당하는 부정적인 이미지와는 전혀 다른 캐릭터이다. 결국 관노가면극의 양반광대는 부정적인 존재나 풍자의 대상이 아니고 갈등보다는 화해의 전령사 역할을 담당하고 있는 것이 특징이다.

소매각시는 노랑저고리에 다홍치마를 입고 하얀 얼굴에 반달형 눈썹, 연지, 곤지를 찍었다. 소매小梅는 옛날 미녀를 지칭하는 용어로 소매각시는 젊고 예쁜 여자라는 뜻이다. 실제 소매각시의 모습은 젊고 고우며 예쁜 얼굴이다. 머리에는 비녀를 꽂고 있으며 손수건을 가지고 있다. 소매각시의 노랑저고리와 다홍치마는 젊고 생산적인 여성임을 의미한다.

소매각시는 양반광대의 상대역이며 여주인공이지만 양반광대의 호색을 풍자하기 위하여 설정된 인물이다. 양반광대를 따르면서도 시시딱딱이의 유혹에 흔들리지만 결국 자살 소동이라는 지혜를 통해서 화해를 이끌어 낸다. 관노가 면극의 소매각시는 양반광대가 대관령 국사성황신이듯이 호랑이에게 물려간 정씨 처녀 즉 대관령 국사여성황신이다. 결국 양반광대와 소매각시는 가면극 의 주체로서 대관령국사성황신과 대관령국사여성황신의 결합을 통한 화해를 보여주고 있다.

장자마리는 우리나라 가면극에서는 유례가 없는 유일한 인물로 얼굴을 가리 는 탈을 쓰지 않고 포대자루 같은 삼베옷을 전신에 뒤집어쓰고 있다. 공연이 시작되면 배부른 형상으로 맨 처음 등장한다. 극중 역할은 마당닦이, 공연장의 부정을 물리치고 양반광대와 소매각시를 돕는 역할을 한다. 청회색의 삼베 푸 대를 머리부터 발끝까지 내려쓰고 눈과 코 입자리를 뚫어 놓았다. 배는 대나무

시시딱딱이

시시딱딱이는 험상궂은 상에 칼 또는 방망이를 고 있는 벽사신이다.

로 만든 둥근 테를 넣어 불룩하며, 몸에는 해초의 일종인 말초와 곡식을 매달
았다. 머리에는 계화桂花라는 꽃을 꽂았다.

　장자마리는 장내 정리와 불행과 사악함을 물리치는 제액벽사除厄辟邪, 풍농豐
農과 풍어風魚의 기원이라는 복합적인 기능을 갖고 있다. 계화桂花는 신비스럽고
고귀한 존재라는 상징성을 가지고 있으며, 제액과 벽사의 의미를 지닌다. 몸에
달고 있는 해초와 곡식은 토지지신土地之神과 동해지신東海之神을 상징하며, 힘을
자랑하고 성행위를 연상시키는 춤은 생산을 의미한다. 따라서 장자마리는 제액
벽사의 기능과 풍농 · 풍어를 담당하는 토지신과 동해신의 현신으로 보고 있다.

　시시딱딱이는 험상궂은 형상에 칼 또는 방망이를 들고 양반광대와 소매각시
의 관계에 갈등을 일으키는 인물이다. 관노가면극에서 악역을 맡고 있는 시시
딱딱이는 장자마리와 마찬가지로 우리나라 다른 가면극에서는 찾아볼 수 없

장자마리
장자마리는 우리나라에서
유일하게 탈을 쓰지 않고
자루 같은 삼베옷을
집어쓰고 있다.

는 명칭이다. '시시'는 '쉬쉬'라는 뜻으로 잡귀를 쫓아내는 구음이다. 딱딱이는 탈춤을 추는 사람을 표현하는 용어로 잡귀를 쫓아내는 인물이다. 시시딱딱이는 베로 만든 청회색 장의를 입고 있으며, 소매는 넓고 네 겹의 띠를 매고 있다. 얼굴에는 오색 칠을 하고 코는 울뚝불뚝하며 입은 옆으로 길게 찢어졌다. 버드나무나 복숭아나무로 깎아서 만든 칼에는 붉은 칠을 하였다.

시시딱딱이는 벽사신이다. 무섭고 험한 모습으로 홍역 등 질병이 가까이 접근하지 못하도록 막아주는 벽사신이다. 관노가면극에서는 양반각시와 소매각시의 사랑놀음에 끼어들어 훼방하고 양반광대에게서 소매각시를 빼앗으려 하지만 성공하지 못한다. 결국 소매각시의 자살 소동을 지켜보면서 양반을 설득하고 둘의 화해를 돕는 역할을 한다.

괫대
관노가면극의 끝은 언저
소통을 통한 화해와 환희
이다.

관노가면극의 춤사위

관노가면극에서 춤사위는 다른 탈춤에 비해 매우 중요한 기능을 가진다. 관노가면극은 우리나라 유일의 무언극이기 때문에 춤사위는 몸짓언어로서의 기능을 수반하고 있다. 춤과 동작으로 일관하는 놀이마당이므로 춤사위가 대사 이상으로 극적인 효과를 거둘 수 있어야 한다.

관노가면극의 춤사위는 각각의 인물에 따라 다르다. 장자마리는 마당딱이 춤과 도리깨춤을 춘다. 마당딱이춤은 마당을 닦듯이 추는 춤이라는 뜻으로 매우 독특하다. 이와 함께 장자마리는 도리깨춤을 춘다. 배불뚝이 모습으로 도리깨를 쳐내듯이 마당을 넓게 하는 의도로 추는 춤이다. 장자마리가 맨 처음 나와서 공연 마당을 넓히기 위해 좁은 곳은 넓히고 가까이 있는 사람들은 물러날 수 있도록 마당딱이춤을 추는데 마당에서 도리깨질을 하듯이 춘다.

양반광대와 소매각시의 춤사위는 맞춤과 어깨춤이다. 양반광대와 소매각시의 춤사위는 양쪽에서 서로 마주보고 추는 춤이다. 여자는 왼쪽 발, 남자는 오른쪽 발을 떼고 좌우에 갈라서서 춘다. 또한 마주보기도 하고 서로 몇 회씩 돌아가면서 어깨춤을 춘다. 모든 춤을 양반광대는 점잖게 추며, 소매각시는 얌전하게 춤을 춘다.

시시딱딱이의 춤사위는 칼춤과 제개는 춤, 그리고 너울질 춤 등이다. 시시딱딱이는 가면극의 상징성을 잘 보여주는 무서운 탈을 쓰고 칼을 휘두르며 재앙을 쫓는 칼춤을 춘다. 그리고 양반광대와 소매각시의 사랑놀음을 방해하는 제개는 춤을 춘다. 마지막으로는 양반광대를 농락하고 소매각시를 유혹하면서 너울질 춤을 춘다. 너울질춤은 상대방을 농락할 때 추는 춤이다. 이리저리 팔을 휘두르며 날아 보려고 요동을 하는 시늉을 하며 추는 춤이다.

관노들에 의한 가면극

관노가면극의 전승 집단은 연희演戲층, 향유享有층, 주재主宰층으로 구분된다. 연희층은 직접 연희에 참여하는 집단이며, 향유층은 관객으로 즐기는 집단이다. 그리고 주재층은 탈춤판을 주선하는데 주도적인 역할을 하는 영향력을 가진 집단이다. 강릉관노가면극은 주재층은 강릉부 관청 관리인 향리鄕吏, 연희층은 관청에 소속된 노비 관노官奴, 그리고 향유층은 일반 백성百姓이었다.

관노가면극이 관노라는 특수 집단에 의해 전승되었다는 것은 이례적이다. 탈춤은 창우배들에 의해 연희되는 것이 일반적이다. 강릉 관노가면극은 이전에 창우배들이 잡희 형태로 전승하던 탈놀이를 관노들이 독자적인 형태로 계승 확대시킨 것이다. 관에 소속된 노비 즉 관노들이 관노가면극을 전승한 이유는 무엇일까?

첫째, 강릉단오제는 조선시대에 들어와 관(官)이 주도하였는데, 후기로 오면서 주관하는 계층이 양반사대부에서 향리층으로 바뀌었다. 호장을 비롯한 향리층들이 제관으로 참여하여 제례를 주도하면서 관노들이 탈놀이의 연희자로 참여하게 되었다. 단오제 자체를 관이 주도하였기 때문에 단오제에 공연된 가면극도 자연스럽게 관에 소속된 관노들이 담당하게 되었다. 양반사대부들이 단오제에서 제외되면서 가면극에서 양반의 허구성을 자유롭게 풍자하는 놀이로 발전하면서 보다 민중에서 가까이 다가갈 수 있었다.

둘째, 관노들이 지역사회에서 영향력을 행사하기 위해 탈놀이를 주도했을 가능성이 크다. 특히 관노의 우두머리인 수노(首奴)가 제례에서 삼헌관에 참여하

관노인형극
관노가면극을 인형극으로 발전시켜 새로운 문화 장으로 발전시키고 있다

반광대와 소매각시의
사랑
가면극은 갈등을 넘어
그리고 조화를 추구

고 있다. 단오제는 가장 규모가 큰 지역 세시축제였다. 관노들은 단오제에서 신을 위한 탈놀이를 보여줌으로써 행사의 일부를 담당한다는 자긍심과 더불어 집단의 힘을 과시하는 계기가 되었다.

셋째, 관노들은 관官과 민民의 중간자적 입장에서 자신들의 역할을 강화하기 위해 탈놀이에 적극적으로 참여하였다. 관노官奴는 신분상으로는 천민이지만 관에 소속되어 있다는 측면에서 사노私奴보다는 영향력이 컸다. 따라서 지역민의 현실적인 대변자나 언로言路의 역할을 할 수 있었다. 그래서 관노들은 민중의 관심이 큰 단오제 행사에서 관과 민의 매개자라는 일정한 역할을 수행하였던 것이다.

국내 유일의 무언극

관노가면극은 춤과 몸짓만으로 한마당 연희를 펼친 국내 유일의 무언가면극이
다. 우리나라 탈놀이는 대사를 하는 유언의 인물과 대사가 없는 무언의 인물이
동시에 등장하는 경우는 있으나 모든 인물이 무언으로 하는 경우는 강릉관노
가면극이 유일하다. 무언극이 된 몇 가지 이유를 살펴보면 첫째, 무언無言은 인

물의 성격을 표현하는데 매우 효과적이다. 특히 숭고한 존재이거나 외형적인 자태만을 부각시키는 인물에 적당하다. 양반광대의 경우 무언을 통해 오히려 더욱 위엄있는 인물로 최대한 부각시키는 극적인 효과를 가져온다. 그리고 소매각시는 외형적인 아름다움만을 강조하는 말이 필요없는 인물이다.

둘째, 무언은 유언으로 표현할 수 없는 현실적인 한계를 반영한 것이다. 무언의 몸짓으로 사회풍자는 허용될 수 있으나 대사를 통한 직접적인 비판은 불가능하였다. 관노가면극을 주도한 집단이 관노였기 때문에 대사를 통해 현실을 직설적으로 비판하는 데는 한계가 있었다. 비판의 강도는 다소 떨어진다 하더라도 무언을 통해서 현실을 풍자할 수밖에 없었다.

셋째, 무언은 세속성이 배제되고 신성성이 남아 있는 탈놀이에서 나타난다. 신을 모시고 행해지는 탈놀이에서는 대사를 통한 현실적인 비판은 배제되고 신을 위한 무언의 행위만 남게 된다. 강릉 관노가면극의 경우 대관령국사성황신을 상징하는 양반광대와 대관령국사여성황신을 상징하는 소매각시, 해신적 성격의 장자마리, 역신적 성격의 시시딱딱이 등을 통해서 갈등보다는 화해를 추구하는 탈놀이이다. 관노가면극은 현실을 비판하는 사회성을 띠기보다는 의식무적인 신성성이 강조되기 때문에 유언보다는 무언을 채택한 것이다.

갈등을 넘어 화해로

강릉 관노가면극은 단오제라는 일련의 과정에서 연희되는 놀이로서 신놀이로서의 숭고미, 화해지향의 조화미, 결합을 통한 신명의 빌산 등의 특성을 가지고 있다. 첫째, 신놀이로서의 숭고미崇高美가 있다. 등장하는 인물들은 모두 신神을 상징한다. 장자머리는 해신海神과 토지신土地神의 성격을 가지고 있다. 양반광대와 소매각시, 시시딱딱이는 각각 대관령국사성황신, 대관령국사여성황신, 역신을 상징한다. 다른 지역의 탈놀이처럼 세속적인 갈등을 나타내기보다는 신성결합을 통한 신의 위대함을 부각시키고 있다. 풍요와 안녕, 갈등을 극복한 화해를 지향한다.

둘째, 화해지향의 조화미가 있다. 극에서 갈등은 필수적이고 갈등의 양상과 풀이과정이 극적인 전개내용을 이루고 있다. 관노가면극에서도 양반광대와 소매각시, 시시딱딱이 사이에 갈등이 발생한다. 그러나 이들은 일시적인 갈등을 극복하고 완전하고 영원한 결합을 이룬다. 갈등에 의한 분리로 귀착되는 것이 아니라 화해를 통한 조화로운 삶에 귀착한다. 결국 관노가면극은 현실에서 만나는 다양한 갈등, 즉 계층산의 길등, 세대간의 갈등, 남녀간의 갈등을 극복하고 화해를 하는 미래 지향적인 모습을 보여준다.

셋째, 결합을 통한 신명을 발산하고 있다. 관노가면극은 다른 탈놀이에서 나타나는 부정적인 현실에 대한 풍자, 타락한 인물에 대한 비판 등은 나타나지 않는다. 오히려 소매각시의 소생과 양반광대의 화해를 통해 죽음을 극복한 영원한 결합이 이루어진다. 이같은 결합은 소생과 화해에 의한 민중들의 신명 발산의 장이 된다.

관노가면극은 갈등보다는 화해라는 사회적 과제를 추구하며 과거에 묻혀 있지 않고 현대사회가 나아갈 방향을 제시하며 화합의 미래를 지향한다.

참고문헌

강릉문화원, 『강릉단오제 유네스코 세계 인류구전 및 무형유산 걸작 선정 백서』, 강릉문화원, 2006

김문희, 「관노가면극의 춤사위 연구」, 『강원민속학』 2집, 1984

김선풍, 「강릉관노가면극의 신격구조」, 『강원민속학』 3집, 1985

김선풍, 「강릉관노가면극의 현장론적 반성」, 『강원민속학』 1집, 1983

김선풍 · 김경남, 『강릉단오제의 연구』, 보고사, 1998

단오문화창조도시 추진단, 『강릉단오제 원형콘텐츠』, 강릉시, 2008

이규대, 「강릉단오제의 형성과 역사적 전개」, 『강릉단오제의 전승과 비전』, 고요아침, 2008

임동권, 「강릉단오제 관노가면극」, 『한국의 민속예술』 1집, 1978

장정룡, 『강릉관노가면극연구』, 집문당, 1989

장정룡, 『강릉단오 민속여행』, 두산, 1998

정병호, 「강릉관노가면극의 춤사위」, 『강원민속학』 3집, 1985

정형호, 『한국 전통연희의 전승과 미의식』, 민속원, 2008

6 선향의 불교

禪鄉

당간지주

굴산사지

우리나라 선종 불교의 중심축

강원도 사람의 특성을 '바위 아래의 늙은 부처岩下老佛'라고 한다. 이는 강원도 사람들이 아름다운 자연환경에서 살며 초자연적인 경지에 있음을 뜻하는 것이다. 강원도의 절 가운데 이같은 특성을 가장 잘 나타내주는 절이 굴산사이며, '암하노불'의 전형적인 인물이 굴산사를 창건한 범일국사이다.

굴산사는 우리나라 선종 불교의 중심축이다. 강릉시 구정면 학산리에 있는 굴산사는 통일신라 말인 847년(문성왕 9)에 창건되었다. 선종 사찰로 구산선문의 하나인 사굴산문의 본산이다. 우리나라의 선종은 도의선사道義禪師에 의해 본격적으로 도입되어 각 지방의 호족과 연결되면서 전국적으로 확산되었다. 이로써 전국에 9개의 선종산문이 형성되었는데, 그것이 곧 구산선문九山禪門이다. 구산선문 가운데 우리나라 선종 불교의 법통을 계승한 것은 사굴산문이다.

범일은 중국에 건너가 마조도일馬祖道一의 제자인 제안齊安에게 선종을 배워 41세가 되던 해인 851년에 명주도독의 청으로 굴산사로 옮겨왔다. 당시 경문왕, 헌강왕, 정강왕이 차례로 그를 국사國師로 모시려 하였으나 모두 거절하고 굴산사를 창건하여 사굴산문闍崛山門을 개창開創하였다.

범일이 국사를 거절하고 강릉으로 와서 굴산사를 중심으로 사굴산문을 개창한 것은 강릉을 중심으로 하는 영동지역의 정치적·사상적 특성 때문이었다.

첫째, 강릉은 통일신라 당시 경주 다음가는 제2의 도시로 경주와 대립관계에 있었다. 강릉 김씨의 시조인 김주원金周元은 태종무열왕의 6세손으로 785년(선덕왕 6)에 선덕왕이 죽고 그의 후사後嗣가 없자 화백회의에서 왕으로 추대되었다. 그런데 갑자기 큰비가 내려 알천이 불어나 건널 수 없어 입궐을 못하게 되자 이는 하늘의 뜻이라 하여 입궐을 포기하였다. 이에 내물왕의 11세손인 김경신이 추대되어 원성왕이 되었다. 이에 김주원은 강릉으로 이주하였고, 원성왕은 김주원을 명주군왕으로 봉하고 강릉과 주변을 포함한 5개 군을 식읍으로 하사하였다. 이후 강릉은 경주 다음가는 정치·경제·문화의 중심지가 되었다. 결국 무열왕계와 내물왕계의 왕위 쟁탈전에서 패한 무열왕계가 강릉을 그들의 기반으로 함으로 인하여 강릉은 경주와는 대립의 구도를 가짐과 동시에 제2의 도시로 발전하였던 것이다. 수도였던 경주가 중앙 중심의 교종이었기에 그와 대립구도를 가지고 있던 강릉에서 선종을 꽃피울 수가 있었다.

둘째, 영동지방에는 이미 교종을 대신하여 선종의 출발지인 동시에 중심지였다. 우리나라에 선종을 본격적으로 들여와 포교활동을 폈던 도의선사道義禪師가 양양의 진전사에 은거하고 있었다. 도의가 적극적으로 전파한 선종은 당시로써는 엄청난 변혁사상이며, 인간의 평등과 인간성의 고양을 부르짖는 진보적 세계관의 표현이었다. 따라서 경주를 중심으로 한 승려와 귀족들은 도의선사의 이야기를 '마귀의 소리'라고 배척하였다. 이에 도의는 아직 때가 이르지 못한 것으로 인식하고 경주를 떠나 경주와 가장 대립적인 성향이 강한 강릉을 중심으로 한 영동지역에 은둔하면서 선종사상을 확산시키고 있었다.

셋째, 강릉은 범일의 고향으로 친가와 외가 모두가 강릉의 호족이었다. 범일의 할아버지는 명주도독溟洲都督을 지낸 김술원金述元이다. 어머니는 문씨文氏로 강릉 학산에서 여러 대를 이어 살아온 호족 가문의 딸이었다. 따라서 범일은 강릉을 중심으로 한 지방 호족의 적극적인 지원을 바탕으로 굴산사를 창건하여 선종을 전파할 수 있었다.

범일국사는 굴산사에서 40여 년간 선법禪法을 전파하고 제자를 양성하였다.

범일의 법통을 이은 대표적인 제자로는 낭원대사 개청開淸 등 10대 제자이다. 이후 굴산사를 중심으로 한 사굴산문闍崛山門의 법통은 고려와 조선을 거쳐 오늘날 조계종에 이르게 되었다. 즉 결국 통효대사通曉大師 범일梵日 – 혜조대사慧照國師 담진曇眞 – 보조국사普照國師 지눌知訥 – 나옹화상懶翁和尙 혜근慧勤으로 이어온 고려시대 법통은 조선의 무학대사를 거쳐 현재의 조계종에 이르게 되었다. 사굴산문의 법통이 한국 선종 불교의 중심축인 것이다.

해가 뜬 물을 마시고 태어난 범일

범일은 태어날 때부터 보통 사람과는 달랐다. 『조당집祖堂集』에는 어머니 문씨가 아이를 가질 때 해를 두 손으로 떠받드는 태몽을 꾸었으며, 아이를 잉태한 지 열세 달만에 출산하였다고 기록되어 있다. 그러나 구정면 학산리에서 전해지는 탄생설화는 이것과는 약간의 차이가 있다.

단오 영신제

□국사는 단오제의 주신
□ 단오제 영신제 때 범
□국사가 창건한 학산 굴
□사지에 와서 제사를 지
□.

한 양가의 처녀가 굴산(현재 구정면 학산)에 살고 있었는데, 하루는 석천石泉에 물을 길러 갔다. 그녀가 석천의 물을 뜨려고 하는데 표주박에 둥그런 태양이 떠 있는 것이 아닌가. 처녀는 아직 해가 뜰 때도 아닌데 웬일일까 이상히 여겨 물을 마셨다. 그런 뒤 날이 갈수록 배가 불러오다가 13개월 만에 아이를 낳았다. 처녀의 몸으로 아이를 낳았으므로 집안의 체면이 손상한 일이라 하여 아이를 학바위 밑에 버렸다. 모성애를 이기지 못한 처녀가 3일 만에 학바위에 가서 보니 여러 짐승들이 아이를 보호하고 멧돼지가 젖을 먹이고 학이 날아와서 날개로 아이를 감싸주며 입에 단실을 넣어 주고 어디론가 가버렸다. 이러한 사실이 알려지자 아이가 범상한 인물이 아님을 알고 내버리면 죄를 받을까 두려워서 다시 데려와 길렀다. 그리고 해가 담긴 물을 바가지로 떴다고 해서 이름을 범일梵日이라고 하였다.

학산리 석천 우물
범일국사는 해가 뜬 석○
의 물을 먹고 잉태하였○
때문에 이름을 범일이○
하였다.

학바위

의 몸으로 낳은 아이
학바위 아래에 버렸으
짐승들이 아이를 보호
다.

학산마을에는 탄생설화와 관련된 석천과 학바위가 남아 있다. 범일의 어머니가 바가지로 물을 떠서 마신 석천은 학산마을 한 가운데 있다. 지금은 동네 공동 빨래터로 이용되고 있지만 그 당시 흘렀던 맑은 샘물은 오늘도 끊임없이 흐르고 있다. 그리고 아비없는 자식이라고 버렸던 학바위도 학산이라는 동네 이름과 함께 뒷산 그 자리에 그대로 남아 있다.

범일이 15세에 부모님께 출가의 뜻을 밝히자 "전생에 좋은 인연을 심은 결과이니, 그 뜻을 굽히지 말라. 네가 먼저 제도를 받거든 우리들을 제도해 다오"라고 하며 축원해 주었다고 한다. 20세에 경주로 가서 구족계具足戒를 받고, 831년(흥덕왕 6) 2월에 왕자 김의종과 함께 당나라로 유학을 갔다.

범일은 중국의 여러 고승들을 순방하던 중 마조도일馬祖道一의 제자인 제안선사齊安禪師를 만나 깨달음을 얻었다. 두 사람의 첫 만남에서 나눈 선문답은 다음과 같다.

"그대는 어디서 왔는가?"

"동국東國에서 왔습니다"

"수로水路로 왔는가? 육로陸路로 왔는가?"

"두 가지 길을 모두 밟지 않고 왔습니다."

"그 두 길을 밟지 않았다면 그대는 어떻게 여기에 이르렀는가?"

"해와 달에게 동東과 서西가 무슨 장애가 되겠습니까?"

그러자 대사께서 "실로 동방의 보살이로다"라고 칭찬하였다.

범일은 제안과의 선문답에서 수로와 육로, 동과 서에 대한 분별심과 차별상을 뛰어 넘어 해와 달의 경지에서 두 사람이 만났음을 보여준다. 이후 범일은 다시 제안을 만나서 성불成佛의 방법에 대해서 선문답을 하였다.

"어떻게 해야 성불成佛할 수 있습니까?"

"도는 닦을 필요가 없으니 그저 더럽히지 말라. 부처다, 보살이다 하는 견해를 짓지 말라. 평상의 마음이 곧 도道이니라."

범일은 제안의 가르침으로 큰 깨달음을 얻었다. 제안의 가르침은 마조도일을 계승한 것으로 도불용수道不用修, 평상심시도平常心是道, 즉심즉불即心即佛로 요약할 수 있다. 즉 도는 닦음을 필요로 하지 않는다. 다만 오염하지 않도록 하면 된다. 평상심은 장래에 도달할 수 있는 이상적인 것, 수도를 통해 얻어질 수 있는 것이 아니라 본래부터 있었고, 바로 지금 있으며, 수도나 좌선이 필요하지 않는 것이다. 그리고 지금의 바로 그 마음이 부처라는 것이다.

범일은 약 16년만에 큰 깨달음을 얻은 선사禪師가 되어 847년(문성왕 9)에 귀국하였다. 그리고 4년 동안 경주와 충청도에 있는 백달산에 머물다가 41세가 되던 해인 851년에 명주도독의 청으로 굴산사로 옮겨 왔다. 여러 차례 그를 국사國師로 모시려 하였으나 모두 거절하고 통일신라 하대 구산선문九山禪門 가운데 하나인 사굴산문闍崛山門을 개창開倉하였다.

　범일은 굴산사에서 40여 년 동안 정진하면서 한 번 앉은 소나무 숲은 집이 되었고, 평평해진 바위는 좌선하는 자리가 되었다. 그는 수행자의 본분에 대해 "부처의 뒤를 따르지도 말고 다른 사람의 깨달음도 따르지 말라. 본래 부처의 철두철미한 자기 본분의 자각을 수행의 목표로 삼을 것"을 강조하였다. 임종 직전에는 "내 이제 영결하고자 하니 세속의 부질없는 정분으로 어지러이 상심하지 말라, 오로지 스스로의 마음을 지켜 큰 뜻을 깨뜨리지 말라" 당부하였다. 이는 석가모니가 열반하면서 남긴 말씀 "법등명法燈明 자등명自燈明"을 강조한 것이다.

범일국사 부도 설경
사지에는 범일국사의 탑이 수호신처럼 절터 키고 있다.

범일은 비록 세상을 떠났지만 강릉을 지켜주는 영원한 수호신으로 부활하였다. 범일은 임진왜란이 일어나자 대관령에서 술법을 써서 왜군을 물리쳤다. 신라 사람이 조선시대에까지 등장하는 것은 다분히 설화적이다. 이는 굴산사를 창건하고 불법을 전파하였던 범일이 죽어서 강릉을 지키는 수호신이 된 것이다. 매년 단오에 거행되는 단오제에서 범일은 죽어서 대관령 성황신이 되었다. 강릉 단오제 때 '대관령국사성황신'에게 지내는 제사가 바로 범일에게 지내는 제사이다. 이처럼 범일국사는 강릉지방에서 신적인 존재로 받아들여지고 있다.

역사를 땅 속에 묻은 폐사지

굴산사지는 지금은 폐사 터이지만 강릉일대에서 가장 큰 절이었다. 굴산사의 규모는 당시 쌀을 씻은 뜨물의 양으로 설명하고 있다. 즉 얼마나 많은 승려가 거주하고 있었던지 쌀을 씻은 뜨물이 학산천을 흘러 동해바다에까지 이르렀다고 한다. 실제 굴산사가 번창하였을 때 사찰의 당우가 반경 300m에 이르렀고 수도 승려가 200여 명에 달했다고 전해진다.

굴산사의 규모를 웅변적으로 보여주는 또 다른 하나는 당간지주이다. 넓은 들판에 우뚝 솟은 높이 5.4m의 당간지주가 그 웅장한 산세의 기선을 제압하듯 묵직하고 당당하게 서 있다. 굴산사의 당간지주는 우리나라에서 가장 큰 것으로 지주의 규모가 엄청나 이 당간지주에 세워졌을 당간의 높이가 얼른 상상이 되지 않을 정도이다. 일반적으로 당간이 지주의 서너 배가 된다고 보면 어림잡아도 20m 높이 정도는 되었을 것이다. 하늘을 찌를 듯한 긴 당간 위에서 깃발이 펄럭거리며 몇 십리 밖에까지 이 절의 위용을 과시하였다.

그러나 굴산사가 어떻게 발전되었고 언제 폐사되었는지는 전해지지 않고 있다. 다만 간헐적으로 노출되는 유적과 유물들로 굴산사의 존재를 확인하고 있

굴산사지 발굴현장

굴산사지는 현재 발굴을
해 그 모습이 조금씩 드
러나고 있다.

을 뿐이다. 1936년 홍수로 6개의 주춧돌이 노출되었을 때, '문굴산사門堀山寺'라
고 새겨진 기와가 함께 발견되었다. 그리고 관동대 박물관에서 10여 년에 걸친
지표조사를 통해서 '굴산사堀山寺'라고 표기된 기와편을 다수 수습하였으며, 비
편碑片 5점을 수집하여 박물관에 보관하고 있다. 특히 비편에는 '和尙言意' '溟
洲都督銀副都督' 등의 각자를 확인할 수 있다. 이 비의 내용은 알 수 없지만 아
마도 범일국사 부도탑비가 아니었을까 생각된다.

이후 강릉대학교 박물관과 강원문화재연구소에서 극히 일부를 발굴하였다.

특히 2002년 영동지역을 강타한 태풍 '루사'로 학산천이 절터를 덮쳐 석천을 비롯한 많은 유적과 유물이 유실되면서 부분적인 발굴이 이루어졌다. 이때 발굴된 고려청자편과 분청사기편 등을 고려하면 굴산사가 적어도 고려말 조선초기까지는 존속하고 있었음을 알 수 있다. 현재는 국립 문화재연구소가 굴산사의 규모나 가람배치를 파악하기 위해서 본격적인 발굴을 진행하고 있다.

한편 굴산사의 모습을 상상하게 해주는 유적들은 학산리와 그 부근에 흩어져 있다. 즉 학산리 주변에 남아 있는 당간지주, 석불, 부도탑, 전설을 지닌 석천과 학바위 등이 옛 굴산사의 존재를 침묵으로 증명해 주고 있다.

당간지주

굴산사지 당간지주는 우리나라에서 규모가 가장 □□것이다.

강원도의 힘, 당간지주

굴산사지를 들어서면 제일 먼저 만나는 것이 당간지주이다. 굴산사 입구 넓은 들판 가운데 우뚝 솟아 있는 엄청난 크기의 당간지주는 굴산사의 상징이다. 높이 5.4m의 이 거대한 당간지주는 현재 우리나라에 남아 있는 것 가운데 가장 규모가 큰 것이다.

당간지주幢竿支柱는 당간과 지주로 구분된다. 당간은 사찰을 알리는 깃발인 당幢을 달아두는 장대로서 사찰 입구에 세워진다. 당간은 철이나 돌로 만들어지는 경우도 있으나 대부분 나무로 만들어지기 때문에 썩어 없어지고 당간을 지탱하기 위해 당간 좌우에 세우는 돌기둥 즉 지주만 남아 있는 경우가 대부분이다. 따라서 지주를 당간지주라고 부르기도 한다.

굴산사지 당간지주는 각각 한 덩어리의 돌기둥으로 된 두 개의 거대한 석재이다. 현재 당간지주의 아랫부분은 땅에 묻혀 있어서 당간을 세워놓은 기단석 등의 구조는 알 수 없다. 대개의 당간지주들은 돌기둥의 바깥면에 무늬라든지 글씨를 새기는 것이 일반적인데, 이 당간지주는 매끈하게 다듬지도 않았고 무늬나 글씨를 새긴 흔적도 없다. 오히려 거대한 바윗돌에서 돌기둥을 떼어 낼 때 정으로 쪼아 생긴 자국만이 그대로 남아 있다.

아무런 장식도 없이 안쪽이나 바깥쪽이 거의 꼭대기까지 직선을 이루고 있으며, 꼭대기에 이르러서는 양쪽 앞뒷면에서 차츰 둥글게 깎아 곡선이 되도록 하였다. 그래서 맨 꼭대기 부분은 약간 뾰족하게 되어 있는데 남쪽 당간지주의 꼭대기 부분은 약간 파손되었다. 당간을 고정시키는 가로막대를 설치하기 위하여 아래위로 두 군데에 간공竿孔을 마련하였다. 위쪽은 상단 가까이에, 아래

당간지주
간지주의 당당함은 강원
의 힘이라 할만하다.

쪽은 밑둥치에서 4분의 1 되는 부분에 둥근 구멍을 관통시켜 당간을 고정시킬 수 있게 하였다.

굴산사지 당간지주는 힘을 느끼게 한다. 거인의 굵고 힘찬 두 팔뚝이 불끈 땅 위로 솟구친 듯한 굴산사지 당간지주는 순박하면서도 강력한 '강원도의 힘'이다. 그 자체만으로도 엄청난 규모인 이 당간지주에 세워졌을 당간의 높이가 얼른 상상이 되지 않을 정도이다. 일반적으로 당간이 지주의 서너 배가 된다고 보면 어림 잡아도 20~25m의 높이 정도는 되었을 것이다. 하늘을 찌를 듯한 긴 당간 위에서 깃발이 펄럭거렸다면 아마도 수십리 밖에서도 이 절의 위용을 실감할 수 있었을 것이다. 그리고 그 규모에 맞도록 간결하고 강인한 기법에서 또 다시 웅대하고 힘찬 기력을 느낄 수 있다

굴산사지 당간지주는 선종禪宗 그 자체이다. 꾸미지 않은 자연스러움과 자유분방함 속에서도 강한 메시지를 주는 굴산사지 당간지주는 선종의 참 모습이다. 일반적인 당간지주가 세련되고 유려한 맛을 주는 교종의 정형화된 모습을

굴산사지 불상

굴산사에서 모셨던 불상 지권인의 손 모습을 한 로자나불이다.

상징적으로 나타내는 것과는 대조적이다. 즉 대개의 당간지주들은 돌기둥의 바깥면에 무늬라든지 글씨를 새기는 것이 일반적인데, 이 당간지주는 매끈하게 다듬었다든지 무늬나 글씨를 새긴 흔적이 없다. 오히려 거대한 바윗돌에서 이같은 돌기둥을 떼어 낼 때 생긴 정을 쪼은 자국이 그대로 남아 있다. 이것이 바로 제도나 형식에 구애받지 않는 자유로운 선종의 모습이다. 굴산사지 당간지주에는 자신감에서 비롯된 여유가 있다. 거대한 자연석을 제대로 다듬지도 않고 땅 위에 불쑥 던져놓은 그 큰 배포는 바로 자신감에서 비롯된 것이다.

선종사찰 주불 비로자나불

굴산사지 불상
하대 선종 사찰에서는
자나불을 본존불로 모

굴산사지에 모셨던 불상은 모두 지권인智拳印의 손 모습을 한 비로자나불이었다. 비로자나불은 모든 부처의 진신眞身인 법신불法身佛로 교종의 하나인 화엄종 사찰에서 본존불로 모시는 불상이다. 그런데 선종의 대표적인 사찰인 굴산사에서 비로자나불을 모신 이유가 무엇일까? 이는 통일신라 말기 선종을 도입한 선승禪僧들이 선禪 수행을 위주로 하면서도 그들의 신앙적 기반을 화엄사상에 두었기 때문이다. 『화엄경』 안에서의 비로자나불은 우주 그 자체이기 때문에 직접 중생에게 설법하지 않는 '침묵의 부처'이다. 그리고 비로자나불은 깨달음 그 자체를 의미하며, 비로자나불에 의해서 정화되고 장엄되어 있는 세계는 특별한 부처님의 세계가 아니라 바로 우리 자신이 살고 있는 현실세계를 의미한다. 따라서 통일신라 시기에 시작된 선종사찰에서는 비로자나불을 본존불로 모셨다.

굴산사지에는 돌로 만든 비로자나불이 세 군데 흩어져 있다. 이 가운데 가장 규모가 큰 석불은 당간지주의 동남쪽

마을 안의 보호각에 안치되어 있으며, 두 분의 석불은 당간지주에서 서북쪽으로 100여 미터 떨어진 작은 암자에 봉안되어 있다. 그리고 나머지 하나는 학산마을 안 범일국사의 탄생설화가 얽힌 우물가에 남아 있었다.

당간지주의 동남쪽 방향 마을 안의 보호각에 안치된 석조비로자나불좌상은 얼마전까지만 해도 동네의 잿간 같은 곳에 갇혀 있었다. 최근 강원도 문화재자료 제38호로 지정되면서 보호각을 세워 정비하였다. 화강암으로 만들어진 이 석불은 높이 1.6m, 둘레 2.5m, 머리둘레 0.5m, 어깨넓이 1.2m의 비교적 큰 불상이다. 옷 모습은 두 어깨를 모두 옷 속에 넣은 통견通肩이며, 머리는 나발형螺髮形으로 육계肉髻가 큼직하다. 얼굴은 파손되었으나 원만형이며, 머리에는 큰 관모를 쓰고 있다. 그러나 이 관모는 원래의 것이 아니고 정비하는 과정에 그 주위에 방치된 부도의 탑재를 머리 위에 올려놓은 것이다. 목이 짧아 머리가 몸에 푹 박힌 것 같은 느낌을 주며, 어깨가 당당한 모습을 보여준다. 전체적으로 조각 솜씨가 치졸하나 당당한 모습에서 고려 불상임을 짐작할 수 있다.

두 분의 석불을 봉안하고 있는 암자는 1968년에 세워진 것으로 현재 굴산사라 부른다. 암자에는 두 분의 석불과 함께 최근에 새로 조성된 불상을 합해서 삼존불이 봉안되어 있다. 이들 가운데 본존불은 떨어져 나간 불두佛頭를 다시 붙여놓은 것이다. 타원형의 얼굴을 하고 있으나 이목구비가 마멸되어 그 윤곽만을 알 수 있다. 목은 비교적 짧고 상대적으로 넓은 두 어깨는 둥글다. 어깨에서 무릎으로 흘러내리는 두꺼운 법의는 통견으로 팔을 비롯한 신체의 각 부분을 둔중하게 덮고 있다. 전체적으로는 가슴팍이며 두 무릎 사이

굴산사지 불상

굴산사지 불상 가운데 분은 마을 입구 보호□ 있으며, 두 분은 새롭게 든 굴산사에 모셔져 있

가 넓어 몸체가 지나치게 짧고 넓은 느낌이다. 불두에서 무릎을 이은 신이 정삼각형에 가까운 정도로 불균형한 비례를 보이고 있다. 그래서 두 손을 가슴에 붙이고 결가부좌한 상태에서 아래위로 압력을 가해 좀 눌러놓은 듯한 인상을 준다.

우협시右脇侍 불상도 크기만 약간 작을 뿐 형식은 본존불과 마찬가지이다. 얼굴은 타원형이며, 목이 짧아 어깨 속에 푹 파묻힌 인상을 준다. 통견通肩의 법의는 평면적이고 손은 작은데 두 무릎 폭만 넓어서 추상화된 느낌이 든다.

좌협시左脇侍 불상은 최근 조성한 것이다. 본래 있던 좌협시 불상은 목이 부러진채 범일국사의 탄생설화가 얽힌 우물가에 남아 있다가 태풍 루사로 유실되었다. 당시 불상의 조각 수법이나 크기는 앞의 두 불상과 마찬가지이다. 다만 손모습이 차이가 있다. 즉 우협시右脇侍 불상은 오른손을 왼손 위에 올린 일반적인 형태를 취하고 있으나 좌협시左脇侍 불상은 왼손을 오른손 위에 올린 변형된 형태를 취하고 있다. 이는 본존불을 기준으로 좌우에 협시하는 위치에 따라 달리한 것으로 판단된다.

부도 중대석
중대석에는 구름문양을 넣어서 부도탑의 주인공이 하늘로 올라갔음을 상징적으로 보여준다.

부도 하대석
8각의 하대석에는 다양한 모습의 사자상이 새겨져 있다.

팔각원당형八角圓堂形의 부도

굴산사지의 북쪽 학산리 마을의 뒷동산에 부도가 있다. 멀리 남쪽으로 당간지
주가 마주 보이고, 굴산사가 있었던 학산리가 한눈에 들어오는 이곳이 굴산사
의 부도밭이었음에 틀림이 없다. 한편 석천石泉 부근에도 사천왕상이 양각된 8
각의 석조 탑재가 남아 있었다. 이로써 당시에는 이곳에 적어도 두 개 이상의
부도탑이 존재하였을 것으로 생각된다.

굴산사지에 남아 있는 현재 부도탑은 일제시대 도굴꾼에 의해 붕괴되었던
것을 후에 복원한 것이다. 당시 '조선고적보존위원회'가 조사를 위해 기단석을
들추어 보았더니 기단석 아래 구형의 지하석실이 있고 오백나한을 안치한 흔
적이 남아 있었다고 한다. 그러나 현재 오백나한의 행방은 알 수가 없다. 아마
도 나라를 지키지 못한 후손을 원망하며 어디에서 고향으로 돌아갈 날을 기다
리고 있을 것이다.

굴산사지 부도는 기단부와 탑신부, 상륜부로 구성되어 있다. 기단부는 다시 아래로부터 지대석, 하대석, 중대석, 상대석으로 분류된다. 굴산사 부도의 지대석은 하나의 자연암석으로 위에 8각형의 2단 괴임돌을 새겼다. 지대석을 하나의 자연암석으로 한 것은 다른 부도에서는 찾아보기 힘든 특이한 기법이다. 지대석을 자연암석으로 한 것은 부처가 바위에 앉아 득도하였을 뿐만 아니라 범일을 비롯한 선승禪僧들이 자연석 위에서 좌선하였기 때문이다.

하대석 받침은 지대석과 하대석 사이에 있는 것이다. 굴산사 부도의 하대석 받침은 지대석의 8각형에 비해 그 폭이 급격하게 줄어든 직은 8각형 2단의 접시받침 모양이다. 하대석 받침이 아래의 지대석과 위의 하대석에 비해서 폭이 급격하게 줄어들었기 때문에 불안하고 부자연스러운 느낌을 준다. 이것은 일제시대 도굴꾼에 의해서 붕괴되었던 것을 그 후에 복원하면서 원형대로 복원되지 못했기 때문이다. 원래의 하대석 받침은 이 부도 옆에 반파半破되어 놓여 있던 것인데, 이를 대신해서 원래의 것이 아닌 다른 부도의 탑신받침을 사용하였다.

하대석은 아래쪽은 8각형을 이루고 있으나 위쪽은 원형으로 구름문양이 조각되어 있다. 그리고 윗면의 둘레에 마치 물도랑 같은 고랑이 파여져 있으며 여기에 고인물이 구름 문양 사이로 흘러내릴 수 있도록 네 곳에 수구水口를 만들었다. 하대석에 새겨진 문양들은 하대석 위쪽이 하늘임을 의미하는 것이다. 선승禪僧이 죽어서 가는 곳은 하늘이다. 따라서 사리가 봉안된

부도 공양상 조각
공양상은 여러 가지를 도의 주인공에게 바쳐리는 것이다.

탑신부는 하늘이 되어야 한다. 하대석의 위쪽이 원형을 이룬 것은 하늘을 상징하기 위함이다. 『회남자淮南子』에 '천원지방天圓地方'이라 하여 '하늘은 둥글고 땅은 네모다'라고 하였다. 그래서 하대석 위쪽을 원형으로 만들어 하늘을 나타내었다. 그렇다면 하늘은 어디일까? 그것은 바로 구름 위다. 그래서 구름문양을 조각함으로써 그 위가 하늘임을 상징적으로 보여주는 것이다. 더욱이 홈을 파고 그 사이에 물이 흘러내리도록 하여 구름에서 비가 내리고 있음을 상징적으로 표현하였다.

중대석은 원형으로 3단의 구름을 쌓아 올린 듯한 8개의 기둥 모양을 두어 8각의 틀을 벗어나지 않았다. 각 기둥 사이에는 연화좌蓮花座 위에 주악비천상奏樂飛天像과 공양상供養像을 돋을새김하였다.

8개의 기둥을 구름 모양으로 한 것은 비천상이 있는 그곳이 하늘임을 나타내 주는 것이다. 공양은 공경하는 마음으로 향이나 차, 꽃, 음식물을 부처님께 올리는 것이다. 따라서 주악비천상奏樂飛天像은 천인天人이 부도의 주인공에게 음악을 바쳐 올리는 것이고, 공양상供養像도 마찬가지로 여러 가지를 부도의 주인공에게 바쳐 올리는 것이다.

상대석에는 여덟 장의 꽃잎을 가진 연꽃이 위로 향하여 받드는 모습, 즉 앙연仰蓮을 조각하였다. 그리고 꽃잎에도 큼직한 꽃무늬를 양각하여 화려함을 더하였다. 상대석에 새겨진 연꽃좌대의 의미는 성불한 자의 대좌는 연꽃이고, 또한 극락환생을 연꽃으로 다시 피어나는 모습으로 표현하였다.

부도의 탑신부는 사리를 봉안하는 부도의 가장 중심부로서 탑신석과 옥개석으로 나뉘어진다. 탑신석은 8각이지만 표면에 아무런 장식도 조각되어 있지 않으며 위쪽으로 갈수록 좁아진다. 옥개석도 역시 8각인데 물이 떨어지는 낙수면의 경사가 급하고 우동隅棟은 뚜렷하지만 장식은 전혀 없다. 그리고 부도의 제일 위 쪽인 상륜부는 연화문을 돌린 둥근 보주를 얹었다.

부도의 탑신부를 이처럼 가옥구조로 한 것은 죽은 고승高僧이 계시는 곳이기 때문이다. 옛사람들은 살아 있는 사람의 집이 양택이듯이 죽은 사람의 무덤을 음택이라 하여 동등한 것으로 인식하였다. 따라서 몸돌 위에 지붕돌을 배치하여 가옥과 같은 모양을 만들었다.

굴산사지 부도는 전체적으로 8각을 기본으로 하면서 일부에 원형을 가미한 팔각원당형八角圓堂形이다. 부도가 전체적으로 8각을 기본으로 하는 것은 불교의 고제苦諦로써 인생팔고人生八苦와 도제道諦로써의 팔정도八正道의 8에서 유래하였다. 부도의 주인인 고승高僧이 사성제를 행하여 열반의 경지에 이르렀다고 판단되기 때문에 부도를 8각으로 만든 것이다.

참고문헌

강원문화재연구소, 『강릉 굴산사지 발굴 보고서』, 강릉시, 2006

김두진, 「신라하대 굴산문의 형성과 그 사상」, 『성곡논총』 17, 1986

김흥삼, 「나말여초 굴산문 개청과 정치세력」, 『한국중세사연구』 15, 2003

김흥삼, 「나말여초 굴산문 선사상」, 『백산학보』 66, 2003

김흥삼, 「나말여초 굴산문 연구」, 『강원대 대학원 박사학위논문』 2002. 2

방동인, 「굴산사와 범일에 대한 재조명」, 『임영문화』 24, 2000

백홍기, 「명주 굴산사지 발굴조사보고서」, 『고고미술』 161, 1984

신천식, 「한국불교사상에서 본 범일의 위치와 굴산사의 역사성 검토」,
『영동문화』 1, 관동대 영동문화연구소, 1980

이규대, 「범일과 강릉단오제의 주신인 국사성황신」, 『임영문화』 24, 2000

정동락, 「통효 범일의 생애에 대한 재검토」, 『민족문화논총』 24, 2001

고려불상

보현사

고요와 움직임이 조화를 이루고 있는 절집

대관령은 백두산에서 시작된 백두대간이 남쪽으로 내려오다 살짝 내려앉으면서 만들어 놓은 고갯길이다. 백두대간의 큰 산줄기가 크게는 한반도의 동쪽과 서쪽을 나누고, 작게는 강원도의 영동과 영서로 구분하면서 닫힘의 역사를 만들었다면 대관령은 구분된 두 지역을 연결하는 열림의 역사를 만들었다. 그래서 대관령은 강릉의 젖줄이며, 강릉의 진산鎭山이다. 이곳에 대관령을 닮은 절 보현사普賢寺가 있다.

보현사는 650년(신라 진덕여왕 4)에 자장율사에 의해 창건되었다고 전해지고 있으나 확실한 기록이 없어 정확한 시기는 알 수 없다. 다만 창건과 관련한 전설이 전해지고 있다. 신라 문수보살과 보현보살이 돌배를 타고 천축국天竺國으로부터 강릉시 동남쪽인 남항진 해안에 당도하여 문수사를 세웠다. 이 절이 지금의 한송사이다. 어느날 보현보살이 "한 절에 두 보살이 함께 있을 필요가 없으니, 내가 활을 쏘아 화살이 떨어진 곳을 절터로 삼아 떠나겠다"고 하며 시위를 당겼다. 그 화살이 떨어진 곳이 바로 이 보현사 터였다고 한다.

이처럼 보현사는 한송사와 함께 창건된 것으로 전해지고 있다. 한송사는 강릉시 동쪽 강릉 비행장 옆에 자리하고 있었는데 지금은 소나무숲 한가운데에 그 터만이 남아 있다. 조선시대 이곡이 지은 『동유기東遊記』에 의하면 이 절터에

보현사 전경

강릉의 진산 대관령에 는 보현사는 문수도량 월정사와 양대 축을 이 고 있다.

문수보살과 보현보살의 석상이 있었고, 절터 동쪽에는 4기의 비석과 귀부 등 이 있었다고 한다. 또 구전에 따르면 전성기에는 200여 칸에 이르는 큰 절이었 다고도 한다.

보현사에서 강릉 쪽을 내려다 보면 전설을 입증하기라도 하듯 소나무 사이 로 동해바다와 함께 한송사지가 있는 강릉 비행장이 바로 보인다. 보현사와 한 송사가 멀리 떨어져 있기는 하지만 서로 마주보고 있어 이 같은 전설이 만들어진 것이 아닌가 생각된다. 이처럼 바다를 배경으로 한 한송사와 산을 배경으로 한 보현사는 짝을 이루고 있다.

보현사는 이후에도 대관령을 분기점으로 하여 그 안쪽에 있는 '내內 문수도량 월정사'와 함께 '외外 보현도량 보현사'의 명성을 지키면서 발전해 왔다. 오대산의 월정사는 우리나라 문수도량의 중심이다. 반면 보현사는 보현보살에 의해 창건되었다는 전설을 간직하고 있다. 문수보살과 보현보살은 석가모니불의 좌우 협시불로써 문수보살은 지혜智慧를 상징하며, 보현보살은 자비행慈悲行을 상징한다. 문수보살의 '지혜'를 상징하는 오대산 월정사와 보현보살의 '자비행'을 상징하는 보현사는 대관령을 기준으로 양대 축을 이루고 있다.

현존하는 사굴산문의 최고最古 사찰

보현사가 사찰의 모습을 갖추고 번창한 것은 889년(진성여왕 3) 낭원대사朗圓大師 개청開淸에 의해 중창되면서부터 였다. 낭원대사 개청은 범일국사의 제자로 사굴산문의 제2대 종주宗主이다. 개청은 굴산사에 머물러 있었는데 889년 범일

지장선원
대사 개청은 보현사를
하고 지장선원을 열어
을 지도하였다.

국사가 죽자 알찬開飡 민규閔規의 청함을 받아 보현사로 와서 주지가 되었다. 이
때부터 보현사는 사굴산문의 대표적인 선종 사찰이 되었다. 낭원대사가 대문
을 열어 법회를 열면 대중들이 구름과 같이 모여들어 바다를 이루었다고 전해
진다.

낭원대사 개청의 속성은 김씨로 경주출신이다. 그의 선조는 신라의 왕족으
로 할아버지 김수정金守貞은 상서성 및 어사대의 관리를 역임하였으며, 아버지
김유거金有車는 지방관을 지냈다. 어느 날 그의 어머니가 꿈을 꾸었는데 갑자기
하늘에서 신승神僧이 뜰 아래로 내려와 품안에서 금과 나무로 만든 도장 두 개
를 꺼내 보이면서 '둘 중에 어느 것이 필요한가?'라고 하였다. 어머니는 말없이
바라보고 있으니 스님이 곧 금으로 만든 도장만을 남기고 홀연히 사라졌다. 이
후 임신하여 고기와 자극적인 음식을 멀리하고, 절을 만들어 정성으로 불공을
드렸다. 마침내 854년(문성왕 16) 4월 15일에 낭원대사가 탄생하였다. 얼굴이
마치 보름달과 같이 단정하고 입술이 연꽃처럼 붉었다.

25세에 출가하여 지리산 화엄사의 정행正行 스님에게서 개청開淸이라는 법명을 받고, 진주의 엄천사嚴川寺에서 구족계具足戒를 받았다. 이후 남해 금산에서 참선 수도하면서 대장경을 읽다가 옥축일음玉軸一音이 들려 금강삼매金剛三昧의 진리를 얻었다. 이때부터 3년 동안 혼자서 참선수행을 하고 있었는데 어느 날 노인이 나타나 굴산사로 범일국사를 찾아갈 것을 일러 주었다. 낭원대사는 그 길로 강릉 굴산사로 가서 범일국사를 친견하게 되었다. 범일은 오랫동안 기다렸다는 듯이 "왜 이리 늦게 왔느냐? 너를 기다린 지 오래다"라고 하면서 곧 입실을 허락하고 심인心印을 전하였다. 범일국사의 나이가 90세가 되자 낭원대사는 스승 범일국사를 대신하여 선禪을 가르쳤다. 889년(진성여왕 3)에 범일국사가 입적하자 낭원대사는 정성을 다하여 보탑寶塔을 수축하고 굴산사를 유지 발전시켰다.

명주에 살고 있던 알찬 민규라는 사람이 일찍부터 사찰을 지원하면서 개청을 찾아와 법문을 들었는데, 마침내 개청에게 보현사普賢寺를 희사하며 주지가 되어 줄 것을 청하였다. 보현사가 선객禪客들이 살기 적합하다고 판단한 개청은 초목을 베어내고 둔덕을 깎아 평지를 만들고, 도로를 개통하고 법당과 탑을 새로 세웠다. 이후 전국의 승려들이 선을 지도받고자 사방에서 모여들었고, 경애왕도 사신을 보내어 국사國師의 예를 표하였다. 그러나 낭원대사는 세간의 명성에는 관심을 두지 않았다. 마지막 순간까지 깊은 산중 사찰인 보현사에서 후학지도에 몰두하다가 930년에 보현사 법당에서 앉은 채 입적하였다.

보현사는 신라 하대 선종사찰이 그러하듯이 강릉지방의 호족들과 밀접한 관계를 유지하였다. 낭원대사부도탑비의 음기陰記를 살펴보면 당주도령좌승當州都領佐丞 왕예王乂라는 인명이 나오는데 왕예는 강릉 김씨로 김예金乂였는데 왕건에게 귀부歸附하여 왕씨 성을 사성賜姓받았으며, 그의 딸은 대명주원부인으로 왕건의 비가 되었다. 낭원대사의 중창으로 대표적인 선종사찰로 번성한 보현사는 지방호족의 지원과 지방호족을 연합하여 후삼국통일을 이룩한 왕건의 적극적인 후원을 받으며 더욱 번창하게 되었다.

보현사

천년을 이어온 역사의 흔적

천년 넘게 이어온 보현사는 역사의 흔적이 절의
구석구석에 남아 있다. 현재 가장 오랜 유적으로
는 신라 말 낭원대사 개청이 중창할 당시에 만든
것으로 생각되는 탑재와 석조사자상이 파손된 채
대웅전 앞에 남아 있다. 고려 때 유적으로 태조
때 만들어진 낭원대사의 부노 및 부도탑비가 있
으며, 최근에 조사된 보살좌상이 주목된다. 그리
고 조선의 것으로 추정되는 20여 기의 부도가 있
으며 조선후기에 중수된 대웅전과 근래에 건립된
영산전, 삼성각, 금강루, 요사채 등이 절의 내력
을 전해주고 있다.

보현보살 좌상

보현사에 모셔진 보살좌상
은 고려시대 목불 가운데
가장 오래된 것이다.

보현당에 모셔진 보살좌상은 고려시대 목불*
佛 가운데 가장 오래된 것이다. 얼굴 모습과 수인
手印이 다른 불상들과는 달라 그동안 중국의 불상으로 알려져 별다른 주목을 받
지 못하였다. 그러나 최근 정밀조사가 이루어지면서 불상의 실체가 드러났다.
중국 송나라의 영향을 받은 보살상은 얼굴이 길고 우아하며 귀족적이다. 높이
70cm, 폭 44cm의 목불인 보살상은 기본 골격은 나무지만 정교한 표현이 필
요한 옷주름 등에는 얇은 천에 옻칠을 해 여러 겹을 붙인 건칠 기법으로 제작
되었다. 불상의 배 속에 모셔진 복장服藏 유물로 1292년 (지원至元 29)이라고 간
행연도가 기록된 다라니 3점과 묘법연화경 4권, 길이가 8m에 이르는 필사본
다라니를 비롯하여 쇠 후령통候鈴筒, 구슬, 각종 곡식을 싼 천주머니가 발견되
었다.

보살상은 12세기에 조성된 대표적인 고려시대 목불이다. 지금까지 알려진
가장 오래된 고려시대 목불은 충남 서산에 있는 개심사 아미타 삼존불로 13세

기에 조성된 것이다. 그에 비해 보현사 목불은 상호와 옷을 묶은 가사 장식, 가슴 띠 매듭, 팔의 복잡한 주름, 복장 유물 등을 종합적으로 분석한 결과 이보다 1세기 정도 빠른 12세기의 불상으로 추정된다. 보현사 보살상의 재발견은 유구한 보현사의 역사를 확인시켜주는 계기가 되었다.

낭원대사 부도탑비

낭원대사 부도탑비
낭원대사 부도탑비에는 낭원대사 개청의 행적과 보현사의 중창 과정이 기록되어 있다.

보현사를 대표하는 유적은 보현사를 중창한 낭원대사 개청의 부도와 부도탑비이다. 부도浮屠는 고승高僧의 사리나 유골을 봉안한 석조물이며, 부도탑비浮屠塔碑는 부도 주인공의 행적이나 업적을 기록한 비석이다.

낭원대사 부도탑비의 원명은 「고려국 명주 보현산 지장선원 낭원대사 오진탑비高麗國冥洲普賢山地藏禪院朗圓大師悟眞塔碑」로 절 입구에 서 있다. 낭원대사 부도탑비는 보현사를 중창하고 이곳에 지장선원을 열어 후학들의 지도에 심혈을 기울였던 개청開淸의 부도탑비이다. 개청이 930년(고려 태조 13)에 입적入寂하자 태조가 낭원朗圓이라는 시호諡號와 오진悟眞이라는 탑호를 하사하고, 입적한 지 10년이 된 940년에 비를 건립하였다. 비문을 찬한 최언위崔彦撝는 당대 최고 문장가이며 신라 6두품 출신으로 고려 태조 왕건이 후삼국 통일에 크게 공헌한 인물이다. 글씨는 당시 최고의 명필이었던 구족달仇足達이 해서楷書로 썼으며, 각자刻字는 임문윤任文尹이 하였다. 부도탑비에는 낭원대사 개청의 행적行蹟과 보현사의 중창과정 등이 기록되어 있어 보현사의 성격과 역사를 설명하는데 귀중한 자료가 되고 있다.

부도탑비는 비부碑趺·비신碑身·개석蓋石의 세 부분으로 구성된다. 그 중 탑비의 비부는 거북의 형태를 취하고 있어 귀부龜趺라고 부른다. 비부가 거북의 형태를 취하는 것은 거북이 수명장존壽命長存을 상징하는 신령스러운 동물이기 때문에 비석을 후대에까지 영원히 선하겠다는 상징성을 가지고 있다.

탑비의 개석은 이무기 네마리 혹은 여섯마리가 여의주를 두고 다투는 형상이 조각되어 있어서 이수螭首라고 부른다. 이무기를 조각하는 것은 비석을 잡귀들로부터 보호하겠다는 의지를 보여주는 것이다. 용과 이무기의 차이는 용은 뿔이 있는데 비해 이무기는 뿔이 없는 것이다. 그러나 일반적으로 이수의 조각에는 이무기와 용이 혼용되고 있다.

귀부 머리
부도탑비는 비부, 비신, 석으로 구성되어 있다.

낭원대사 부도탑비는 전형적인 우리나라 탑비의 모습이다. 귀부는 사각형의 지대석地臺石 위에 한 마리의 거북이 네 발로 버티며 앉아 있는 형상이다. 거북의 머리는 용머리 모양으로 수직으로 들고 있다. 중국으로부터 비석의 양식이 도입될 당시에는 중국의 양식을 그대로 모방하여 귀부의 머리를 45도 비스듬하게 들어올리고 있었다. 그러다가 9세기 이후부터는 여의주를 물고 있는 용의 머리모양으로 바뀌었으며 머리를 수직으로 들고 있는 우리나라 고유의 양식으로 바뀌었다. 낭원대사 부도탑비의 용머리는 힘찬 귀와 갈퀴, 이빨, 턱수염 그리고 코에서 뿜어져 나오는 서기瑞氣 등이 강한 인상을 준다. 그러나 전체적으로 여의주를 문 입가에는 미소를 띠고 있어 오히려 친근감을 준다.

거북의 귀갑은 몸 전체를 덮을 정도로 넓을 뿐만 아니라 거의 표면에 닿을 정도로 낮게 하고 네 발 만이 살짝 밖으로 나와 버티고 있는 형상을 하고 있다. 이는 중국 비석 거북이 귀갑을 좁게 그리고 높게 몸체를 표현한 것과는 대조적이다. 그리고 거북의 등에는 귀갑문이 새겨져 있는데 자세히 살펴보면 동쪽 면은 문양이 선명하게 남아 있는 반면 서쪽 면은 그 흔적이 희미하다. 이는 문양을 깊이 새기지 않았는 데다가 서쪽 면은 골짜기 바람을 그대로 받아 마모가 심했기 때문으로 판단된다. 이상에서 볼 때 우리나라 비석은 중국의 비석에 비해 전체적으로 안정감이 있음을 알 수 있다.

비신은 귀갑의 중앙에 구름문양으로 장식한 비좌碑座 위에 세워져 있다. 비좌에 구름문양을 조각한 것은 그 위가 하늘임을 상징하는 것이다. 비신은 높이 약 2m, 폭 약 1m의 사각형으로 2cm 크기의 해서楷書로 낭원대사의 일대기가 새겨져 있다. 비에 새겨진 일대기는 긴 세월 동안 숱한 사람들에게 선승禪僧으로서의 우리나라 선종의 역사를 증언하고 있다.

이수는 비신과는 별개의 돌에 네 마리의 용이 여의주를 놓고 다투는 모습을 실감나게 투각透刻하였다. 중국 비석의 이수가 비신과 한 돌로 위를 둥글게 한

귀부의 꼬리와 발
원대사 부도탑비는 우리
라 탑비의 전형적인 모
이다.

원규형인 것과는 대조적이다. 낭원대사 부도탑비 이수의 아랫면에는 연꽃이
받쳐 올리는 형상의 앙연仰蓮이 새겨져 있으며, 윗면은 중앙의 보주를 중심으로
네 마리의 용이 뒤엉켜서 여의주를 다투는 형상이 힘차게 표현되어 있다. 중국
비석 이수의 용이 엉키지 않고 나란히 서로 마주보는 것과 비교된다. 특히 주
목되는 것은 이수 중앙에 올려놓은 보주이다. 이수의 상단부 중앙에 복발과 1
단의 보륜이 있고 그 위에 화염에 싸인 보주를 얹어 놓았다. 마치 용 네 마리가
이 보주를 여의주로 여기고 서로 차지하기 위해 다투는 형상이다.

　높이가 약 2m에 날하는 부도비의 꼭대기를 이렇듯 자세히 볼 수 있는 것은
이 부도비가 위치한 독특한 지형 때문이다. 부도비 주위로 높은 석축이 있어서
석축 위에 올라가면 부도비를 내려다볼 수 있다. 그런데 석축이 가까이 있어
꼭대기를 감상하기는 편리하나 절의 마당을 넓히기 위해 축대를 부도탑비 근
처까지 확장함으로써 부도탑비의 주변 환경은 많
이 훼손되었다.

부도탑

낭원대사 부도탑은 절 두
산길을 300m 정도 올라
곳에 있다.

낭원대사 부도

낭원대사 부도는 절 뒤쪽 산길을 약 300m 정도
올라간 곳에 있다. 누각의 서쪽으로 절을 빠져나
와 나즈막하게 쌓은 담장을 따라 부도로 향하는
산길은 참 정겹다. 발밑에 밟히는 길바닥은 숱한
세월 나뭇잎이 쌓이고 쌓여서 푹신한 융단 위를
걷는 기분이다. 그리고 길옆으로는 키 작은 산죽
과 적당한 크기의 떡갈나무, 단풍나무가 무성하
여 나무터널 속을 걷는 듯하다. 더욱이 산바람에
장단 맞추는 댓잎소리와 작은 개울의 물소리가

조화를 이루어 귓바퀴를 감아 돌면 산을 오르는 속인俗人의 마음은 어느새 속세 俗世를 떠난다.

낭원대사 부도는 낭원대사 부도탑비와 마찬가지로 940년(고려 태조 23)에 건립되었다. 이후 무너져 있던 것을 사찰 입구에 복원하였다가 1991년 절의 뒷산 중턱 원래의 자리에 이전 복원하였다. 부도의 형식은 연꽃무늬의 기 단 위에 팔각의 몸돌을 얹고 지붕돌을 놓은 팔각원당형으로 중대석과 상륜부 등 일부가 손실되었다. 현재의 높이는 2.3m이나 없어진 상륜부의 부재를 감안한다면 본래는 이보다 조금 더 높았을 것으로 생각된다.

기단부는 지대석地臺石과 하대석, 중대석, 상대석으로 구성되어 있다. 지대석은 2매의 넓은 판석板石을 이어서 팔각으로 만들었다. 하대석 역시 팔각으로 측면의 각 우각隅角에 기둥모양을 사실적으로 조각하고 각 면에 큼직한 안상眼象을

부도 문비장식

부도탑은 기단부, 탑신부, 상륜부로 구성되어 있으며 탑신부에는 문비장식이 있다.

1구씩 배치하여 2중의 안상처럼 표현하였다. 그 위의 중대석 받침에는 이전 부도에서는 구름만을 조각하여 그 위가 하늘임을 표현했던 것과는 달리 잔잔하게 묘사한 구름 속에 여의주를 물고 있는 용을 조각하여 역동성을 느끼게 하였다. 즉 측면에 네 마리의 용이 두 마리씩 마주보는 형태로 조각하고 윗면에는 수구를 파서 물이 흘러내리도록 하였으며, 중대석과 맞물리는 부분에는 2단의 괴임을 마련하였다. 그러나 중대석이 없어져서 중대석 받침 위에는 바로 8각의 상대석이 얹어져 있다. 상대석에는 이중의 잎을 가진 앙련仰蓮이 새겨져 있다. 곧 연화대에 앉아 계신 부처님처럼 입적한 낭원대사의 참된 몸이 어떠한 번뇌에도 물들지 않는 경지에 있다는 것을 상징화시킨 것이다.

탑신석은 팔각 기둥모양으로 특별한 조각은 없다. 다만 정면과 후면의 2면에 문 모양의 문비형門扉形 장식과 자물쇠를 조각하여 그 집안에 낭원대사가 머물러 계신다는 것을 나타내었다. 그런데 문비장식이 있는 정면이 중대석 받침의 정면과 일치하지 않고 한 칸씩 밀려 있어 복원이 정확하지 못하였음을 보여주고 있다. 지붕돌은 폭이 좁고 두꺼운 편인데, 아랫면에 3단의 층급받침이 있다. 일반적인 부도의 지붕돌은 목조주택의 지붕처럼 기와를 이은 듯이 표현하

부도밭

보현사 입구에 있는 부도밭에는 조선시대 부도가 20여 기 남아 있다.

고 있으나 이 부도는 석탑의 낙수면과 추녀, 전각부 형태를 그대로 따르고 있다. 추녀는 반전이 뚜렷하고 낙수면의 경사는 매우 급하다. 그리고 각 모서리 전각 위의 우동宇棟에는 귀꽃이 있었던 흔적이 남아 있다. 현재 이 지붕돌에는 귀꽃이 모두 파손되어 하나도 남아 있지 않지만, 상륜부의 보개석寶蓋石에 귀꽃이 남아 있어 그 원래의 형태를 짐작할 수 있다.

상륜부는 지붕돌 위에 복발, 보개, 보주의 순으로 구성되어 남아 있다. 지붕돌 바로 위의 복발은 납작한 공모양을 하고 있다. 그 위의 보개는 탑신부 지붕돌을 축소한 형태로 모서리 부분에 귀꽃이 일부 남아 있어서 본래의 모습을 짐작케 한다. 그리고 보주는 불꽃에 싸여 있는 화염보주의 형태를 하고 있는데 아랫면에는 앙련을 장식하고 그 위에 사방에서 네 개의 석재가 둥근 모양을 그리며 중심으로 집결하는 모양을 하고 있다.

낭원대사의 부도는 보현사 경내에서 가장 높은 곳에 자리하고 있다. 인간이 죽어서 가는 곳이 하늘이기에 하늘에 가장 가까운 곳, 즉 절집에서 가장 높은 곳에 부도를 배치한 것이다.

보현사에는 낭원대사 부도 이외에도 20여 기의 부도가 더 있다. 낭원대사의 부도와 이들 부도는 여러 면에서 대조적이다. 시대적으로 낭원대사 부도가 불교를 국교로 했던 고려시대 부도라면 이들 부도는 숭유억불 정책으로 일관하였던 조선시대 부도이다. 즉 낭원대사 부도가 화려한 고려시대의 팔각원당형八角圓堂形인데 비해 이들 부도는 조선시대의 단순한 석종형石鐘形이다. 부도의 모습에서 우리는 고려와 조선의 불교 모습을 짐작할 수 있다.

그리고 비중면에서 낭원대사 부도가 지도자의 모습이라

면 이들 부도는 민중의 모습이다. 우리는 흔히들 시대의 지도자만 기억할 뿐 진정 역사의 주체였던 민중의 존재는 망각하는 경우가 많다. 마찬가지로 낭원 대사 부도는 부도탑비까지 남아 있어서 그의 이름뿐만 아니라 행적까지도 확 인할 수가 있다. 그러나 21기의 석종형 부도 가운데 이름을 확인할 수 있는 것 은 12기이며, 나머지는 부도 주인의 이름조차 확인할 수 없다. 보현사를 창건 한 것은 낭원대사 개청이지만 조선시대 불교가 처해 있던 어려운 환경 속에서 도 보현사를 지켜온 것은 무명의 석종형 부도의 주인들이었다. 결코 화려하지 도 뛰어나지도 않지만 묵묵히 자신의 소임의 다해 온 이들이 있었기에 오늘의 보현사가 존재할 수 있었던 것이다.

탑재
탑의 부재에는 석가모⬧
아미타불, 약사여래불⬧
륵불 등 사방불이 새⬧
있다.

사방불이 새겨진 탑재와 사자상

보현사에서 가장 오래 된 유적은 대웅전 앞에 있 는 탑의 부재와 돌로 만든 짐승이다. 탑 부재는 몇 개가 차곡차곡 쌓여 아담한 이층석탑을 이루 고 있는데 마멸이 심해 조각들이 선명하지 않지 만 기단 부분의 연꽃무늬와 몸돌의 조각상은 뚜 렷이 윤곽을 드러내고 있다. 그리고 곰인형처럼 둥글둥글한 몸매에 강아지를 닮은 얼굴을 한 돌 짐승은 목을 뒤쪽으로 돌려놓고 있다.

탑의 부재로 현재 남아 있는 것은 2개의 지붕 돌과 1개의 몸돌, 그리고 상륜부의 노반과 복발 이다. 지금은 제일 아래쪽에 석등의 부재로 추정 되는 돌을 기단으로 하여 이들을 모아 이층석탑 의 모양을 만들어 두었다. 그런데 이 가운데 주목되는 것은 사방불이 새겨진 몸돌이다. 사방불은 동쪽의 약사여래불, 서쪽의 아미타불, 남쪽의 석가모니불, 북쪽의 비로자나불을 말한다. 마모가 심하여 4면 가운데 2면에서만 불상의 몸체를 확인할 수 있다. 이것은 설악산 진전사지에 남아 있는 3층 석탑의 몸돌에 사방불이 새겨져 있는 것과 비교가 된다. 결국 이 석탑은 낭원대사 개청이 보현사를 중창하면서 세운 바로 그 석탑이었음을 알 수 있다.

돌로 만든 짐승상은 사자이다. 사자는 힘과 위엄을 상징하는 동물로 '백수百獸의 왕'이라고 인식하였으며, 불교에서는 잡귀를 막아주는 수호의 의미를 가지고 있다. 현재의 사자상은 사천왕이 새겨진 팔각의 부도 석재 위에 또 다른 동물상의 아랫부문으로 추정되는 돌 위에 목을 뒤로 돌린 채 놓여져 있다. 그

사자상
전 앞에 있는 짐승상은
의 왕인 사자상이다.

런데 사자의 모습이 강아지를 닮아서 강아지상으로 오해되기도 한다. 우리나라의 사자상은 인도사자를 모델로 하였다. 서양의 사자가 갈기가 많은 아프리카 사자를 모델로 한 것과는 대조적이다. 우리나라를 비롯한 동양의 사자는 공격적이지 않을 뿐만 아니라 엉덩이를 깔고 앉아 있는 모습이다. 반면 서양의 사자는 서 있으면서 입을 벌리고 금방이라도 공격할 듯한 호전적인 자세를 취하고 있다. 이는 모든 동물에게도 불성이 있다고 인식하는 불교의 영향 때문이다. 그래서 보현사의 사자상은 온순한 강아지의 모습으로 오해받기도 하는 것이다.

아름다운 전각, 자비로운 불상

보현사의 현존 건물은 대웅보전을 비롯하여 영산

전, 삼성각, 만월당, 범종각, 요사채가 있다. 대웅보전은 정면 3칸, 측면 3칸의 다포계多包系 팔작지붕 건물로서 1904년의 중건 때 지은 것이다. 보현사에 현존하는 건축물 가운데 가장 오래된 것으로 단청이 바래서 오히려 고색창연한 맛을 준다.

대웅전 내부에는 삼존불이 봉안되어 있다. 본존불의 좌측에 관세음보살이 봉안되어 있고, 우측은 대세지보살임으로 보아 본존불은 아미타부처님이다. 대웅보전에는 석가모니불을 본존불로 모시는 것이 원칙인데 보현사의 대웅보전에는 아미타삼존불을 봉안하고 있는 것이다. 낭원대사 개청이 중창할 당시 보현사의 절 이름이 지장선원이었다는 것과 연결시켜 생각하면 원래 보현사에는 아미타여래불을 본존불로 모셔왔음을 알 수 있다. 지장보살은 아미타불의 우협시 보살로 모셔지기도 하기 때문이다.

흙으로 만들어진 이 삼존불은 조선후기 불상의 전형적인 모습을 하고 있다. 몸의 크기에 비해 불두佛頭가 커서 균형감은 다소 떨어지지만 인자하고 친근감 있는 얼굴 모습에서 항상 중생들 가까이에 있고자 했던 부처님의 자비로움을 느낄 수 있다.

원래 삼존불 뒤에는 얼마 전까지 '道光二年(1822)' 기록이 있는 후불탱화後佛幀畵와 '嘉慶四年己未(1799)' 기록이 있는 탱화가 봉안되어 있었다. 현재는 극락회상도가 있으며, 삼존불 위쪽에는 닫집의 양상 중 가장 약식화된 운궁형雲宮形 닫집이 있다. 곧 구름 속의 용이 부처님을 수호하고 있는 모습을 그려 놓은 것이다. 그리고 삼존불을 향해 오른쪽 벽에는 최근에 그린 지장탱화地藏幀畵와 신중탱화神衆幀畵가 봉안되어 있으며, 신중탱화 앞에는 의자에 앉은 특이한 모습의 신중상이 있다. 옛날부터 이곳에 있었다는 이 신중상은 청나라 옷차림과 모자를 쓰고 있는데 이와 같은 신중상은 전국 어느 절에서도 그 유래를 찾아보기 어렵다.

영산전은 정면 3칸, 측면 2칸의 맞배지붕 건물로서 1995년에 중건하였다.

나한상
전에는 다양하고 개성 모습의 16나한상이 져 있다.

내부에는 석가여래·제화갈라보살·미륵보살로 이루어진 삼존불을 중심으로 좌우에 16 나한상羅漢像이 봉안되어 있다. 나한은 불경에 의하면 성문사과聲聞四果의 하나로 일체의 번뇌를 끊고 끝없는 지혜를 얻어 세상 사람의 공양을 받는 성자聖者를 말한다. 그러나 일반적으로는 부처님의 직계 제자뿐만 아니라 역대 여러 나라의 존경받던 수많은 고승대덕들을 함께 일컫는 말로서 흔히 아라한阿羅漢이라고 부른다. 그런 까닭에 조각이나 그림으로 표현된 나한상은 출가자의 모습을 하고 있으며 다소 기괴한 표정을 짓고 있는데 그것은 노비구老比丘로서 많은 수련을 쌓았음을 표현한 것이다. 나한상의 모습은 다양하고 자유스럽게 표현되어 있다. 이들의 자세나 표정, 지물持物 등이 모두 다르다. 보현사 영산전의 나한상은 비록 크지는 않지만 각각의 조각은 너무나 사실적이고 특징이 분명하다. 특히 영산전 나한상은 바로 민중의 모습인 듯하여 다른 어떤 것보다 인간적이며 친근미를 느끼게 한다.

삼성각은 정면 3칸, 측면 2칸으로 1955년에 신축한 건물이다. 내부에는 칠성七星·독성獨聖·산신山神의 탱화를 모셔 놓고 있다. 흔히 삼성각에는 칠성을 가운데 모시고 좌우에 독성과 산신을 모시기 마련인데, 이 삼성각에는 중앙에 독성을, 좌우에 칠성과 산신을 봉안하는 특이한 구조를 보이고 있다. 현재 봉안된 탱화는 1955년의 신축 때 그린 작품으로 보인다. 특히 주목되는 것은 독성탱화 앞에 있는 독성상獨聖像이다. 긴 눈썹과 살짝 미소 지은 얼굴만 내어 놓고 흰색의 천으로 머리에서부터 온몸을 감싸고 있는 독성의 모습은 인상적이다.

동정각動靜閣이라는 범종각의 편액이 암시해 주듯이 보현사는 움직임 속에서도 고요함이 있고 고요함 속에서도 움직임이 있는 그러한 절집이다.

참고문헌

강원문화재연구소, 『강릉 보현사 발굴조사 보고서』, 강릉시, 2007
이규대, 「조선후기 강릉 미타계와 향리의 동향」, 『강원문화사연구』 3집, 1998
한국역사연구회 편, 『역주 여말선초금석문(하)』, 혜안, 1996

삼층석탑

신복사지

작고 아담해서 아름다운 절터

신복사 절터는 어머니의 품안처럼 포근하다. 나즈막한 산으로 둘러싸여 어머니가 두 팔을 벌려 어린 자식을 껴안은 듯하다. 더욱이 산에는 적당한 크기의 예쁜 소나무들이 차가운 바람을 막아주고 있어 포근함을 더한다. 어머니가 계시는 고향집이 마음의 고향이듯이 속세의 번뇌로부터 벗어날 수 있는 안식처가 부처님 계시는 절집이다. 그래서 어머니의 품안 같은 신복사지는 부처님의 품안이다.

　신복사 절터의 풍경은 그 터만 남아 있는데도 온전한 절집에 온 느낌을 받는다. 절집은 없어지고 절터만 남아 있는 곳을 찾으면 대개가 황량하다는 느낌을 받는다. 번창했던 당시의 건축물이 있었던 자리, 불상이 있었던 자리 그리고 숱하게 오고가는 사람의 모습, 이 모든 것이 세월의 무게로 텅 비어 있기 때문이다. 그러나 신복사지 한가운데에는 주변 산 높이와 어울리는 3층 석탑이 있고, 석탑 앞에는 정답게 무언가 대화를 나누는 듯한 석조보살좌상이 자리하고 있어서 크고 화려한 건축물이 허물어져 없어진 지금이 오히려 더 절집답다는 생각이 든다. 절집은 크고 화려해야 한다는 속인들의 고정 관념이 얼마나 허망한 것인가를 일깨워 준다.

　특히 봄날의 신복사 절터에는 불심이 가득하다. 봄날에는 작고 아담한 절터

가득히 노란 민들레가 피어난다. 민들레는 작은 꽃들이 모여 하나의 꽃 봉우리를 이루고 그 꽃이 지면 하얀 솜털을 타고 씨앗이 멀리 퍼져 나간다. 이것이 신복사를 창건한 것으로 알려진 범일국사의 마음이다. 범일국사는 신라말기에 선종을 제창하며 강릉에 구산선문의 하나인 굴산사와 신복사를 창건하였다. 중앙귀족 중심의 교종에 대응하여 지방에 호족과 연결하면서 민중중심의 선종을 제창하였다. 범일국사는 민들레처럼 화려하지 않으면서 멀리 민중 속으로 퍼져갈 수 있는 불교를 주창하였던 것이다. 이후 신복사에 민들레의 씨앗이 바람에 날릴 때쯤이면 은은하고 달콤한 아카시아가 부처님의 향기처럼 계곡에 가득 찬다.

강릉 불교의 산 역사

신복사는 강릉 시내 가까운 곳에 자리하고 있다. 강릉 시가지를 관통하는 남대천에 걸쳐진 내곡교 다리를 건너 관동대 쪽으로 조금 올라가다가 왼쪽 산길을 접어들면 바로 아담한 골짜기에 신복사가 있다. 신복사는 시내 가까이 있으면서도 산속 깊숙이 자리한 어느 절보다도 한적한 숲속에 자리하고 있다. 강릉이라는 도시 자체가 소나무가 가득한 낮은 구릉 사이에 형성되어 있기 때문이다. 무분별한 개발로 자연이 많이 훼손된 지금에도 소나무와 구릉을 배경으로 하지 않은 건축물이 없을 정도이다. 그래서 강릉시내에는 신복사 말고도 몇 개의 절터가 더 있다. 빌딩 숲에 갇힌 보물 제82호 대창리 당간지주와 주택가의 한 귀퉁이에 홀로 서 있는 보물 제83호 수문리 당간지주가 그곳이 예전에는 숲 속의 절터였음을 말해주고 있다.

신복사에 대한 기록은 별로 없다. 다만 강릉 향토지인 『임영지臨瀛誌』에 의하면 통일신라 말기에 범일국사에 의해 창건되었으며 절의 이름도 신복사神伏寺, 심복사尋福寺 등으로 혼용되었음을 알 수 있다. 그런데 강릉대학교 박물관이 1996년에 실시한 시굴조사試掘調査와 2007년 강원문화재연구소의 발굴로 어느 정도의 윤곽이 드러났다.

신복사라는 절 이름은 일제시대인 1936년, 1937년에 '神福'이라는 명문이 새겨진 기왓장이 발견되어 신복사神福寺로 알려지게 되었다. 그리고 강릉대 발굴에서도 '神福寺'라고 새겨진 명문기와가 여러 장 발견됨으로써 절 이름이 보다 분명하게 되었다.

신복사의 창건 시기는 일제시대에 발견된 기와를 동경대 박물관에서 감정한 결과 880년 전후의 것으로 분석되어 굴산사 창건 당시에 신복사도 아울러 창건된 것으로 추정된다. 그런데 강릉대 발굴에서는 고려시대 토기와 청자, 백자 조각 등이 발굴되고 석탑과 석불좌상이 고려시대의 것이 분명하기 때문에 신복사의 창건시기를 10세기 중후반경으로 추정하였다. 이상에서 볼 때 신복사

는 굴산사가 창건된 후에 번창한 강릉지역 불교의 위세를 바탕으로 통일신라 말 고려 초인 10세기를 전후한 시기에 창건되었을 것으로 추정된다.

그리고 신복사는 이후 여러 차례의 중건이 있었으며, 조선시대 중반 이후에 폐사된 것으로 추정된다. 신복사의 역사는 강릉지역 불교의 역사이다. 통일신라 말 범일 국사에 의해 굴산사가 창건되면서 선종을 중심으로 하는 불교가 번창하기 시작하였다. 그 후 고려는 불교를 국교로 정하였기 때문에 강릉지역에도 불교가 번창한 것은 당연한 결과였다.

조선시대에 들어와 숭유억불정책으로 불교가 위축되지만 강릉지역은 예외였다. 세조에 의해 상원사와 낙산사 등이 중건되면서 국가의 지원을 받아 강릉을 중심으로 하는 불교가 번창할 수 있었다. 그러나 조선후기에 접어들면서 강릉지역의 불교는 쇠퇴하기 시작하였다. 율곡선생의 영향으로 강릉지역은 다른 어느 지역보다도 성리학이 번창하게 되고 상대적으로 불교는 위축될 수밖에 없었다. 따라서 당시까지 중건의 과정을 거치면서 유지되어 오던 신복사도 더 이상의 지원을 기대할 수가 없게 되었다. 결국 신복사는 조선중기 이후 폐사될 수밖에 없었다.

신복사의 영역이나 건물지는 정확하게는 알 수 없으나 3층 석탑을 기준으로 하여 석탑의 뒤쪽에 부처님을 모시는 금당이 자리하고 있었으며, 석탑의 좌우에 선방 및 승방이 있었을 것으로 추정된다. 신복사에 대한 발굴이 석탑과 석조보살좌상 주변지역 유구조사에 한정된 것이었기 때문에 신복사의 규모나 건물지의 성격을 정확하게 알 수는 없다. 그러나 1탑 1금당의 통일신라 말 고려초의 전형적인 가람배치를 하고 있었음은 분명하다.

이와 같은 신복사의 역사를 웅변으로 보여주는 것이 신복사지에는 지금도 남아 있다. 1990년 발굴 당시에 출토된 기와조각들을 쌓아둔 무더기가 바로 그것이다. 기와조각 무더기는 단순한 무더기가 아니다. 그것은 곧 신복사의 역사를 기록한 역사책이다. 각 시대별로 만들어진 기와의 종류가 다르고 문양이

탑과 보살상
신복사는 1탑 1금당의 통일
신라말 고려초의 전형적인
가람배치를 하고 있다.

다르기 때문에 그 당시의 기와 조각은 그 당시의 역사이다. 그것이 체계적으로 분류되고 정리되지는 않았지만 기와조각 무더기에서 당시의 역사를 읽을 수 있다.

괴임돌이 있는 고려 석탑

신복사에는 보살상과 탑이 남아 있다. 탑 앞에 보살상이 있으며, 보살상은 탑을 향하여 공양을 올리는 모습이다. 이는 곧 보살이 부처에게 공양을 올리는 것이다. 탑은 곧 부처이기 때문이다. 탑은 부처님의 무덤에서 유래하였다. 석가모니가 열반한 후에 다비를 하였고 여기에서 나온 사리를 묻은 무덤을 만들었는데 그것이 불교 탑의 시작이다. 따라서 탑은 곧 부처를 상징하는 것이다. 결국 신복사에서 탑을 향해 공양을 올리는 보살의 모습은 부처님에게 공양을 올리는 보살의 모습을 형상화한 것이다.

신복사 3층 석탑은 전형적인 고려시대의 석탑으로 보물 제87호로 지정되어 보존되고 있으며, 높이는 4.55m로 주변의 산과 절터의 규모에 잘 어울리는 크기로 자리하고 있다. 그런데 우리가 주변에서 흔히 볼 수 있는 3층 석탑과는 다소 다른 모습이다. 높이에 비해 단면적이 넓어서 살이 찐듯한 모양을 하고 있을 뿐만 아니라 여러 장의 판석을 쌓아 올려서 층수를 짐작하는데 약간의 혼동을 일으킨다.

석탑은 일반적으로 기단부와 탑신부, 상륜부의 세 부분으로 구성되어 있다. 기단부는 탑의 기초가 되는 부분으로 형태는 대부분 네모진 방형方形의 2층으로 되어 있다. 신복사지 삼층석탑의 기단부 역시 2층으로 되어 있는데 지면에 있는 맨 아래쪽 지대석에 연꽃이 새겨져 있는 것이 특이하다. 탑의 지대석에 연꽃을 새기는 이유는 탑은 곧 부처를 상징하기 때문인데 일반적으로 부처의 좌대에 연꽃을 새겨놓아 연꽃 위에 부처가 앉아 있는 것과 같은 의미이다. 관

탑의 설경

무량수경에 보면 부처와 보살이 연꽃이 새겨진 연화대좌蓮花臺座에 앉아 있는 것으로 묘사하고 있다. 이처럼 연꽃이 불교를 상징하는 것은 더럽고 지저분한 진흙 속에서 가장 우아한 꽃을 피워내는 연꽃이 더러운 곳에서도 항상 밝은 본성을 간직한다는 불교의 정신과 일치하기 때문이다. 그리고 하층 기단의 낮은 면석에는 각 면마다 3구씩의 안상眼象이 새겨져 있으며, 2층의 기단부 각각의 갑석 위에 한 층의 괴임돌이 끼워져 있음이 주목된다.

탑신부는 탑의 몸체 부분으로 탑신석塔身石 즉 몸돌과 옥개석屋蓋石 즉 지붕돌로 구성되어 있다. 탑의 층수는 바로 탑신부에 있는 지붕돌의 수로 결정되며, 일반적으로 탑의 층수는 3·5·7·9의 홀수로 되어 있다. 신복사지 삼층석탑의 탑신부에는 세 개의 지붕돌이 있기 때문에 삼층석탑이 된다. 그런데 2층과 3층의 지붕돌 위에 괴임돌이라는 또 다른 판석이 있어서 층수를 세는데 약간의 혼동을 일으킬 수 있다. 그러나 탑의 각층마다 괴임돌을 끼워 넣는 것은 고려시대 석탑의 특징으로 특히 영동지역 석탑에서 흔히 볼 수 있는 것이다. 탑신부의 각층 몸돌에는 귀퉁이에 기둥모양, 즉 우주隅柱을 새겼으며 특히 1층의 몸돌에는 감실監室이 음각되어 있다. 탑의 몸돌에 기둥모양의 우주와 방모양의 감실을 새기는 것은 돌로 만든 석탑이라고 하더라도 나무로 만든 목탑의 형태를 모방하고 있음을 나타내주는 것이다.

상륜부는 탑의 맨 꼭대기 부분에 있는 탑의 장식물을 말한다. 상륜부의 일반적인 형태는 네모진 방형의 노반露盤에 복발覆鉢과 앙화仰花를 얹고 그 위에 찰주刹柱를 세우면서 9개의 보륜寶輪 등으로 장식한다. 신복사지 삼층석탑의 상륜부에는 노반 위에 복발은 그대로 남아 있으나 보륜 부분은 일부만 보존되어 있다. 그런데 맨 꼭대기에 올려놓은 둥근 모양의 보륜은 맷돌을 다듬어서 사용한 것으로 확인되었다. 아마도 후대에 석탑을 보수하면서 적당한 석재를 구하기 힘들어서 맷돌을 가공하여 올려 놓은 것으로 판단된다.

신복사지 삼층석탑은 고려시대의 전형적인 석탑일 뿐만 아니라 영동지역 석탑의 특성을 잘 나타내주고 있다. 신복사지 삼층석탑은 각 층마다 별도의 괴임

탑의 세부
을 타고 흘러내리는 빗은 부처님이 내리신 감수이다.

돌을 끼워 넣어 전체적인 균형을 이루면서 중후한 느낌을 준다. 고려시대의 석탑은 탑신부 몸돌의 높이가 그 이전의 통일신라나 삼국시대의 석탑에 비해 낮다. 따라서 이를 보완하기 위하여 각 층마다 괴임돌을 끼워 넣었다. 이처럼 괴임돌을 끼워 넣는 방식은 조선시대에 만들어진 낙산사 7층석탑에서도 그대로 나타나고 있어 영동지방 석탑의 전형이 되고 있다.

당시 최고 미인, 석조보살상

불상은 크게 부처상과 보살상으로 구분된다. 종교적인 의미로 부처는 완전 해탈의 경지에 이른 경우를 말하며, 보살은 완전 해탈에 앞서 중생구제라는 한 단계를 남겨둔 경우를 말한다. 그리고 부처와 보살의 관계는 보살이 부처를 협시한다. 즉 보살은 부처의 비서 역할을 한다고 할 수 있다.

부처상과 보살상을 외형상으로 가장 쉽게 구별하는 방법은 머리 모양과 옷

탑과 보살상
고려시대 보살상은 당시 최고의 미인을 기준으로 하여 조성되었다.

차림이다. 부처의 머리 모양이 나발형인 반면 보살상의 머리 모양은 보관형이다. 부처의 머리 모양은 골뱅이가 수백마리 붙어 있는 것처럼 오돌도돌하게 생겼다. 반면 보살은 대개가 모자를 쓰고 있는 것이 특징이다. 그리고 부처의 옷을 법의法衣라고 한다면 보살의 옷은 천의天衣라고 한다. 부처의 옷은 간단한 가사袈裟를 걸치고 있는 단순한 모습인 반면 보살의 옷은 숱한 장식물들로 장식된 화려한 모습이다.

신복사의 석조보살좌상은 당시 최고의 미인의 모습을 하고 있다. 보살좌상은 고려시대 불상으로 보물 제84호로 지정되어 보존되고 있으며, 높이는 181cm로 사람의 키와 비슷하다. 보살상은 다소 풍만한 체구에 부드럽고 복스러운 얼굴을 하고 있다. 이 같은 보살상의 모습은 당시의 미인이 어떤 모습이었는가를 말해주는 것이다. 미인의 기준은 고정되어 있는 것이 아니라 시간과 공간에 따라서 항상 변화하는 것이다. 따라서 신복사 보살상이 만들어지던 고려의 미인은 몸이 다소 풍만하고 얼굴이 복스러운 모습이었다. 고려시대의 불화에 그려진 불상의 모습이 모두 풍만하고 복스러운 모습을 하고 있다는 것이 이를 증명해 준다.

신복사 석조보살좌상은 화려하다. 일반적으로 보살상의 모습이 그러하듯 신복사의 보살상은 돌로 만들어진 것이면서도 화려하고 정교하게 조각되어 있다. 보살상의 얼굴은 부드럽고 복스러운 얼굴에 웃음을 머금고 입을 안으로 꼭 다문 천진한 모습을 하고 있다. 눈썹은 초승달 같은 곡선을 이루고 어깨까지 내려오는 긴 귀에는 양 끝에 구멍이 뚫려 있어 금속제 귀걸이를 끼웠던 것으로 생각된다. 그리고 이마에는 백호白毫의 흔적이 남아 있다. 백호는 부처의 이마에 흰털이 나 있었다는 데서 유래하는데 불상을 만들 경우에는 일반적으로 보석을 박아서 이를 표현하였다. 그런데 신복사지 보살상 백호의 보석은 후대에 도난을 당한 듯 보석이 박혀 있던 지름 약 2.2cm의 홈만이 남아 있다.

보살상의 목에는 세 가닥의 선이 있는데 이는 통일신라 이후 불상의 목에 표현되기 시작한 삼도三道라고 하는 것이다. 목의 삼도는 편평한 목 위에 선각으로 층을 이루며 새겨져 있고, 무늬 없는 목걸이와 팔찌를 두르고 있다. 몸에는 두꺼운 천의天衣가 어깨와 가슴에 걸쳐져 있다. 왼팔을 무릎 위에 올리고 모아진 두손은 가슴에 꼭 붙이고 있으며, 두 손 가운데 뚫어진 큰 구멍에는 지물持物의 손잡이였던 금속기둥金屬柱이 아직도 일부 남아 있다. 보살상이 들고 있던 물건은 무엇이었을까?

　보살상의 머리 부분에는 원통형의 관을 쓰고 있고, 그 위에 팔각의 천개天蓋가 놓여져 있다. 천개는 눈이나 비로부터 불상을 보호하기 위하여 만든 것으로 고려시대에 들어와 야외에 모신 불상을 조성하면서 유행하게 되었다. 이같은 예는 논산 관촉사 석조보살, 부여 대어사 석조불상, 안국사지 석불입상 등이다. 그런데 이들 불상의 천개는 거의가 사각형인데 비하여 신복사지 보살상의 천개는 팔각형으로 되어 있는 것이 다른 점이다. 따라서 신복사지 보살상의 천개는 처음 조성 당시에 얹어 놓은 것이 아니라 1916년 이후 주위에 있던 석등의 지붕돌을 얹은 것으로 판단된다. 이는 신복사지 보살상의 천개를 유심히 관찰해 보면 알 수 있다. 첫째, 천개와 원통형의 관이 맞닿는 부분에 연꽃무늬가 둘러져 있으나 원통형의 관과 천개가 일치하지 않는다. 둘째, 다른 지방의 불상은 원통형의 관이 수직으로 올라가고 그 위에 천개가 있으나 신복사지 보살상은 원통형의 관이 뒤로 약간 기울어진 상태에서 윗부분에 시멘트를 바르고 천개를 얹었다. 셋째, 1916년 조선총독부에서 발간한 『조선고적도보』의 사진에는 천개가 얹혀져 있지 않으며, 신복사지 보살상의 천개는 윗면의 중앙에 직경 3cm 크기의 구멍이 뚫어져 있고 철심이 박혀 있다. 이상에서 볼 때 신복사지 보살상의 천개는

보살상
신복사 보살상은 자신의 몸을 바친 소신공양의 왕보살로 추정된다.

석등이나 석탑의 한부분이었는데 후대에 얹어 놓은 것으로 생각된다. 그럼에도 불구하고 보살상 위에 얹어 놓은 천개는 보살상과 조화를 이루고 있다.

소신燒身 공양의 약왕보살

신복사지 보살상은 삼층석탑 앞에 무릎을 꿇고 공양을 바쳐 올리는 자세로 앉아 있다. 이런 형태의 공양상은 이미 삼국시대부터 불상의 광배나 마애불에서 나타나며, 통일신라시대에는 경주 남산 삼릉계의 공양상을 비롯하여 화엄사 삼층석탑의 부조, 문경 봉안사 지증대사적조탑의 부조, 경복궁에 있는 경남 산

월정사 보살상과 한송사 보살상
시대를 대표하는 보살로 신복사지 보살상과 월정사 보살상과 한지 보살상이 있다.

보살상

청 범학리사지 삼층석탑의 부조 등에서 나타난다. 그러나 탑 앞에 독립된 조각으로 공양상은 고려시대에 들어와서 유행한다. 월정사 석조보살상과 논산 개태사 보살상, 그리고 신복사지 보살상이 그 예이다.

탑을 보고 공양하고 있는 보살은 무슨 보살일까? 우리에게 이름이나 역할이 생소한 약왕보살藥王菩薩이다. 약왕보살에 대해서 법화경法華經에 다음과 같이 기록되어 있다. 과거 일월정명덕여래日月淨明德如來 때에 일체중생희견一切衆生喜見이라는 보살이 세존으로부터 법화경 설하는 것을 듣고서는 현일체색신삼매現一切色身三昧를 얻어 기쁜 마음에 여러 가지 공양을 세존께 하였지만 흡족하지 않아 마침내 전신全身을 1,200년 동안 소신燒身하는 것으로 세존께 공양을 하자 그 공덕으로 정덕왕국의 태자로 화생化生하게 되었다.

그렇게 해서 일체중생희견보살은 일월정명덕여래를 친견하게 되었는데 그를 본 일월정명덕여래는 그에게 부처가 되리라는 수기를 주고서 입멸하였다. 이에 일체중생희견보살은 사리를 수습하여 8만 4천의 사리탑을 세우는데 그 탑은 높이가 삼세계三世界요, 표찰表刹이 장엄하며, 번개幡蓋를 드리우고 보령을 달았다고 되어 있다. 그러고도 마음에 흡족하지 못한 일체중생희견보살은 다시 8만 4천의 탑 앞에서 두 팔을 태우며 칠만이천세를 사리탑에 공양하면서 무수한 중생으로 하여금 아누다라삼먁삼보리심을 발하게 만드니 그 보살이 바로 석가불 당시 법화회상의 약왕보살이다.

두 팔을 받들어 태우며 사리탑에 공양드리는 보살의 모습과 찰주 보령의 탑 모양은 법화경의 내용과 같다. 당시 법화경을 바탕으로 법화세계를 구현코자 하는 욕망을 탑과 보살상으로 표현한 것이다.

신복사지 보살상은 영동지역의 독특한 양식을 보여주는 보살상이다. 영동지역에는 신복사지 보살상과 같은 양식의 보살상 이외에도 한송사지 석조보살좌상, 월정사 팔각 9층석탑 앞의 석조 보살상이 있다. 한송사지 석조보살좌상은 한송사가 폐허가 되었기 때문에 어떠한 형태로 배치되어 있었는지를 알 수 없다. 그러나 월정사 보살상은 신복사지 보살상과 마찬가지로 8각 9층석탑 앞에 무릎을 꿇고 공양을 바쳐 올리는 자세로 앉아 있다. 이처럼 영동지역은 전국의 흐름에 응하면서도 지역만의 독특한 문화를 형성하였다.

소박한 폐허의 전설

신복사가 언제 무슨 이유로 폐허가 되었을까? 그 이유에 대해 마을 주민은 참 인간적인 방법으로 설명한다. 절터에서 30m쯤 떨어진 곳에 자리한 바위 중에 여근女根과 너무나 흡사한 바위가 있다. 직경 3m 정도의 바위로 가운데는 갈라져 있고, 그 갈라진 틈새를 비집고 제법 굵은 나무가 남근男根처럼 깊이 뿌리를 내리고 있었다. 이 바위 밑에는 자식이 없는 누군가 잉태를 기원하였거나 일찍 청상이 된 아낙네가 설움을 토해 낸 흔적으로 검게 촛불에 그을려 있고 촛농이 덕지덕지 붙어 있었다. 동네 주민은 여기에서 신복사가 폐허된 원인을 찾고 있다. 즉 신복사의 승려들이 바위의 생김새를 보고 속세가 그리워 모두 절을 떠난 탓에 신복사가 폐허되었다고 믿고 있다. 그러나 현재 바위 틈사이 나무가 죽으면서 주민들의 기도도 없어졌다.

신복사는 폐허의 절이 아니다. 탑의 모습으로 우뚝 선 부처님이 계시고, 부처님을 받들어 모시는 보살이 있기 때문이다. 그리고 무엇보다도 보살상이나 탑 앞에 촛불을 켰던 흔적이 말해 주듯이 지금도 신복사는 강릉 사람이 와서 소원을 비는 마음의 안식처이다. 붉은 기둥과 화려한 단청을 한 지붕은 없지만 그것이 믿음에 그리 중요한 것은 아니다. 푸른 하늘이 지붕을 대신하고, 주위의 소나무가 기둥을 대신한다. 그리고 감싸안은 언덕이 바람을 막아주면 그곳은 부처님의 자비가 가득한 곳이 된다. 절집은 크고 화려해야 한다는 속인俗人의 마음이 얼마나 허망한 것인가를 신복사는 말없는 웅변으로 보여주고 있다.

참고문헌

강원문화재연구소, 『강릉 신복사지 발굴조사 보고서』, 강릉시, 2007
지현병, 홍순욱, 「신복사지 발굴조사 보고」, 『강릉 문화유적 발굴조사 보고서』, 1996
최은순, 「명주지방의 고려시대 석조보살상에 대한 연구」, 『불교미술』 5권, 1980

자연과 역사가 빚은 땅

강릉

| 1판 1쇄 | 2013년 12월 16일 |
| 1판 2쇄 | 2018년 7월 31일 |

글	차 장 섭
사 진	사진나무
펴 낸 이	주 혜 숙
펴 낸 곳	역사공간
	서울특별시 마포구 월드컵로 100 4층
	전화 : 02-725-8806, 070-7825-9900~8
	팩스 : 02-725-8801
	e-mail : jhs8807@hanmail.net
등 록	2003년 7월 22일 제6-510호

ISBN 978-89-98205-48-5 (03910)

가격 20,000원